谨以此书

献给伟大的中国共产党诞生 100 周年

1921.7

~

2021.7

追梦

奋进中的航天总厂

上海航天设备制造总厂有限公司 编

上海人民出版社

| 编委会 |

序

敖活

欣逢盛世，百年当歌。

一个企业能有百年历史，是相当不容易的。据我所知，在整个中国航天系统，百年老企，屈指可数。如今，欣闻上海航天设备制造总厂有限公司建厂100周年，我作为曾经的新中华厂（149厂）的一员也是充满自豪的，既感到非常高兴，又感到十分亲切。因为149厂是我从大学毕业进入航天工作的起点，当年149厂与805所厂所合一，我在805所从事运载火箭的研制工作。正是这一片热土养育了我，使我经受锻炼，茁壮成长，由此走向更加广阔的天地。因此，我怀着感恩的心情，很乐意为《追梦》一书作序。

100年前，149厂前身上海新民机器厂，由爱国民族企业家、全国人大常委会原副委员长胡厥文创建。从企业百年发展的历史脉络来看，当年它经历了旧社会的动荡时期、新中国成立后的公私合营时期及归并转型后的航天发展时期。

追溯历史，饮水思源。新民机器厂自从20世纪60年代加盟上海航天后，主要承担防空导弹武器装备系统中的导弹包装箱、发控装置、地面发射车和发射架等产品的研制和生产任务。从此与航天事业不离不弃，结缘终身，用成功不断书写一部厚重而辉煌的航天史。

当年支援贵州遵义三线建设，新民厂广大干部职工坚决响应党中央的号召，义不容辞地奔赴内地，为建立三线军工企业作出了积极贡献。当年在军民结合、开发民品、以民养军时期，新中华厂勇闯市场，开发销售的航天牌电冰箱独占鳌头，成为享誉全国的名牌产品，创造出的巨大经济效益，为航天作出了重要贡献。

1969 年，周恩来总理代表党中央向上海下达了"701 工程"任务，使得 149 厂有幸跨入宇航型号行列，由此发端，迈向一个崭新的发展时期。149 厂作为十分重要的宇航总装企业，上海航天的每一发火箭和每一艘飞船都是由他们亲手总装，从闵行航天站出发驶向各个发射基地，然后踏上飞天之路。虽然火箭和飞船均属于系统工程，但每一次成功里都有 149 厂的勤劳和智慧，军功章闪烁的荣耀里有他们义不容辞的责任和担当。

149 厂作为航天产品总装企业的重要窗口，邓小平、江泽民、胡锦涛、习近平等历届党和国家领导人曾亲临视察。这既是企业地位的重要体现，更是企业荣誉的锦上添花。党和国家领导人的谆谆教诲，将永远激励他们不断发扬航天传统精神、"两弹一星"精神、载人航天精神、新时代北斗精神和探月精神，坚定热爱祖国、为国争光、航天报国、富国强军的理想信念。

由低端制造业向高端制造业迈进，既是一个国家综合国力的体现，也是航天企业进行产业升级和转型的发展方向。当前，我国的制造业正处于一个新的发展时期，高端制造业具有良好的发展前景。149 厂作为一家宇航产品总体研制和总装生产单位，经过多年来的发展，制造、加工、工艺、设备等水平和能力均得到了极大提升，与当年不可同日而语，并且走出了一条"专业技术进步带动产业发展"的自主创新之路，使得新技术、新工艺在诸多领域获得大力推广和广泛应用。

航天技术的发展，要靠人才，靠发挥科技队伍的作用。目前，149 厂拥有一支实力雄厚的工匠队伍，他们在对接机构制造、搅拌摩擦焊、超大超薄箱底冲压一次成形、机器人自动钻铆、管路系统数字化制造、3D 增材打印制造等先进领域掌握了许多核心技术，取得了诸多专利，其航天器的研制水平在同行中处于领先地位，有些方面已经达到乃至超过国际先进水平。全厂科技人员达到 500 余人，平均年龄 34 岁，硕士及以上的高学历人才 260 余人，拥有一支高素质的人才队伍，是企业后续发展的最大财富。

多年来，149 厂在党建和思想政治工作、企业文化等方面取得了丰硕成果，先后获得国家质量管理先进企业、全国"五一劳动奖章"、全国职工模范之家、上海市职工信得过企业、上海市文明单位、全国文明单位称号。

在企业的发展中，149厂注重承担社会责任，注重提升文化软实力和树立企业愿景，注重发挥员工的主人翁作用，注重营造和谐氛围，让员工保持快乐工作情绪，不断提升幸福指数。与此同时，他们提出了"建自豪幸福总厂家园"的企业愿景，鼓励员工勇敢地迎接高密度发射和深化改革所带来的挑战，用"功成必定有我"的努力，激励实现企业的幸福愿景。快乐地工作，幸福地生活。让每一个企业员工在为保成功、促发展而奋力拼搏的同时，努力践行"成功、效益、创新、和谐"的价值取向，共同培育和谐共赢的"家"文化，享受绵绵不断的"幸福红利"。

雄关漫道真如铁，而今迈步从头越。步入新时代，我国航天事业的发展导向已经由高速度向高质量、高效率、高效益转变。面对高密度发射，面对空间站时代的到来，使命光荣，时不我待。面向未来，149厂将以习近平新时代中国特色社会主义思想为指导，立足"发展航天事业，建设航天强国"战略，紧密联系企业实际，不断将新发展理念转化为推动高质量发展的强大动力，用生命和责任凝聚力量，用信念和毅力支撑精神，不断谱写航天事业发展的新篇章，为实现航天强国梦想而不懈奋斗。

从《追梦》一书的内容看，它从一个百年企业的发展壮大过程，反映了在中国共产党的领导下，我国国防工业特别是航天工业从无到有、从弱变强的发展缩影，也是中国社会主义建设七十多年和改革开放四十多年的发展缩影。

目录

不忘初心思源头

百年企业厥老创

　　一百年前，由全国人大常委会原副委员长、杰出实业家胡厥文创建的上海新民机器厂横空出世。百年老企在初创阶段，虽有诸多创新业绩和成就，在上海滩小有名气，但毕竟处于旧社会，难有作为。尤其在战乱危难期，企业在炮火中存身立命，在动荡中向死而生。新中国成立后，企业又曾经历了公私合营过渡期。

　　20世纪60年代初，新民机器厂加盟上海航天，成为国防科技工业一员，从此翻开新的一页。在以后的数十年间，新民厂又经历了三线搬迁、与新中华机器厂合并、火箭总体总装迁入、厂所独立建制、军民分线等企业重大变迁，最终成就了今天的上海航天设备制造总厂有限公司。

　　如今，该企业作为航天系统大型宇航型号总装单位，不失时机地抓住近年航天高密度发射机遇期，使企业的强大发展后劲和巨大生命力充分凸显，并不断书写航天新篇章，创造航天新辉煌。

"国家盛歇基于工，竞技有心在强族。"

诗言志，诗有魂。年轻时代的胡厥文就以忧国忧民的心情，写下了这一表达学习技术和从事实业心志的诗篇。

20世纪的1911年辛亥革命后，中国出现了民族工业蒸蒸日上的黄金时代，极大地推动了中国的工业化进程。受此影响，加上当时的爱国主义思潮，使得胸怀大志的胡厥文决心以一己之力为国家强盛、民族复兴添砖加瓦，并开始探索人生道路。他坚持认为，唯有造出飞机、大炮、轮船及各种工业机器，利用工业现代化创建实业，才能拯救苦难落后的祖国。正是在这一思想的指引下，中学毕业后的胡厥文决心攻读机械制造专业，走实业救国之路。经过努力，他考进了常州高等工业学校。但当胡厥文兴致勃勃地去报到时，却遇该校停办。无奈之下，他只得回到家乡太仓母校，当了一年"特别生"。1914年，勤奋好学的胡厥文终于考入北京高等工业专门学校。从此，他怀揣大志，远离家乡，踏上了"实业救国"的人生征途。

企业创始人胡厥文

底层做起，志向远大

1918年，胡厥文结束了四年的学习生涯，面临下一步的人生方向。那时，整个社会处在黑暗愚昧时期，大学生无疑是社会精英，而大学毕业生更是"香饽饽"。那时北京高等工专毕业生做官的机会很多，不少人或去政府机构谋个一官半职，或在铁路上谋取一块肥缺。面对官运和发财的诱惑，胡厥文根本不为所动，因为他早已立下实业救国的伟大志向，并抱定人生宗旨：一不做官，二不执教，而要自己创办实业，以民族工业与国外"洋工业"叫板。他认为中国人并不比外国人笨，发誓一定要开办自己的工厂，造出先进的机器设备，超过洋人，改变国家落后面貌，为国人争光。

要干实业，就必须先从最普通的工人做起。作为一个堂堂的大学生，胡厥文第一份工作是在汉阳铁厂里做学徒工。也许大多数人不理解，大学生怎么会去做学徒工呢？这就是胡厥文的与众不同之处，也正是他的要强之处，以及准备创业的个性所在。按照当时惯例，汉阳铁厂厂长吴任之理所当然地安排胡厥文担任助理工程师。但他谢绝了这个令其他人非常羡慕的职位，主动提出要到车间里去实习锻炼。他说："我是一个刚从学校毕业的大学生，在学校里学的主要是一些书本知识，缺乏实践锻炼的机会，以后很难搞好工作。我想还是脚踏实地，先从一个学徒工做起，在实际工作中学习手艺，获得真知，以便以后更好地胜任各项工作。"人家求之不得做一名工程师，而胡厥文却选择放弃，宁可在车间里做一个默默劳作的学徒工。吴厂长不由对眼前这个另类的年轻人刮目相看，但仍然善意地提醒他："助理工程师的每月薪金是20元，而学徒工的月薪却只有11元5角，还要拿出6元钱吃饭，你可要好好考虑哦。年轻人可不能意气用事，凭着一时冲动作出错误的选择。"胡厥文早就考虑好了，他再次向吴厂长表明了当学徒工、学好手艺的坚定决心，并表示决不后悔。

胡厥文确实与众不同，是一个有理想、有志向、有追求的青年。他考虑的并不是眼前生计和个人利益，而是如何更快地学到手艺，成为一个知识型的"匠人"，使自己尽快掌握办实业的本领。他还认为，当一个学徒工可以放下架子学些手艺，而且不懂就可以询问，更能直接学到技术。若当了工程师就不容易接触实际，碰到不懂的地方，也不好意思询问别人。如果不懂装懂，自以为清高，那是学不到真本领的。

做学徒工是辛苦的。那时胡厥文学的是钳工，每天工作时间达10小时，经常累得腰酸背痛。尽管这样，他仍然十分卖力地干活，决心学得一手钳工的好手艺，从不叫苦。后来他又改行学化铁工，虽然这一工作更符合他的心意，但化铁工整天在高温下操作，劳动强度更大，每天要干12小时，还经常做夜班。工作虽然劳累，由于班里一位姓麦的股长对他很好，班里的工友们与他也相处得十分和谐，胡厥文因此心情非常舒畅。正因为胡厥文能够放下架子，对师傅们很尊重，师傅们也愿意将手艺传授给他。他们教他如何看铁打风的经验，胡厥文也教师傅们一些数学计算方法。几年下来，大家无话不谈，亲密无间，彼此之间结下了深厚的友谊。

这一段难得的人生历程，虽然无比艰苦，却使胡厥文深深体会到与工人师傅打成一片的好处，这对他日后的成长和创业大有帮助。在实践中踏踏实实干活，虚心地向工人师傅学习，确实让胡厥文学到了许多书本上学不到的知识和本领。

初试身手，增长才干

1919年春，胡厥文回乡探亲。当时是同济医工专门学校（同济大学前身）常务董事的岳父沈恩孚介绍他担任学校里机械、电器、木工三个实习工场的管理主任。胡厥文听到这一信息后非常高兴，心想这正是锻炼自己管理工场的极好机会，便欣然同意。后经学校董事会讨论，决定聘任胡厥文为该校三个实习工场的主任。就这样，他依依不舍地告别了汉阳铁厂朝夕相处的工人师傅，来到上海同济医工专门学校的实习工场赴任。

作为教学实习的场所，这三个工场的条件都很好，设备也比较新，数十位工人中有不少是高级技工。但由于管理不善，缺少必要的规章制度，劳动纪律十分松弛，工人们上班迟到早退很随意。针对这一散乱现状，胡厥文决定先从健全实习工场的规章制度和整治劳动纪律着手。他自己带头执行，每天提前上班，自觉考勤，并对一个自恃技能高超、上班老是迟到者，进行教育无效后，在学校领导的支持下，决定将他辞去。同时，胡厥文还狠抓了实习工场里用公料做私活的不良风气，刹住了这一违背职业道德、损公肥私的歪风。其间，胡厥文为了帮助家乡嘉定教育馆宣传机器方面的知识，制作了一套机器工场的模型，包括车床、铣床、刨床、钻床等各类机床，还有蒸汽机和锅炉。锅炉可用酒精燃烧产生蒸汽，然后推动机器运转。这套模型制成后，他带头照价付款，做到公私分明，不揩公家的油，以服人心。以后大家都照此办理。一次校长家中安装冬天烤火用的火炉，利用了工场的人工和材料却没有付款。许多人认为校长是一校之长，咱工场帮校长这点忙也算不了啥。但胡厥文却一点也不给面子，开出单子照样叫校长支付人工和材料费。后来校长如数交款。这样一来，胡厥文在实习工场里的威信就树立起来了。

实习工场的任务原来是帮助学生实习，使之掌握初步的操作技能，不生产任何产品，所有经费由学校拨给。根据工场的机器、设备和技术力量，胡厥文认为工场已经具备制造机床的各种条件，便大胆向学校提出结合实习任务制造德式精密机床的想法，并力陈这样做有两大好处：一是实习活动结合产品制造，可以丰富学生的设计、制图、成本核算、节约用料、降低工时及提高质量等方面的实际知识；二是可以增加工场的收入，逐步做到经济独立，自给自足，为学校节约开支。学校领导十分支持胡厥文的这一设想，工场员工经过讨论也统一了思想。增加了机床制造任务，使得实习工场开始忙碌起来。在胡厥文的精心组织下，工场平时的实习业务照常进行，而机床制造也有条不紊地开展起来。胡厥文因此忙得不亦乐乎。他亲自检查设计图纸，制定作业流程，解决加工难点，安排工作进度。在大家的齐心努力下，经过四个月的奋战，第一台德式机床终于在实习工场里诞生了。通过试车，性能良好。这是胡厥文亲手组织设计制造的第一台机床。在整个制造过程中，他付出了比常人更多的心血和智慧。此后，在实习工场两年的时间里，他组织工场共制造生产出六台这样的机床，创造价值30000余元。这些机床，除一部分用于工场建设外，其余上交给学校，为学校创造了可观的经济效益。

对这一段在同济医专学校的工作经历，胡厥文感受颇深，认为自己在实践中学习企业管理，学习如何办工厂和实业，提高了认知，取得了经验，并具备了创办工厂的能力。于是他下定决心，要到社会的风浪里去闯一闯，搏出一条实业救国之路。

创业新民，闯出新路

1921 年，胡厥文离开同济医专学校，全力以赴投入自己创办的第一家机器厂的筹备工作。要办工厂，首要条件就是要有一笔资金。为了筹集资金，他将自家祖传田地尽数售出，不论价格高低，只求尽快脱手以作股本。他的岳父沈恩孚和大姊月书对他创办实业的理想和抱负十分赞赏，不但借给了他一笔资金，而且还加入了不少股份。其间，岳父介绍胡厥文认识了大实业家穆抒斋。穆抒斋与他一番交谈后，为他创业的精神所感动，于是穆氏兄弟也加入了一部分股份。就这样，胡厥文共筹集到 24000 元办厂经费。在筹集资本的同时，他四处奔走，了解行情，寻找厂址。经过多处勘察，他最后看中了上海唐山路 796 号的一块地皮，并买下在此兴建厂房，还向质量优于英美、价格也较实惠的德国订购了各种工作母机。

之前有了汉阳铁厂和同济实习工场的经历，胡厥文深知办好工厂的关键是人才选聘。早在同济当实习工场主任时，他就看中了机械工场一位叫胡阿喜的老师傅。此人工作认真，勤俭廉洁，手艺高超，还认识不少高级技工。因此，胡厥文就热情地邀请他一起参与新厂的筹建，负责车间建设。阿喜师傅后来一直与他相处融洽。其间，胡厥文觉得阿喜的名字有点俗气，在他的建议下，将名字改成"亚熙"。亚熙师傅不仅在建厂过程中出了大力，而且为工厂找到了一批高级技工，这批人成为企业的技术骨干。胡厥文还说服当时在上海颇负盛名的木模设计师胡怀卿来工厂工作，聘请他负责打样。胡怀卿虽然画机械图不太标准，但经验丰富，设计的机件又十分好用。另外，胡厥文还聘请了一位会计师，掌管财会工作。就这样，一个精干高效的企业生产和管理班子建立了。胡厥文既总揽业务，又参加设计，还兼做跑街。经过一段时间的试运作，工厂逐步适应市场。这时的工厂已初具规模，厂里有各类机械设备20多台，职工40余人。1922年元旦，新民机器厂正式开工。

对于"新民"两个字的来历，胡厥文曾这样解释：这两个字先是经过他的深入思考后初定，后请岳父沈恩孚一同酌定，寓意为走一条兴办实业、强国利民的新路。新民机器厂最初的主要业务是生产纱厂的机器零件和承接纱厂机器的维修。

当时，穆抒斋、穆藕初和聂云台办有德大、厚生、大中华等几个纱厂，每年购买零件及维修纺纱机的支出很大。那时纺纱厂的维修业务没有定价标准，小修可报大修，甚至不需修理的零件也可报废处理。机器维修这一块往往成为经手人和工头赚取回扣的财源。穆氏兄弟深知这一漏洞，苦于对机械外行而束手无策。他们入股新民机器厂时就考虑由新民厂来承担维修业务，以堵塞管理漏洞，减少开支。因此，新民机器厂一开工就包揽了这几家纱厂的全部维修业务。但后来发现，事情的进展并非想象中那么顺利。由于新民厂上门维修时坚持按照实际工作量和消耗的材料来计费，这样就截断了一些人利用维修机器来营私舞弊、赚取回扣的财路。这些人怎肯善罢甘休？于是在维修过程中，对新民厂的人重重刁难。他们先是拿最不容易做的东西要你承制，有时候还故意把新民厂制作的机件弄坏，说制作不符合要求；或者把要修的东西说得天花乱坠，使你估价失误。总之，他们想方设法制造各种麻烦和障碍，使得新民厂的维修工作不能顺利开展。

在这种情况下，胡厥文和穆氏兄弟原先的打算都落空。于是在征得穆氏兄弟和聂云台的同意后，胡厥文为他们厂制定出一个联合创办纺织机械学校的计划，设想在学校附设机械工厂，学生入学后，一年读书，一年做工，六年毕业，既可学到纺织机械原理，又可掌握实际制造和修配技能，做到学用结合，培养全面的纺织机械人才。纺织机械工厂一方面可供实习，一方面承接各厂的修配业务，这样维修费用可降低，学校也可获得办学经费。这一设想虽然很美好，但由于受到日本纱厂的挤压，以上几个纱厂因亏损而停办，因而胡厥文苦心筹划的纺织机械厂办校之事，也成为一纸空文。

实际上，搞维修并不是胡厥文建厂的初衷。面对维修业务中遇到的刁难和纱厂的不景气，他开始考虑新民机器厂未来业务的方向。新民厂有配套设备，有技术精湛的老师傅，有精干的办事机构，他深信能闯出一条设计和制造机器并重的新路。几经努力，新民厂为一位同济毕业生办的工勤机器厂设计、制造了机器的挂脚、地轴皮带盘等全套装备，接着又为一位姓高的雇主制作了几台黑色油墨机。后来客户提出要订制能磨制各种颜色油墨的彩色油印机。当时这种机器国内还没有人制造过，厂内同仁也都未见过。为了接受这批订货，胡厥文几经打听，终于了解到商务印书馆的印刷工场新添了一部德国制造的彩色油墨机。经人介绍，胡厥文得以结识其总经理鲍咸昌，并由他陪同参观了这台机器。当胡厥文提出要测绘这部机器时，鲍咸昌予以拒绝。鲍咸昌说，这部新式油墨机是保密的，他无权允许他人测绘图样。胡厥文不肯就此罢休，经私下了解，打听到管油墨工场的是一位德国人，于是他找到一位能够说流利德语的同学鲍鼎。第二天胡和鲍一起来到印刷厂。他让鲍同学与那位德国人热烈攀谈，自己则悄悄地到现场把那台油墨机的样子画了下来。回去以后，胡厥文再按照机器的外观反复研究，设计内部结构。经过试制和多次修改，新民机器厂终于制造出了性能良好的彩色油墨机。这一成功大大增强了胡厥文研制机器的决心和信心。此后，新民厂根据市场的需要开展业务，研制了不少新的机器，并逐步打开市场，取得了信誉。

新民厂的对面，住着一位华侨，他是英商麦边洋行投资的兰格子木行经理。有一次，他到新民厂参观，边看边说："我们行里需要许多机器，可惜你们工厂造不出来。"胡厥文听后，感到很不舒服，觉得他太瞧不起中国人了。立即严肃地跟他说："你需要什么机器，我们可以制造！"他说："我行里有一部大型立式锯木机，还想添一部，只怕贵厂未必能造出来。"胡厥文马上回应道："你不要这么早下结论，我们看看再说。"胡厥文当即随他来到兰格子木行，察看了那台外国制造的立式锯木机，感到并不复杂，当场就很自信地表示可以制造出来。但这位华侨还是不相信。胡厥文说："我不要你的定银，机器造好后，为你安装试用。假使效果和那部外国机器一样，你可照洋货价格的八折付款。假使不能用，你就把机器砸碎了，一分钱也不要！"胡厥文一番斩钉截铁的豪言壮语，让那位华侨觉得很没面子。但话已说出口，覆水难收，最后只得与胡厥文签订了这笔生意的合同。回厂后，胡厥文组织老师傅一起测绘研制，并对使用中出现的一些问题进行改进，按期造好后试车结果表明，新民厂制造的立式锯木机性能极好，不但效率高，日产量比外国机器增加了5%，而且电力消耗只有原来的80%。这下木行经理彻底服了。不打不成交。接下来，该行的不少设备，如圆锯、断锯、行车，以及花边、插销、吸木屑等设备都向新民厂订货。新民厂一时声名鹊起，其他木行如久记木行、顺泰木行等也均来新民厂订货。

天厨味精厂的总经理吴蕴初与胡家是世交。该厂需要添置的各类机器，如面筋机、调和机、过滤机、干燥机和蒸馏塔等数十种机器设备，都是由新民厂帮助研制出来的。康元制罐厂收购了一家日本人的制罐厂，需要添置部分机器设备，但购买进口的设备价格十分昂贵，于是便委托新民厂仿制。新民厂先后为康元厂制造了滚圆机、滚方机、圈圆机、折边机、老龙车、切角机和各式冲压机。消息传开后，康泰食品厂等也纷纷向新民厂订货，连南洋的一些华侨企业家闻讯后也来订货，新民厂制造的食品机器一时名声大振。

一次，有人拿了一部外国的绕钨丝机，对胡厥文说，这种机器精密度极高，中国人不可能造出来，国内的一些技术设备比较精密的大厂也不敢问津。可是胡厥文偏偏不信这个邪。经研究，他感到绕钨丝机的关键是螺纹尺寸要精确，表面光洁度要求极高。于是他经常深入车间，与老师傅一起琢磨分析，最后依靠老师傅精湛的技术，终于制造出了合格的绕钨丝机，且连续生产了8台，性能完全可与进口货媲美，而成本只是进口货的1/4。

新民厂还为大中华造船厂制造过350和500马力的船用蒸汽机，仿制过多种柴油机。1934年，为了帮助农村抗旱救灾，他们又仿制了一种德国双活塞8匹马力的柴油机。为扩大生产，新民厂还在唐山路1155号开设了一家分厂，大量制造这种柴油机。那时在国民党统治时期，水利不修，农村经常发生旱灾，农民用人力、畜力打水，劳动强度大，工作效率低，而这种柴油机，既可发电，又可直接带动水泵或水车，作为农田灌溉动力，操作方便，价格便宜，深受广大农民的欢迎。一位德国工程师闻讯来厂，看到这一柴油机后，感到非常惊奇，认为中国人能掌握德国人这么精密的加工技术，很了不起。接着，新民厂又仿制了一种德式小型高速柴油机，价格只有德国产品的一半，更为农村所欢迎。随着国货在国内市场信誉度的提高，德国产品终于被挤出国内市场。国货战胜了洋货，成为当时社会上的一段佳话。

从 1921 年创办新民机器厂到抗日战争全面爆发的 10 多年间，胡厥文干了许多实业之事，如他觉得管理自己的新民厂太空闲了，精力旺盛的他又在家乡嘉定创办了一家五金厂，生产制造门锁、抽屉锁、大小拉手，以及医疗器械和高级文具等，用国产货抵制外国货。后来他又与上海电力公司合作，利用电力公司的废煤渣制作砖头，既利用了废物，又创造了新型建筑材料，使得这一煤渣砖广受欢迎。其间他还受穆抒斋的邀请，帮助穆去管理一家 1000 多人的恒大纱厂，并任厂长。面对这家纪律松弛、管理混乱的大型企业，胡厥文以大公无私、廉洁自守、以诚待人、以理服人的管理方法，赢得了广大职工对他的信任，很快打开了局面。人心一齐，生产和质量都上去了。胡厥文又辅以奖惩措施，使得工人们的积极性十分高涨。胡厥文管理企业成功的经验，受到穆抒斋的高度赞赏。

后来，胡厥文在总结这段经历时不无感慨地说："我喜欢创业，也喜欢创新，常想做一些国内没有人做过的东西，做好后交给别人去生产。机器厂的产品，品种多，批量小，人家需要什么，我们就制造什么，好似一个研究机构。制造机器要不断创新，不管自行设计，还是仿制，在取得成功的时候，都有一种无比充实的乐趣。一座篱笆三个桩，一个好汉三个帮。要创新必须有一批创新的能人。新民厂就有几个技艺高超、经验丰富的工人师傅，他们既是研制各种机器的主要力量，更是我依靠的重要对象。"

1927 年，上海铜铁机器业同业公会成立，大家一致推举胡厥文担任主任委员。后来他连选连任，在主任委员任上长达十年之久。其间，胡厥文在其位谋其职，积极团结工厂同仁，为同业发展摇旗呐喊、奔走呼吁，志在发挥民族工业的重要作用。后来，胡厥文在组织大规模的工厂西迁中，立志用实业抗战救国。而在危难时刻，他早已将个人利益和生死存亡置之度外。其忧国情怀，救国之心，可见一斑。

同仇敌忾，支援前线

1931 年的九一八事变，导致东北三省沦陷。1932 年 1 月 28 日晚上，日寇向上海的闸北、江湾、吴淞等处发动了大举入侵，当时驻防在上海的蔡廷锴所部十九路军奋起抗击，与日寇决一死战。

大敌当前，国难当头，怎可无动于衷？胡厥文与十九路军七十八师翁照垣旅长早有交往，翁旅长与胡家人过往甚密。当时翁旅长就驻守在吴淞口、虹口、闸北一带，抗战前线，首当其冲。翁旅长身先士卒，全体官兵英勇杀敌，打退了日寇的多次进攻。但敌人的武器装备精良，重武器多，而十九路军武器装备极差，大多为老式汉阳造"七九"步枪，而且弹药供应也十分困难。胡厥文得知这一情况后，立即主动与翁旅长联系，表达了机器工业同业全力支援抗战的决心。经与同业公会协商后，决定组织弹药生产。经过抽调工人，很快建立了手榴弹临时工场，工人们日夜加班，终于赶制出一批批手榴弹送往前线。后根据前线需要，他们还组织生产了地雷和攻击装甲车的穿甲弹。

一天，上海兵工厂厂长阮尚玠找到胡厥文，希望同业公会能支持兵工厂制造生产迫击炮弹。大敌当前，不容退却。他立即组织了40余名优秀技工前往该厂支援，使得该厂的日产量一下子增加了5倍，保证了迫击炮弹的供应。大冷天，见十九路军官兵冒着生命危险在风雪中作战，胡厥文既感动又心痛，马上动员自己的妻子沈方成发动众多妇女赶制了一批棉衣，并及时送往前线。

制造水雷炸日本指挥舰艇"出云号"，可以说是胡厥文一手策划的杰作。排水量为9800吨的出云舰是日本驻上海侵略军的旗舰，日本司令官经常在舰艇上商讨作战计划，并发号施令。经与十九路军和上海兵工厂协商，他们决定制造一个500磅的大型水雷装置，利用潜水员执行这一炸舰任务。3月1日，炸出云舰的行动在浦东黄浦江边秘密进行。浮筒式的水雷在潜水员的推动下，向对岸的舰艇出发。水雷逐步靠近敌舰，敌舰似已察觉，按计算的时间估计也已到了军舰边上，于是潜水员合上电闸，只听"轰"的一声巨响，无数雪白的水柱冲向天空。可惜由于水雷尚未贴近舰艇，未能将出云舰炸沉。

这一壮举在上海引起强烈反响。第二天，上海《申报》等报纸及时报道了这条惊天新闻。虽然没有炸沉军舰，但胡厥文感到中国人民英勇抗日的精神十分可贵。只要我们团结一致，顽强抵抗，就一定能把日本鬼子赶出中国，最终取得抗日战争的胜利。于是，胡厥文找到一枚大炮弹头，挥笔在上面写下"抗日必胜"四个大字，经镀铬处理后，一直放在办公桌上。

抗战期间，上海沦陷，企业已经难以为继。为了更好地支援抗战，经过同业公会的整体策划，胡厥文经营的新民机器厂和合作五金厂两厂与上海146家民营工厂一起，冒着敌人的炮火，经历了艰难曲折的内迁壮举。1937年，他们先迁到汉口并复工。

由于国民党军队节节败退，日军继续向中部地区挺进，工厂只得继续向西搬迁，历经艰难险阻。1939 年 3 月，新民和合作两厂落户重庆后，及时开工，制造了抗日急需的各种医疗器械和军工用品，生产了大量的手榴弹和迫击炮弹的壳子、各种引信及刺刀、军用剪刀、军用铲、军用锅等，有力地支援了前方。1941年，工厂还在湖南祁阳设立分厂，占地百余亩，建有各种工厂及职工宿舍。有用于工厂生产的工作母机 100 多部，职工 200 余人，自炼生铁，专门制造工作母机，并联合友厂制造整套纺织机，专供中南各省工厂所需。由于产品精良，成为当时中南地区一家具有相当规模的机器制造厂。1944 年日军进犯，湘桂之战，国民党军队不战而退，导致长沙沦陷。于是工厂搬迁至广西金城江，当时抢运器材等 300 多吨。结果在运输途中，金城江遭遇敌机轰炸，器材全部被毁。而遗留在祁阳的部分器材也在战争中损失殆尽。

幸好落户在重庆的新民和合作两厂运作正常，成为民族工业中的一颗"火种"。1944 年 10 月，迁川工厂联合会举办了一届展览会，中国共产党重庆办事处周恩来、董必武、邓颖超等前来参观。他们详细了解了所有展品，对包括新民和合作两厂在内的迁川工厂所取得的成就给予高度肯定。周恩来、董必武、邓颖超 3 人还在新民和合作两厂的留言簿上题词。

从抗战一开始，胡厥文以蓄须记国难。他说，中国人民不打败日本鬼子，我的胡子就不剃去。这一蓄就是 14 年，因长髯飘拂，使他拥有"美髯公"的称呼。直至抗日战争胜利后才剃除。在剃胡子之前，他还特地拍摄了一张"二我"的照片（即剃胡子前后各拍一张），用以见证和纪念中国人民抗日战争的伟大胜利。胡厥文这一被大家亲切地称为"抗战胡子"的胡须，至今保存在其家乡嘉定博物馆内。

那天拍完照片后，胡厥文兴致勃勃地去迁川工厂联合会开会。开会时间到了，大家仍未见胡董事长来，觉得奇怪，一向提前到会的董事长怎么今天迟到了？等大家认出没有胡须的胡厥文时，会场上顿时响起了一片欢声笑语。

抗日战争胜利后，新民和合作两厂与众多内迁厂一起返沪复厂。而新民和合作两厂原遗留在上海的机器设备、工业材料等，经过战乱，早已损失殆尽。原指望国民政府能为抗日战争中作出贡献的内迁厂给予一定的补助和扶持，以发展民族资本工业。但这时的国民政府欲发动内战，根本无暇顾及民族工业，故得不到国民政府的财政补助。后来全国工业协会和迁川工厂联合会经过几次派代表赴南京请愿和交涉，国民政府经济部才同意并核定24家上海内迁厂"优惠"承购部分敌伪工厂。于是，新民机器厂承购了地处大连湾路的日产自动车厂；合作五金厂承购了大丰铁厂；大中机器厂承购了田所仲铜厂。国民政府经济部所承诺的优惠政策远远比不上内迁中工厂所遭受的损失。但相对而言，这几家厂仍比其他内迁厂要好得多。

新民新生，加盟航天

新国光芒千万丈，何愁蜀道上青天。这是胡厥文在新中国刚建立时，用这一诗歌表达了他的喜悦心情和迎新情怀。

1949年初，上海市场萧条。胡厥文联合上海工商业者，在5月27日的《商报》上发表了《我们要立即复工复业，尽我们应尽的责任——上海市工商界人士宣言》，提出要以"发展生产、繁荣经济、公私兼顾、劳资两利"为原则,在新中国的经济建设中发挥作用。1949年9月,胡厥文以民主建国会代表身份出席中国人民政治协商会议第一届全体会议,参加了建立中华人民共和国的筹备工作。1949年10月1日,胡厥文和政协全体代表站在天安门城楼上,参加了中华人民共和国开国大典。

1954年,新民机器厂公私合营以后,生产、建设得到迅速发展。1955年和1956年,先后有24家公私合营、私营工厂并入新民机器厂,并入职工397人,扩大了生产场地,增加了设备和工程技术人员,调整了生产结构,改进了生产管理,工厂的生产能力有了较大增长。

1956年春,资本主义工商业的社会主义改造出现新高潮。在胡厥文等人的大力推动下,上海只用6天时间就实现了数百个行业的公私合营。面对部分资本家对于公私合营的疑虑,胡厥文和几位工商业者谈心时风趣地说:"你们看过《西游记》没有?孙行者一路上想方设法去掉头上的紧箍咒,但一路上怎么去就是去不掉。后来到了西天,他问如来佛,现在这个紧箍咒我可以去掉了吗?如来佛说,你自己摸摸看。孙行者一摸自己头上,那个紧箍咒不知啥时已经没有了。"胡厥文用这个例子说出了社会主义改造要水到渠成的道理,当时在工商界中广为流传,产生了积极的影响。

1956年8月,上海市政协组织由各界人士组成的西北地区建设事业参观团,赴兰州、西安、郑州、洛阳等地,实地了解和感受新中国第一个五年计划所取得的成就。通过参观,胡厥文感慨道:"这次西北之行,给了我莫大的鼓舞。这些新的建设规模之大、进展之速、技术之精,都十倍、百倍地超过我原来的设想,说明贫穷与落后已成为过去。回想当时讨论第一个五年计划时还是纸面上的文章，而通过这一次参观都已见诸事实。展望无穷，异常兴奋，共产党的领导就是正确，功高千古盖可见也。"

在第一个五年计划期间，新民机器厂勇挑重担，主动承担了官厅水库、密云水库、十三陵水库和福建上猫水库等大型水库重闸门启闭机的生产任务，得到了国家的嘉奖。同时，根据胡厥文二女婿杨庆贤提供的工艺设计，制造了我国第一套樟脑精提炼设备，为国家填补了空白。

1957 年，新民机器厂已经发展成为以生产动力机械为主的机械工厂，自行设计生产了 400 匹马力蒸汽机，试制了 150 千瓦和 200 千瓦小型号背压式汽轮机。由于新民厂能在短短几个月内生产出合格的小型汽轮机，上海市政府批准该厂为汽轮机制造专业工厂，并规划在市郊闵行新建厂房，增添设备，建设成为上海市成套电站设备制造厂之一。1958 年，工厂的扩建工程在边基建、边生产、边完工、边搬迁中进行，到 1960 年完成扩建。这期间又试制了 750 千瓦和 1500 千瓦汽轮机，并投入小批量生产。试制了我国自行设计的第一台 3000 千瓦汽轮机，并推广生产。此时的新民厂生产蒸蒸日上，所制造的各种汽轮机装备了全国几十个中小型电厂，为我国电力工业的发展作出了贡献。

在新中国成立后的十多年间，新民机器厂的发展变化巨大，工人当家作主，成为真正的主人翁，生产积极性得到了极大提升，生产迅速发展，已能够生产二三十吨的大型机器了。在闵行建设的新厂，厂基地达三四百亩，比老新民厂扩大了近 200 倍，职工人数逾千人。从新民机器厂的巨大变化中，胡厥文深深体会到，在反动派统治下的旧中国，工业难以得到发展，在资本主义所有制的基础上，企业也不可能办好。只有在新中国社会主义制度条件下，生产关系起了根本变化，生产力得到了解放，企业才有广阔的发展前景。

在社会主义建设深入发展中，新民机器厂迎来了融入国防军工领域的机遇。1959年，上海市委向党中央提出，上海可利用老工业基地的良好基础，发展导弹事业，建立导弹工业基地。翌年，第一机械工业部部长赵尔陆、副部长章连奎，国防部第五研究院副院长王诤等率领专家多次到上海调研选厂。1960年，新民机器厂被选定承担新技术产品的试制工作。1961年下半年，按照上海市工业改组决定，新民机器厂划归国防部第五研究院领导，成为军工科研生产单位，承担地空导弹战术武器地面设备的研制任务。对于这一决定，胡厥文表示坚决拥护，全力支持新民机器厂加入国防军工行业，为国防建设发挥更大的作用。

航天人与胡厥文有缘。据上海航天局副总经济师戚南强回忆，胡厥文的故居坐落在上海嘉定古城，而少年时的戚南强曾经去过胡厥文先生的嘉定故居。那是怎么回事呢？这要追溯到1950年的夏天，戚南强父亲所在的部队二十军解放上海后，就驻防在嘉定一带。部队时常在长江口水上练兵，这是为解放台湾而做准备。那时，正在读初一的戚南强趁着放暑假的机会，从杭州前来嘉定探望阔别十年的父亲。当时他父亲就住在胡厥文先生故居空余的房屋里。父子久别重逢，倍感亲切。父亲除了陪他参观胡厥文的故居，还一同在他家的后花园——雪园，拍了一张合影照。2018年夏，戚南强与149厂人一同前往嘉定寻访胡厥文故居。故地重游，旧貌换新颜。由于城市建设的发展需要，胡家一大片房屋和一座精致的花园已不见踪影，其故居地已经改建为区政府招待所，仅留下两棵古老的柏树，使得戚南强不由为之遗憾。

据老新民人、后任支援贵州遵义高原厂（3655厂）厂长的王安才回忆:"上海新民机器厂,是胡厥文1921年创办的私营企业。1954年7月,国家对工厂实施公私合营。由公方代表张清杰(南下干部)担任厂长,私方代表胡厥文(工商业者,后任全国人大常委会副委员长)任经理。1956年7月,我随上海协丰铁工厂合并到新民机器厂,先后担任厂团总支书记、团委副书记、厂办公室主任、车间主任。这一年上海企业公私大合营。记得有德泰、协大、协丰、协义等23家私营企业合并进入新民机器厂,人数达到近千人。1958年,国家投资扩建新民机器厂。1959年,工厂从唐山路795号迁到闵行2号路(东川路、华银路)今新中华厂厂址。

"合并之后的新民机器厂,成为中小型汽轮发电设备制造厂。主要产品从生产蒸汽机转变为生产中小型汽轮机,并以生产中小型汽轮机为主。产品从250千瓦、700千瓦、1500千瓦到3000千瓦碳钢汽轮机。在上海市十大机电厂组织开展的社会主义劳动红旗竞赛中,曾获得红旗单位之一。其间,新民机器厂还根据国家建设发展需要,在零件和技术方面支援杭州汽轮机厂上马。1960年,因建设国防工业的需要,工厂从公私合营企业转变为国营军工企业。那时我作为兼职报社通讯员,写过不少厂里的新闻稿见诸各报端。如《解放日报》《新闻日报》《全国工业机械周报》等,至今我还留存有当年这些报纸发表的文章。

"1961年7月,新民机器厂和新中动力机器厂合并组成上海新新机器厂,隶属上海机电二局领导。下属三个分厂:一分厂在浦东,二分厂在闵行,三分厂在松江,后按专业分工,把三个分厂转变成独立的工厂。其中,闵行的二分厂恢复为上海新民机器厂。1962年,工厂按专业分工独立建厂(中建锅炉厂由此合并进来),主要承担的军品是导弹包装箱、发控发射架的研制和生产任务。

"1965年，根据党中央建设和支援三线、在大后方建立地空导弹研制生产基地的重大战略决策，新民机器厂在极其保密的情况下，开始参与上海机电二局包建贵州遵义061基地的任务。1970年1月，随着包建厂基建任务的完成和生产准备工作的开展，工厂开始全迁内地，支援三线军工厂建设。我在这一年从车间主任岗位上离开上海，与夫人积极响应党中央的号召，义无反顾地去了贵州遵义大山深处的3655厂。当时上海新民机器厂有1000多人，最后绝大多数技术人员和职工都响应国家号召和组织决定，恋恋不舍地告别家人和亲友，离开上海，去了千里之外的贵州深山老林里。当时去贵州的新民厂干部职工有近700人，留沪的约300人。"

王安才还回忆起他当年与胡厥文的接触中，觉得胡厥文虽然身为企业经理，并担任了民主党派的负责人（后来又担任了上海市副市长），但却没有一点官架子，很平易近人。如那时实施每个星期六干部要到企业参加劳动的制度，只要抽得出空，胡厥文坚持每周六来到厂里，换上工作服便深入到车间，与技术人员一起研究小改小革，技术革新，提高机器效率。他还经常来到车间里工人师傅身边，跟他们拉拉家常，嘘寒问暖。胡厥文的亲民情景，令人难忘。

据《上海航天志》关于老新中华厂历史的记载："老新中华厂前身是邢光才于1946年6月创办的私营新中华铁工厂，厂址设在上海市长宁路296弄59号，生产纺织机械配件。该厂于1956年公私合营，1958年迁至上海市虹口区吴家浜路57号，生产饲料破碎机，属市机械局通用机械公司。1962年，划归上海市警备区后勤部，1963年4月，改名为新中华机器厂，主要承担修理民兵武器装备任务等。1968年起，生产半自动步枪。1969年12月，划归上海市轻工工业局五金公司，并迁至闵行上海机电制造学校校址，与该校附属工厂合并，生产全自动步枪。1977年，中共上海市委、市革会决定，该厂划归上海机电二局，与从上海新江机器厂划分出来从事运载火箭研制的部分及人员共569人合并，改建为运载火箭总体设计、总装厂，对外仍称上海新中华厂。

"1980年2月，为调整上海地（舰）空导弹、人造卫星、运载火箭有关工厂和研究所管理体制，国防科委、国防工办、七机部、八机部和上海市人民政府联合决定，新中华机器厂并入新民机器厂，承担运载火箭的研制、生产和总装任务，并承担地（舰）空导弹地面设备的技术抓总和研制生产任务，老新中华厂厂址归还电校。七机部于同年5月29日批复两厂合并后的厂名为新中华机器厂。1984年，经航天工业部批准，在军品各设计室的基础上成立上海航天局805研究所，实行厂所合一体制。"

1980年，新民机器厂与新中华机器厂合并后，成为航天工业部大型重点企业。而《胡厥文传》中对于新中华厂厂名的来由是这样诠释的："由于新中华厂是对外开放的工厂，在联合国教科文机构已有注册。为了不使国际上对我国企业重组合并，以及厂名改变产生误解，上级决定合并后的厂名定为新中华机器厂。合并后的工厂既承担大型运载火箭总体设计和总装任务，又承担地空导弹地面设备的研制任务。另外，按照军民结合的方针，工厂又在八十年代研制开发了航天牌电冰箱，并很快形成较大批量生产规模，成为国家定点生产企业和全国电冰箱引进生产线效益最高的企业之一。"

两厂合并后，新中华机器厂积极贯彻军民结合以军为主的方针，1981 年 9 月 20 日，由该厂总体设计、总装的风暴一号Ⅲ运载火箭参加发射实践二号卫星，首次发射"一箭三星"成功。1977 年起，与七机部一院共同研制长征三号火箭，主要承担一、二级总体设计、制造和总装任务，该火箭于 1984 年 4 月首次发射成功，将我国第一颗通信卫星送入静止轨道。以后新中华厂先后承担长征四号系列火箭、长征二丁火箭等型号的总体设计、制造和总装任务。承担地（舰）空导弹地面发控、发射设备等研制生产任务，以及多型导弹的包装箱等。

1988 年 6 月 12 日，当上海新中华机器厂（新民机器厂）建厂 30 周年时，已经 93 岁高龄的胡厥文得知由自己当年创建的企业喜逢 30 年生日大庆，非常高兴，欣然命笔，为该厂题写了"继往开来，振兴中华"的题词，为庆祝活动增添了一抹亮色。

胡厥文题词

波澜壮阔迁三线
包建黔北举全力

　　三线建设，是党中央在一个特殊历史时期做出的重大战略决策。在贵州黔北遵义地区沙湾乡一处隐蔽的深山里，有一家军工单位叫高原机械厂（代号3655厂），就是由新民厂帮助包建的。新民厂数百位干部职工响应党中央的号召，扎根荒山野岭，常年风餐露宿，报效国防军工。为了三线建设，他们全力以赴，许党报国，在造出导弹的同时，献了青春献终身，献了终身献子孙，可谓做到了极致。

　　今天，当年的"三线人"均已进入迟暮之年，而"造出枪炮和导弹，狠狠打击帝修反"的铿锵誓言，仿佛仍在历史的隧道里回响。三线建设距今已半个世纪，但新民厂对三线建设做出的巨大牺牲和巨大贡献，历史将永远铭记。

山高路远何所惧，好人好马上三线。

20世纪六七十年代，整个中国有两大社会热象：一是知识青年上山下乡。到农村去，到边疆去，到祖国最需要的地方去，与贫下中农打成一片，接受贫下中农的再教育。二是城市的工矿企业搬迁内地。到大三线去，到小三线去，到深山老林里备战备荒，造出枪炮和导弹，狠狠打击帝修反。

于是，车站里，码头边，妻子送丈夫，父母送儿女，千叮咛，万嘱咐，骨肉难分，亲情难舍。有的甚至父母携子女一起奔赴内地三线，让城里的房子成为空巢，让年迈的双亲增添一份牵挂。他们把一腔热血和智慧勤劳无怨无悔地贡献给了共和国的国防军工事业。

在这样的时代洪流中，共和国有400万工人、干部、知识分子、解放军官兵响应党中央的号召，奔赴祖国各地的三线地区，在深山峡谷、大漠荒野中，他们风餐露宿、肩扛人挑，用血汗和生命建起了1100多个大中型工矿企业、科研单位。

献了青春献终身，献了终身献子孙，是那个时代军工行业的特征。肩负重任，军工报国，是那一代三线人的赤诚信念和无悔人生。他们以祖国需要为己任，以党的指引为方向，打起背包挥别都市，走进十万大山，去勇敢地开辟三线战场。就在那段艰难岁月里，他们干惊天动地事，做隐姓埋名人，吃大苦，耐大劳，艰苦创业，无私奉献，报效祖国。

屠格涅夫说："在这一世界上，一个人还能爱别的什么呢？除了上帝以外，还有什么能像爱祖国那样，永远不变，不容疑惑，值得我们信仰？"相信那个年代毅然奔赴三线的一代工人阶级，怀着对祖国的爱、对事业的忠诚，以吴运铎"把一切献给党"为榜样，把个人的一切置之度外。他们正像鲁迅所赞扬的，是一群"埋头苦干的人，拼命硬干的人，舍身求法的人……这就是中国的脊梁"。他们心灵纯朴，以身许国，境界高尚，辉映人间。

贵州黔北遵义地区沙湾乡的山沟里，山路盘旋起伏，山岭坎坷错落，就在那个外人难以探究的神秘之处，遍布着研制生产地空导弹的航天企业。大山里既有总体总装厂家，也有分系统单位，还有其他保驾护航单位，组成了一个集导弹研制、生产、试验、配套于一体的庞大军工阵营。其中，在距离遵义27公里一处隐蔽的深山里，有一家军工单位叫高原机械厂，代号3655厂，就是当年由上海新民机器厂帮助包建的。新民机器厂不仅派人帮助勘察、建厂，提供设备、工装、材料，而且全厂人员内迁，有的甚至带领全家前往荒山野岭。为了国防军工，为了三线建设，新民人全力以赴，立志报国，奉献精神令人敬佩。

作为防空导弹武器装备配套企业，高原机械厂生产地空导弹发射架主机、地地导弹武器系统中的发射装置等，是导弹武器装备中的重要组成部分。

三线建设，中央决策

已经整整跨越了半个世纪的三线建设，寻根溯源，说来话长。这一共和国特殊历史时期的特殊历史事件，涉及数百万东部沿海城市的企业职工和他们的家庭。

三线建设是党中央和毛主席于 20 世纪 60 年代中期作出的一项重大战略决策，指的是自 1964 年以来中国政府对中西部地区 13 个省、自治区进行的一场以战备为指导思想的大规模国防、科技、工业和交通基本设施的建设，并将沿海大城市的军工企业向内地偏僻地区进行的一次大规模的工业迁徙。其历史背景是由于美国的敌对行为，对我国东南沿海一带形成了"半月形"的包围圈。而中国与苏联关系的恶化，逐步走向对抗，则加速了三线战略向内地转移的进程。

1964 年 8 月，根据党中央和国务院的指示，国家建委召开三线建设搬迁专题会议，具体部署搬迁三线工作，并提出了大分散、小集中的战略方针，尤其是国防尖端项目要"靠山、分散、隐蔽，甚至进洞"。于是，共和国历史上一场声势浩大的三线建设拉开了波澜壮阔的序幕。

所谓"三线"，是指当时经济相对发达且处于国防前线的沿海地区向内地收缩划分的三道线。一线地区指位于沿海的前线地区；二线地区指一线地区与京广铁路之间的安徽、江西及河北、河南、湖北、湖南四省的东半部；三线地区指长城以南、广东韶关以北、京广铁路以西、甘肃乌鞘岭以东的广大地区，其中西南的云、贵、川和西北的陕、甘、宁、青俗称"大三线"，而一、二线地区的腹地俗称"小三线"。

在这场以贵州黔北遵义地区为主战场的三线建设中，按照国家计划安排，上海国防三线建设的重头戏是负责包建贵州航天基地（亦称航天工业部 061 基地），在那里建设一个中国地空导弹研制生产后方战略基地，并作为国家三线国防工业体系的重要组成部分。

坊间传说，毛主席十分牵挂三线建设。他老人家曾说："三线一天不建设好，我就一天睡不着觉。等哪天三线建设好了，即使骑着毛驴，我也要去看看。"他老人家对三线建设，可谓日夜牵挂，一往情深。

1964年9月9日，国务院国防工业办公室召开国防工业会议，确定在黔北地区组建一个研制生产地空导弹基地的计划，由国防部第五研究院（航天部前身）主抓，上海市负责包建。国务院批准了这一计划。周恩来总理在签发文件时批示，上海不仅要负责黔北基地的包建工作，而且要帮助生产出第一批导弹产品。周总理还指示，技术专家和党政干部，都可以从工业部门、高等院校和军队中抽调。周总理还于1965年8月9日、10日主持中央专委会会议，就七机部关于三线建设的工作和计划安排进行专题讨论。这次会议，对进一步推进在黔北地区建设地空导弹研制生产基地起到了决定性作用。"文革"期间，针对派性斗争对061基地科研生产的干扰，周总理特地发了一个紧急电报："要加紧把黔北基地建设成为一个又生产又科研、以生产为主的综合基地。"并发出指示：黔北基地应该先把生产搞上去。

在061基地建设期间，国家建委将061工程列为国家重点工程。1965年11月，国务院副总理邓小平、李富春、薄一波，以及中共西南局第一书记李井泉等，在贵阳听取061工程指挥部关于基地建设情况的汇报。邓小平做了重要指示，明确要求："061基地工程由两部（七机部、建工部）、两地（上海市、贵州省）派人组成领导班子，统一领导基地建设"，并责成上海"要负责解决人才、技术、设备和材料等问题，把包建任务落到实处"。而包建任务完成的标志，就是帮助061基地研制生产出可以装备部队的导弹产品。总之一句话：一包到底，拿出导弹。

包建重任，勇挑肩上

根据七机部的部署，机电二局所属厂、所承担包建黔北基地的项目，其中独立包建的工厂7个，与部内兄弟单位共同包建的工厂2个，包含导弹总体设计和总装厂，以及为导弹配套的各个分系统单位等，并明确包建的原则是一包到底，即从踏勘定点、编写设计任务书、工艺设计、基建施工、设备安装、工装制造、材料准备、工人培训、干部配备等，直到生产出合格的导弹产品，交付国家验收合格为止。如此包建，可谓面面俱到。

七机部副部长兼061基地首任党委书记张凡带领意气风发的建设大军，在黔北的崇山峻岭中摆开了战场。他还兴奋地挥毫写下一首诗："一捧丹心四卷书，风华激励践宏谋。胸怀亿众英豪气，手饰江山锦绣图。誓扫群妖澄玉宇，更巡星月展征途。惊雷动矣夺分秒，劲矢齐飞落九乌。"

筹建刚开始，中央各有关部委对黔北基地建设更是大开绿灯，一路放行。由于那里交通运输基础太差，影响建设进度。铁道部部长吕正操亲临现场拍板决定："把正在修建的湘黔铁路先通到遵义。"物资部部长袁宝华到贵州听取了黔北基地建设工程汇报后，立即下令从西南直接调拨一大批钢材、水泥、木材等基础材料，以解决工程建设之急需。

1964年，上海机电二局副局长朱人杰参加了国防工业第六踏勘小组，历时近2个月，跋山涉水踏勘了遵义、毕节、铜仁3个专区21个县市，选点100余个，并进行广泛调研，初步框定建厂范围，完成了勘察选点任务。

1965 年 3 月，机电二局派出首批 140 名先遣勘测人员赴贵州。新民机器厂的陈国香等 6 人参加了勘测队。他们根据三线建设"靠山、分散、隐蔽"的原则，历时 41 天，对初选点进行进一步的勘察和确认。由于各项目分布在"地无三尺平、天无三日晴"的山区，且多数是荒凉的山沟，自然条件复杂，交通十分不便，使得选点勘察工作非常艰苦。但大家发扬不怕苦累和连续作战的作风，风雨无阻，坚持实地踩点，进行综合评估。后经各方反复商议，最后确定以遵义市为中心，在遵义、桐梓、绥阳 3 个县内进行航天厂、所布局的方案。

据当时参加筹建的李家泰（筹建初期任 3655 筹建处副主任）回忆："由于贵州（遵义）地区地形复杂，光是选点这一项工作就反复进行了多次。如他们费了好大的劲选好点之后，经过进一步勘探、测量，发现地下竟是空的，不能使用，这样就只得再换个地方。就我所知，3655 厂所选的点就换了 4 个地方——马前坝、杨柳坪、桐梓、沙湾。

"1966 年春，中央防空检查小组来检查对空隐蔽情况，说我们（桐梓）布点较密，对防空不够隐蔽等一些情况提出质疑。他们认为要接受越南战争的教训，因为越南的一些工厂，凡是靠近山脚下的，都保存了下来，凡是离山远了一点的，都被炸掉了。所以除了'山、散、隐'之外，主要的设备还要进洞。于是那时又形成了一股找洞风。但这样带来的结果是，工厂远离铁路、公路 15—20 公里，厂与厂之间至少也离开 15—20 公里。这对以后的生产、管理和运输都不方便，于是原先选的桐梓点又作废了，大家自己动手盖好的一些简易设施也都甩掉了。随着建设方案的改变，下面的工厂也都做了相应调整，原来都是独立厂，后来把性质相近的几个工厂合并成一个'串'，叫总厂，下面再分若干个分厂。这样，虽然分散了，靠山了，或者进洞了，符合了上面的要求。但由于各个企业太分散，企业之间的距离均相距较远，对以后企业的生产和管理都带来了很大弊端。"

当时参加筹建的同志积极性很高，没有房子住就搭个简易的帐篷，或自己动手就地取材，用油毛毡、竹竿、竹箅席等盖一些临时过渡房。那时连办公室也安排在过渡房里。看着山腰间那一排排整齐的简易房，显得非常壮观。一位当年参加筹建工作的老航天人回忆说，那时我们非常年轻，也很能干，充满着理想和追求，满脑子想的我是为祖国造导弹而来到三线的，光荣感充满心间。所以，没有一个人抱怨生活艰苦。相反，业余时间，简易房里会经常传出悠扬悦耳的歌曲，还有娓娓动听的吴侬软语的沪剧、越剧唱腔，还会时不时飘出传遍山野的二胡、笛子、吉他、手风琴的旋律……而时任061工程党委书记叶进明的一首《山野抒情》，则表达了三线人不畏艰难、砥砺前行的心声："蒙蒙细雨湿黔岭，重峦叠嶂路难行。慧眼洞穿千年雾，遍地宝藏照乾坤。党发号召建三线，荒野扎营豪气升。平战结合长计议，振兴中华建功勋。"另外一首充满情趣的《黔北即景》也可见证："修竹掩农家，客来鸡犬哗。梯田结菜籽，山径落桐花。鸟语松林静，风轻柳丝斜。解襟蕉下坐，篱动见飞鸦。"可见，那时三线人虽然风餐露宿、苦征恶战，但他们的精神面貌却是朝气蓬勃、奋发昂然的。用一句时髦的话来形容，则是革命的现实主义和革命的浪漫主义在三线得到了完美结合。

上海机电二局是包建061基地的主体单位，几乎承担了黔北地空导弹研制生产后方战略基地绝大部分的包建任务。在那个年代，广大航天职工以国为重，舍弃小家，坚决响应党中央和毛主席的号召，毅然承担起国家赋予他们建设三线国防的重任。按照分工，机电二局下属有两家单位为全迁单位，内迁任务非常吃重。一家是新民机器厂，当时包建一家导弹发射架和地面设备厂，即3655厂，新民厂先后共派出支内职工近700人，除少数有具体困难的职工未去，几乎全厂职工都告别亲人，义无反顾地奔赴贵州三线。另一家是上海长宁蓄电池厂（包建梅岭化工厂，该厂共内迁职工680余人）。其余局内各厂所中，上海新江机器厂除包建导弹总装厂的任务外，还与新华无线电厂共同包建了有色金属铸造厂，与机械配件公司共同包建了导弹包装箱厂，共支内职工1400余人。新华无线电厂主要包建弹上无线电控制仪厂，共支内职工820余人。新新机器厂包建了导弹液体火箭发动机厂，支内职工540余人。上海有线电厂包建了导弹无线电引信厂，支内职工620余人。上海仪表厂与沈阳119厂共同包建导弹自动驾驶仪厂的任务，从筹建开始先后派出近100名技术人员（后因任务调整改由119厂单独包建）。尽管这样，上海仪表厂仍然为该厂制造了大量的非标准设备。

各包建单位先后开始了大规模的工程建设，并掀起了工程建设大会战的高潮。打炮开山，修建公路，建造厂房，接通水电。一时人来人往，车水马龙，使得061基地呈现一片轰轰烈烈景象。各个单位的工程项目从通路、通水、通电，平整场地的"三通一平"做起，争分夺秒，抓紧施工，为早日建成厂房而拼搏。当时川黔铁路尚未通车，人员、物资全靠汽车运输，其阵势用千军万马、浩浩荡荡来形容，一点也不为过。赴贵州三线的航天人，在艰苦的条件下密切配合施工搞设计，没有宿舍就住帐篷，或自己动手搭建"干打垒"，没有电灯就用煤油灯和蜡烛照明，没有就餐条件则就地挖个坑，支起铁锅煮饭烧菜。有的人因为没有干净的水源，随便喝了稻田里的水，因水土不服而拉肚子。当时山里连医院也没有，只能服用自带的黄连素药片对付。就这样，航天人克服一切难以想象的困难，与大自然的艰苦条件做顽强斗争，全力以赴建基地，只想早一天建设好工厂，尽快造出地空导弹，不辜负党中央对上海工人阶级的期望。

随着包建厂点基建任务接近完成和生产准备工作的开展，机电二局加紧落实职工和专用工艺装备等支内工作。按照上级要求把最好的干部输送到三线去的精神，局与各厂为包建厂配备了全套领导班子，从厂党委书记、厂长、总工程师及车间、科室领导直至生产组长都予以配备齐全。各工种配套、平均技术水平均高于老厂。为保证按时完成支内任务，各级党政领导还认真做好深入细致的思想政治工作，层层动员，干部、党员积极带头，并对支内职工的住房、生活实际困难等，组织专门班子帮助解决。大批职工积极响应党的号召，舍弃上海小家，支内奔赴贵州。不少职工还说服动员家属，举家搬迁三线，立志艰苦创业，航天报效祖国，涌现出许多感人的事例。

据老新民人（原202车间主任）、原高原厂厂长王安才回忆，他和妻子于1970年第一批被批准去贵州三线，那时他们夫妻二人的名字都上了厂里的光荣榜。临出发时，厂党委书记亲自给他俩戴上大红花，敲锣打鼓欢送。而千里之外的母亲知道儿子和媳妇将要去三线的信息后，老人家唯恐他们这一去不知何时再能见面，思念之心油然而生，于是置家里尚有五个弟妹需要照应而不顾，匆匆来到上海与他们相见，为他们送行。看着老人家忧心忡忡、魂不守舍的神情，他不由想到"儿行千里母担忧，别去家乡渭水流。寒露秋风再相嘱，但将冷暖记心头"的诗句。谁愿意亲人分离，谁不想阖家团圆？但为了航天事业，他们尽力劝慰母亲，让她一百个放心。母亲一边听着，一边不停地擦着眼泪。那情那景，让王安才夫妻俩肝肠寸断。他们奔赴三线后，老人家因操心过度，从而引发疾病，并住进医院开刀。后来，他经常给母亲写信，尽说基地好的一面，从不说困难和压力。多次去信后，母亲的情绪才逐步好转。

王安才的岳母家有三个女儿，他的妻子是老大，两个妹妹均在外地。为怕母亲担忧，爱人竟不敢向母亲说是全家去贵州三线，而是说了一个谎，说是出差去一个很远的地方，暂时回不来。妻子用一个美丽的谎言，瞒着难以承受的老人家，然后含泪奔赴遵义。

虽不敢说当时那批内迁人都达到了"苟利国家生死以，岂因祸福避趋之"的境界，但航天人以大局为重、服从国家需要、克服个人困难的朴实思想从不缺失。相信像王安才家庭支内的感人故事，还有许多许多。

老新民人颜天鸿则在遵义高原厂待了 14 年，后作为夫妻分居多年的特殊困难对象才调回上海，回到"老娘家"新中华厂。他回忆当年去遵义三线时的情景，至今仍历历在目。他说，他从小就失去了双亲，一直是由外婆带大的，后来中专毕业分配到新民机器厂。20 世纪 60 年代末到 70 年代初，上级决定新民厂全厂职工支内，这不由让全厂职工情绪波动起来，只见厂领导和车间领导整天在做职工的动员工作和思想工作。许多中年人上有老，下有小，确实有很多困难，一下子叫他们到千里以外人生地不熟的贵州支内，有想法、有情绪也很正常。但颜天鸿的态度很明确，党叫你去，就必须得去，没有什么讨价还价的余地，所以他无需领导做思想工作，主动报名，积极响应。当时厂里支内队伍分成三批出发，那年他 23 岁，单身一人，无牵无挂，所以被安排第一批去遵义。第一批就第一批吧，单纯的他一点想法也没有。出发的日子他记得很清楚，1971 年 3 月 16 日。他和厂里第一批支内人是在外滩十六铺码头上的船。也许是逆水行舟，这一漫长的长江水路行程竟走了七天七夜才抵达重庆。接着他们在重庆休整了一天，再坐火车到贵州遵义。他从未出过远门，一出门路上就是九天九夜，真是一辈子难忘。当他们抵达遵义后，第二批支内职工队伍也到了，原来他们是从上海直接坐火车出发的，路上的时间两天都不到。而到了第三批即将出发时，上级又下发了紧急通知，说是中央下达了"701 工程"重要任务，第三批就不用支内了，留下来搞风暴一号火箭。据原新中华厂副厂长朱琪达回忆说，按照当时厂里的安排，他被列为第三批支内人员名单。看到身边的同事先后都打起背包奔赴贵州三线，他也做好了思想和物质上的准备，并且购买了行李箱和一些日常用品，将要带的东西都打好包，只等上级一声令下，立即出发。而就在"万事俱备，只欠东风"时，等来的却是第三批人员暂时不去三线、留厂工作的利好消息。这让他内心感到了莫大安慰。而许多支内职工知道这一消息后又非常后悔，假如安排在第三批该多好。但颜天鸿却笑笑说，人有千算，天则一算。人生没有假如，这就是命运的安排。既来之，则安之。别人能在三线工作和生活，我为什么不能？心态摆正，心胸放宽，许多思想问题都迎刃而解。

据老新民人丁渭象回忆："1960 年 9 月 27 日，我拿着中国科学院上海新民机器厂分配单进入该厂参加工作。1965 年上半年开始，工厂部分同志在极其保密的情况下支援贵州遵义，勘探选点三线军工厂。我是在 1965 年 12 月 28 日离开上海去了遵义。当时我们厂共有 23 位同事去那里，由于一下子难以买到那

第一批支援三线建设员工

么多火车票，于是只能分成两批去贵州。为了记住这一天，厂里为我们同行的职工在上海火车站站台上，分组拍了纪念照。这些照片我一直珍藏到现在。我爱人沈凤英他们是第二批（1965年12月31日）去的，当时我们还没有结婚，厂里也为他们分组拍了纪念照，她也一直珍藏到现在。第一批1965年12月28日离开上海的人员是：周国平、锁自元、曹祥千、王茂荣、魏来根、王辉轩（上海新民机器厂党委书记）、丁渭象、陆汉川、陈根喜、乔荣生、刘广喜。第二批1965年12月31日离开上海的人员是：林阿苟、乐元成、周根山、沈凤英、管成珍、丁志康、王德明、王之保、叶泉荣、杨长发、王秋才、朱补良。

"当时我们乘火车经过两天三夜61个小时，到了一个叫桐梓的火车站下的车。我们住宿、工作在当地政府下属的一家面粉厂里，向南走离桐梓县城约1.5公里，向北走离第一次选定的厂址岩上坝约1公里多，均位于桐梓与重庆之间的川黔公路边上。当时除了包头447厂支援的10多位干部和061基地分配来的2名驾驶员、1名医务人员外，基本上都是上海新民机器厂的人。当时后方厂名叫国营652筹建处，上级单位是七机部061基地。筹建处的领导班子由上海新民机器厂的陈国香、上海机电二局的李家泰、包头国营447厂的白秀明和闫永达等组成。交通工具有一辆解放牌大卡车、一辆北京牌吉普车，还有一辆脚踏三轮黄鱼车，以及四五辆自行车。到了桐梓县城，那辆脚踏三轮黄鱼车引来了很多当地人的围观，因为他们从来也没有看到过这种车辆，觉得很稀奇。当时的生活十分艰苦，我们几十号男同志集体住在面粉厂的一个大车间里。女同志住在竹片泥巴做成墙体的简陋草棚里。我们刚到时，没有电，没有水。开头一些时间，每天用水要到不远处的河里去挑，衣服脏了，也只能到河边去洗，后来情况有了改善。但居住条件始终未得到改善。因经常发生断电，蜡烛成了常备货。食堂是简陋的棚屋，煮饭烧菜的土灶头是食堂师傅自己搭起来的。洗澡，我们需要到桐梓发电厂去洗，时间安排在晚上6—8点，洗一次澡来回路上至少需要一个多小时。原选点人员由于工作需要基本不在点上。点上的主要工作是'三通一平'，而通向岩上坝厂区约2公里长的陡坡公路，则由公路施工单位基本建成。建筑施工单位由于设计工作尚未完成而未能进场。筹建处人员利用每周半天或1天的时间进行岩上坝少量局部土地的平整，但水电还没有通。1966年4—5月份，上级来视察岩上坝的筹建情况，认为不符合中央的选点要求，于是决定放弃岩上坝这个选点，另外选址。最后，花了10多万元修建的通往厂区的新开公路也报废了。

"1966年五六月份，我们来到第二次选择的厂址遵义县高坪区沙湾镇。刚到那里，条件仍然十分艰苦，住宿地点与办公地点主要分散在沙湾烤烟房、沙湾饭店、沙湾邮局、沙湾卫生所的楼上和另外一处民房内。晚上断电的时候，采用柴油发电机发电。当时筹建处的工作是工艺设计、征用土地及重新搞'三通一平'，建设最基本的基础设施。那时建筑施工单位是河北四局三公司，厂区道路施工单位是贵州公路工程队。其间，企业的组织机构也逐步健全起来，设置了办公室、政治处、技术、施工、器材、财务、总务等科室。在此期间，上海新民机器厂派来了21人，061基地又分配来了一批原工程兵部队的复员军人，上级派来了张启荣担任党委书记，筹建处人员达到100人左右。我们搬到沙湾镇不久，'文化大革命'就开始了，工厂筹建工作受到严重干扰。虽然建成了一些'干打垒'宿舍、部分厂区道路、一小部分厂房，但施工进度缓慢。到了1968年中，上海新民机器厂又派来了部分领导和筹建人员，组建成国营655筹建处，原国营652筹建处的大部分人员划归国营655筹建处。没过多少时间，国营652筹建处撤销，留守人员除部分由061分配进来的复员军人分到别的筹建处外，基本上划归655筹建处。虽然厂址不变，但对原设计方案进行了变动和调整。如原有的一个机加工车间是准备放在一个叫'凉风洞'山洞里的（未动工），以后调整到了洞外。原来厂房布局是根据'山、散、隐'原则规划的，小而分散，山路崎岖，交通不便，不宜今后的协调和管理，经过调整后相对集中。

"最典型的是原来的热处理、表面处理、弹簧、锻工车间（厂房已经建成一半）安排在安村大队，而沙湾到安村单程约2—3公里，很分散，与机加工车间相距较远。1967年有一段时期，为配合基建施工，我基本上每天需要来回走一次。调整后到了沙湾大队东风生产队，车间与车间相对集中了。所以我本人也是跟随着这个车间或参与、或主管，从工艺设计、土地征用、车间厂房建造、设备安装，再到车间管理、'红二'产品的多批次生产，一直干到1992年，后来被调到厂部工作，于1997年退休回到了上海。我这一辈子，可以说是把青春和终身都奉献给了祖国的'大三线'事业。"

由于前后方密切配合，上下同舟共济，包建工作进展顺利。

1970—1971 年，机电二局各厂相继完成包建任务。至 1971 年底，机电二局共支援 061 基地 5200 余人，随同支内的家属 570 余人，支内职工约占当时全局科研生产骨干队伍的二分之一。

其实岂止上海机电二局，整个贵州三线建设和内迁工作是中央下达给上海市的。1968 年 3 月，国家计委下达了由上海市包建的 18 个项目，除机电二局各厂承担的包建任务外，还明确由仪表局、化工局、交通运输局、卫生局、邮电局等分别负责包建有关配套项目。华东工业建筑设计院、上海建工局第八建筑公司等承担部分工程项目的设计和施工。为统筹上海地区各单位的包建工作，上海市于同年 4 月成立了包建 061 工程工作组，负责对全市承担的包建工作进行协调。

经过各方努力，上海市承担的其他配套项目包建任务也先后完成。其中彭浦机器厂、上海汽轮机厂、上海重型机器厂和机床公司、电器公司、机械配件公司、橡胶公司、汽车修理公司、上海无线电八厂、上海无线电九厂等大中型国有企业分别包建了基地的各个配套工厂。上海卫生局、上海电信局、上海电话局分别包建了基地医院、电信通讯站等。至 1971 年底，上述单位共支援 061 基地 4200 余人，加上机电二局的支内人员，全市共支援 061 基地 9400 余人。至 1971 年底，贵州 061 基地基本建成，标志着上海包建该基地的任务胜利完成。

有关资料显示，在 20 世纪 60 年代中到 70 年代末，在国家三线建设战略部署中，数百万东部沿海城市职工携带家口，迁往西部山区和内陆腹地。从 1964 年到 1980 年，三线建设共投入 2052 亿元，占全国基本建设投资的 40%。在交通闭塞的内地形成了各具特色的新兴工业城市 30 个，建成了军民品重大科研生产基地 45 个，建成成昆、川黔、贵昆、湘渝铁路等 10 条铁路干线，修建公路 25 万公里。从国家层面来看，三线建设极大地促进了西部地区的发展，形成了能源、交通、钢铁、机械、电子、军工等门类齐全的工业体系，初步改变了中国东西部地区的经济布局。这对于以后的改革开放与和平发展，对于提高国家的国防能力作出了重要贡献，确保了国家拥有安全可靠的战略大后方。

在三线开发和建设中，仅上海一城，几年之中就有 304 个项目、411 家工厂、3 万台设备、9.2 万名职工迁往全国各地的大三线地区。当时，上海共有 30 多家企业迁往贵州的偏僻地区，其中包括机电二局的内迁单位。

1970 年 12 月 18 日，一个具有历史意义的日子。这天，061 基地导弹总装厂装配成功首批 20 发红旗二号导弹全弹，标志着 061 基地首批产品试生产成功，同时实现了党中央下达的一包到底、责任到位、帮助研制生产出第一批导弹产品的目标。

高原机械，雄起沙湾

上海新民机器厂支援内地后，改称七机部 061 基地高原机械厂，代号 3655 厂，对外联系统一使用凯山 261 信箱。高原机械厂是 061 基地生产地空导弹发射架的主机厂，是机电结合以机械加工为主的大型军工企业，也是贵州省的重点企业。工厂位于贵州省遵义县境内，距离遵义市 27 公里。1988 年末占地总面积 16.5 万平方米，在编职工 1500 多人。其中：各类专业技术人员 395 人，占职工总数的 26.4%；高级职称 49 人，中级职称 167 人。生产工人 887 人；其中 4 级工以上 659 人（含技师、助理技师各 16 人），占工人总数的 74.3%。工厂设有 8 个车间，27 个职能科室。1971 年 3 月，各车间全面投入生产。1971 年 12 月，工厂拿出了首批配套的军品，标志着大规模基本建设时期的结束，进入了正常的科研生产阶段。

高原机械厂自 1965 年开始建厂选址，到上海新民机器厂迁进大山里面，历经了三个发展阶段：一是大规模基本建设阶段，二是以军品为主的科研生产阶段，三是"军民结合"转型发展阶段。企业主要承担的军品是，地空导弹发射架、地地导弹武器系统中的发射装置的研制和生产。民品主要开发生产的产品为注塑机、挖壕机、旅行车和救护车辆等。

据有关史料记载，1965 年，上海新民机器厂派出了陈国香等 6 人，参加上海机电二局组织的勘探队，到遵义地区进行勘探选点。至 1965 年底，新民厂相继共派出选点、筹建人员达 50 余人。1966 年 1 月，五机部 477 厂又抽调了 25 名干部奔赴遵义，加强高原机械厂的筹建力量。由于"文化大革命"和"左"的指导思想的干扰，支内工作一度出现重重困难。后来由于中央一再强调"三线建设"要抓紧，使得支内工作得以继续开展下去。尤其是 1967 年 6 月，李富春、聂荣臻、粟裕等作出重要指示，认为三线建设可以局部调整，但地点要下决心建在黔北，不能动摇。自此，高原机械厂最终定点于贵州遵义县沙湾乡境内。七机部正式批准建厂大纲后，正式成立施工现场党委和指挥部。基建工程的总体布局、工艺设计、征用土地、搬迁民房、土建施工等全面展开，并开始了"三通一平"工作。高原厂的建设施工任务由建工部三局三公司承担。

在当时特定的历史条件和自然环境下，厂区深居山沟，车间与车间之间很分散，给以后的生产和管理带来了很大的困难。从1968年7月开始，广大三线建设者风餐露宿，在十分艰苦的条件下，团结一致，忘我劳动，为在落后的山区建成一座新型的国防工厂而奋力拼搏。至1971年底，高原厂的基建工程基本结束，竣工面积9.2万多平方米，其中工业建筑面积3.3万多平方米。

1970年1月起，高原厂全面开展生产准备工作。上海新民机器厂提供的加工设备及有关材料、毛坯件、配套件等陆续到厂。1970年12月26日，高原厂503车间首次投入试生产；1971年3月，各车间全面投入生产。1971年12月26日，首批军品任务完成。对于12月26日这个具有特殊意义的日子，颜天鸿印象颇深。据他回忆，他那时是钳工，在车间里做机械精加工的活。他还记得所加工产品总的名称叫大部件，包括发射架底座、前梁、后梁、十字梁等，都属于地空导弹地面装置。1971年12月26日，是毛主席的生日。就在那天，高原厂将生产出来的第一批合格产品交付总装单位，顿时全厂上下一片沸腾，彩旗飘扬，锣鼓喧天，大家的心情异常激动。是啊，建厂不到两年，就拿出了导弹武器装备中重要的配套产品，这里面凝聚着全厂干部职工日夜奋战的心血，是航天人献身三线、报效祖国的最好证明。山沟里的环境和条件虽然艰苦，但航天人不畏艰难，艰苦创业，用产品说话，用成果奠定了企业的立身之本。

1972年开始，高原厂的科研生产进入正常秩序，军品进行批量生产。为提高产品质量，该厂于1971年、1978年和1982年三次开展全厂产品质量整顿。1972年，全厂停产整顿质量，发动群众查摆产品质量问题和隐患，组织专业人员复查产品图纸、工艺文件、工装、产品零部件等，通过整改收到了一定的整质效果。1978 年，国防工业整质验收团对该厂进行以质量为中心的大检查，通过这次整质验收，全厂建立了岗位责任制，实行八项经济指标考核，综合废品率下降了 1.9%。同年 9 月，开展首次"质量月"活动，解决了 15 项技术质量关键，并试行《质量手册》，开展文明整洁生产活动，使工厂面貌焕然一新。其中，红旗 2 号甲导弹发射架，从 1973 年开始研制，1975 年投入试生产，1987 年获航天工业部科技进步二等奖，1988 年获航天工业部优质产品称号。红旗 2 号乙轮式发射车和履带式发射车，分别于 1981 年和 1988 年获航天工业部科技进步二等奖。

在此期间，高原厂先后完成军品预先研究 10 余项，有 8 项获得科技成果奖，其中，部级 4 项、局级 4 项。这些预研成果应用到产品的生产和改进上，促进了武器装备性能的提高和成本的降低。

这一时期，既是该厂军品科研生产的发展成长时期，又是民品生产的萌芽时期，职工队伍经受了锻炼，提高了素质，增强了凝聚力，产品质量日趋稳定，企业管理水平也有了明显提高。

党的十一届三中全会后，国家对国民经济计划进行大幅度调整，使得军品任务减少，高原厂经济状况日趋下滑。面对严峻形势，他们深深感到，虽然企业身居山沟，但必须紧跟形势，面向市场，放眼世界，以民致富。于是，高原厂积极贯彻"以军为本、以民为主、军民结合"的方针，在确保军品任务完成的前提下，积极开发民品，大步走向市场。在这期间，他们组织多批民品开发队伍，分赴全国各地及香港和美国进行考察，开阔眼界。功夫不负有心人，市场是给有准备的人的。1980 年上半年，高原厂终于承接到某工程兵部队的 260 轮式挖壕机试制任务，迈出了从单一军品向军民结合转变的第一步。挖壕机技术先进、工艺复杂，全机有二十个大部套、五千余张图纸，投入费用需几千万元，这让许多单位望而却步。但在航天部和061基地的大力支持下，高原厂以雄厚的技术实力和装备优势，经过三年奋战，终于试制成功这一高难度的技术密集型产品，并成功地交付用户。这是一辆能挖0.85米、深1.5米到2米的壕沟，一个小时可挖土130立方的机械工程车，相当于部队一个营战士人工挖土的工作量。挖壕机在战争年代可用于野战挖壕，和平年代可用于油田、农田、建筑等工程的挖沟。该产品填补了国家空白，于1989年由航天部预评申报国家级科技进步二等奖。

1986年，高原厂针对国内塑料工业迅速崛起的势头，通过广泛的市场调查，结合工厂实际能力，从深圳承接了研制注塑机的生产及出口任务，同时开发出300克和500克两种型号的全自动塑料注射成形机，以优质和信誉，在激烈的市场竞争中迅速站稳脚跟。至1988年，高原厂已经形成了以注塑机、GHT1030轻型汽车驾驶室总成为龙头的支柱民品，研制、生产了HT420、HT430型救护车、HT6560型旅行车、SZ-500/220注塑机、SZ-300/180注塑机、SCF-1停靠自行车5级变速器、DZL-11电热蒸汽发生器、GKJ-1光电控制票签分切机、BJQ-1型汽车防盗警报器等民品，并为港商加工了多批注塑机和压铸机散件。

在开发注塑机和压铸机中，王安才厂长回忆说："1986年，针对内地塑料制品工业迅速崛起的势头，我们通过广泛的市场调查，采用请进来的方式，把香港客人请到厂里进行考察。记得当年去贵阳机场接香港商人一行来厂考察，一路上，车越开越偏僻，越开越荒凉，香港客人起初以为被欺骗、被绑架，感觉上当受骗了。他们不相信远离大城市，如此荒凉的黔北大山深处里隐藏着一家现代化大型企业，会有一批上海科研技术人员和技术工人心甘情愿地在那里艰苦奋斗十多年。等到进入高原厂，我们陪同他们参观考察之后，他们才完全放心，并发出由衷的感叹，表示十分钦佩。工厂也由此获得为港商加工注塑机和压铸机散件的生产任务，并成为基地创汇企业。在此基础上，我们先后开发了300克和500克两种型号的全自动塑料注射成形机，并以优质的产品和信誉，在激烈的市场竞争中站稳了脚跟，赢得了一席之地。现在我家里，至今还在使用当年用全自动塑料注塑成形机制作而成的塑料面盆。"

这一时期，高原厂的产品结构日趋合理，民品产值大幅度上升，民品产值占工业总产值的比重由1983年的9.5%上升到1988年的54.3%。1988年的工业总产值和利润，分别比1983年增长1.38倍和2.45倍。一个崭新的新型航天企业，成为沙湾山沟里的一颗明珠。

而在最困难的时期，高原厂干部、职工在"以民保军"的艰难转型期中，团结一心、齐心协力、共同努力，既锻炼了科技人员队伍，稳定了全厂职工，提高了职工的福利，也为国家挑了重担，分了忧愁，作出了新的贡献。1992年开始，根据国家宏观政策的调控，遵义大山内的军工厂开始调迁改造，逐步搬迁出大山沟，向周边较大的城市靠拢，有些企业甚至搬迁到了省会城市。

最后，近700名新民机器厂支援三线军工的老人，在退休和临近退休的时候，大部分被安置在上海、苏州木渎，但还有一部分人仍留在了贵州遵义。原高原厂厂长王安才于1990年5月调任061基地驻上海办事处主任，退休后落户上海。他表示，人生能有几回搏？这一辈子能献身国防三线工业，是人生奋斗史上的最大亮点。航天报国，无怨无悔，虽苦犹甜，无上荣光。

正因为高原厂是由新民厂包建的，高原厂的军品项目也几乎是新民厂的翻版，再加上厂里绝大部分干部职工都是当年内迁过去的新民人，平时他们之间沟通交流的语言也都是上海话，所以两厂之间有着不可分割的纽带关系。虽然两厂的地理位置相距遥远，但多年来，两厂的亲情相连互动不断。前后方从来不是竞争对手，而是互通往来、携手共进的友好合作伙伴。只要高原厂有什么困难，新民厂一定会伸出援手，就像当年支援三线建设一样。可以说，高原厂所取得的成绩，都离不开新民厂"深深的母爱"。

朱琪达回忆说："由于特殊年代支援三线建设的原因，新中华厂与高原厂的关系可以说是患难与共、情同手足。为了指导和帮助他们完成协作加工任务，我曾经3次踏上遵义桐梓这片土地。有一段时期，高原厂正值军民转轨期，型号任务严重不足，民品一下子开发不出来，1000多人的大厂要开工运作，要'吃喝拉撒'开销。走投无路之际，他们向'母亲厂'新中华厂请求支援。而新中华厂确实以'舐犊之情'，尽力伸出援手帮助他们一把。那时新中华厂将厂里的'8910'阅兵车上的一些设备加工任务，以及某战术型号上的方向机、高低机共30套，备份5套，还有运弹车、发动机小车等业务，另外还包括一些售后服务工作，主动邀请高原厂协作加工或参与。上述业务，产值至少几千万元，在一定程度上缓解了高原厂的困难局面。"

此情可待我追忆，只是当时已惘然。正如王安才所说："饮水思源，不忘初衷。我和高原厂的同事都来自上海新民机器厂，当年情同手足，友谊共存，为了航天报国的共同目标走进了三线。由于历史的机遇，高原厂给了我一个舞台，让我施展才华，成为一个企业的掌门人。而因为一直有'娘家人'新民厂的鼎力支持和无私帮助，有那么多老新民人的航天报国情怀，高原厂才在多年的型号配套中，在军民融合中，为国防三线建设作出了重要贡献。"

追忆逝水流年，梦回吹角连营。确实，对如今已经迟暮桑榆、霞蔚云晚的三线人来说，时光隧道里传来的只是那久远的历史回音，记忆犹如一卷卷录像带，将曾经的岁月反复播放，带给人们以无尽的感动与反思。

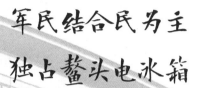

军民结合民为主
独占鳌头电冰箱

在那个"军民结合、以民养军"年代，航天人为了生存，大力开发民品，"五朵金花"盛开。但像新中华厂创造航天冰箱"神话"的恐怕不多。一是品牌响，风靡全国；二是产量高，数年内总产量达到近百万台；三是效益好，成为航天部创利大户；四是质量好，许多用户使用二十多年后仍能制冷。新中华厂当年在开发民品中，看准了符合企业实情、迎合市场需求、产品适销对路的电冰箱，踏准了迈向市场的节奏，成功引进了性价比高的国外先进技术装备。正是一系列正确决策，使得该厂在开发、生产、销售等环节均领先同行一步，创造了一个时期的辉煌。新中华厂一段航天冰箱的历史，值得大书一笔。

忽如一夜春风来，千树万树梨花开。

记得在 20 世纪 80 年代初至 90 年代中期那段时间，伴随着改革开放的春风吹遍祖国大地，尤其在邓小平南方讲话精神的指引下，发展生产，搞活经济，以效益为杠杆，向深圳的"时间就是金钱，效率就是生命"看齐，解放思想，转变观念，突破束缚，大胆地试和闯，走出一条中国特色新路，一时成为社会主流。同时，国家政策也鼓励大力发展经济，于是开发各种各样的民用产品，成立五花八门的三产公司，在全社会形成一股热潮，犹如"百花争艳闹碧霄"。

像新中华厂这样的大型军工企业，也正处在军民结合的转轨变型时期。尤其是党的十一届三中全会以后，随着全党工作重点和重心的转移，中央决定对国防军工企业实行"军民结合，平战结合，军品优先，以民养军"的十六字方针，即在确保完成军品任务的前提下，全力以赴参加国民经济建设，大力发展民用产品，走军民融合、协调发展之路。

这是当时一个特殊历史时期的大趋势。正是在这个战略方针的指引下，再加上那时新中华厂的军品型号任务严重不足，战术型号发控设备和地面装备产能也不大。仅仅依靠很少的军品任务，经济效益根本上不去，也养不活全厂近 3000 名职工。那时从中央高层的大政方针、到上级领导的指示要求、再到企业的自身发展需求等方面来说，都逼着新中华厂必须认清新形势，转变旧观念，在确保完成型号任务的前提下，尽快大力开发民用产品，及早赢得市场主动权，打一场经济效益的翻身仗，使企业走上良性发展和做大做强之路。

这是大势所趋，企业当顺势而为。

开发民品，摸石过河

回顾新中华厂的民品开发，发展历程并非一帆风顺。

说起新中华厂历史上开发生产的民用产品，大家也许印象最深的是航天牌电冰箱。确实，航天牌电冰箱曾经是新中华厂名声最响、批量最大、产值最高、效益最好的风靡全国的拳头产品。但江山绝不是一天就能打下来的，航天牌电冰箱形成批量和品牌产品同样如此，不是一下子就红红火火的。新中华厂的民品开发，也曾经历了一个曲折起伏、不断摸索、最终定位的艰难历程。

航天牌电冰箱开工典礼

其实，新中华厂的民品开发意识早已有之，起步也领先于别人。据老职工张昕回忆，早在1974年的"文革"期间，新中华厂就开发生产了200台医疗床。可以说，那是最早形成批量生产的民用产品。所谓医疗床，是为一家医疗器械厂生产的X光机的配套设备，结构并不复杂，仅为单人床大小的床面，加上一些电气、机械装置，当病人躺着照 X 光时，通过机械作用，起到改变人体体位的效果。据说，这一生产任务是当时上海市卫生局提出的，要为市郊每个公社的卫生院装备一台这样的医疗床。本市一家规模不大的医疗器械厂承接了医疗床的生产任务，但他们知道，凭着他们厂那点技术力量和加工设备，是无论如何也完不成这一任务的，于是只好向外求援。他们找到了新中华厂要求协作，而新中华厂因军品生产任务严重不足，便很爽快地接下了这一任务。

由于新中华厂过去从来没有干过批量的民品加工业务，折腾了几个月仍抓不住加工要领，仅装配成区区几台医疗床，而且质量问题不少，拼拼拆拆的返工活又浪费了不少时间。堂堂一家大型航天企业，都干不了这么简单的医疗床，张昕所在的电气组职工很不服气，马上组织了攻关组。几个人一合计，便找到了问题的症结所在，于是他们对操作人员进行合理分工，对工作场地根据工序重新调整，并辅以部分工装。工作秩序一理顺，效率大大提高。到了那年 12 月份，200 台医疗床整整齐齐地装进了包装箱并完成交付，受到了委托协作单位的赞赏。

在今天看来，200 台医疗床的批产量实在有点"小儿科"。但在那个时候，能够成批生产民品的，在军工企业行业里并不多见。

随着军民结合形势的发展，新中华厂领导也意识到开发民品的重要性，多次组织广大干部职工学习讨论，希望大家建言献策，共同谋划适应厂情的民用产品。在此基础上，厂领导提出了"以科研生产为中心，军民结合上民品"的口号，要求全厂职工，尤其是各级干部要努力贯彻军民结合方针，全厂发动，上下同心，广开门路，大搞民品，为开发民品多元发展鸣锣开道。

航天牌电冰箱出厂仪式

　　作为市场经济的产物，搞民品并没有想象中那么简单，费了不少劲，走了不少弯路，成果却难以显现。厂里先后开发出了扫描电镜、真空泵、制砖机、钢筋校直机、双缸洗衣机、爬杆千斤顶、纺织机驱动装置、梳棉机自调匀整装置、勘探用双桥探头、焊接导线切割机、磨刀机等，号称十八种产品，有的还获得了国家经委颁发的优秀新产品奖。如当时开发的为纺织行业织布机改造用的织布机驱动装置，已经打开了一定的市场局面，并获得了"部优"荣誉称号。但此产品主动权不全在新中华厂手中，因为它涉及整个纺织行业的老机改造问题，决定权主要掌握在纺织行业那边。这一产品的发展方向难以明确，做大的概率较低。所以，产品虽五花八门、品种繁多，但结局却不佳。或因判断失误，造成产品竞争力不强；或因成本价格偏高，产能上不去；或因产品不适合本厂制造，市场前景不容乐观。

　　由于这些产品不属于"拳头"，没能形成相当的批量，经济总量不高，无法调动大家的积极性。而且这些民用产品在全厂总产值中只占4%，小打小闹，既成不了气候，也产生不了拉动效应。而在相同时候，航天系统兄弟厂的民品却发展很快，陆续开发出了电视机、洗衣机、吊扇、收录机等"拳头"民用产品，很快形成批量，并打开了市场，产生了十分可观的经济效益。这对新中华厂的刺激很大。厂领导意识到，唯有奋起直追，方能赶上发展步伐，在激烈的市场竞争中立于不败之地。

形势逼人，锁定冰箱

在咄咄逼人的形势下，新中华厂面临着严峻的挑战。科研生产任务不多，科研经费越来越少，要从吃"军粮"改为吃"商品粮"已成定势；职工要求越来越高，需要更多的收入和更多的实惠。企业受到上下、内外的压力越来越大。

面临举步维艰的困顿局面，新中华厂并没有无所作为，在厂党委的统一安排下，全厂中层以上干部中反复组织讨论，分析工厂面临的形势，不断统一认识。大家认识到，像新中华厂这样一家拥有2500多名职工、500多名工程技术人员、专业齐全、综合性强的型号总体总装单位，技术力量比较雄厚，潜力也相当大，一定要发挥企业自身技术队伍的力量，在走好军民结合、转轨变型的道路上，拿出自己的拳头产品，才能走出困境，迎来大发展的局面。

他们充分认识到，要搞"拳头"产品，既要与厂里自身的产业结构和技术优势相匹配，选择的产品还要经得起较长时间的市场考验和消费寿命。其间，新中华厂也曾搞过洗衣机，但出了样机就已经了结，失去了良好机会。当时也有人提出要搞家用电冰箱，能不能搞？关键在于工厂专业对不对口，能不能形成较大的批量，市场销路是否打得开？从专业上看，大家通过分析认为基本合适，如钣金、非金属、发泡等工艺都是新中华厂的特长。经过充分的市场调查预测和可行性论证，大家一致认为，家用电冰箱既符合社会市场需要，又适合利用航天技术优势，是比较适合对路、可以做大的民用产品。市场调查信息也表明，当时全国家庭电冰箱的占有率很低，如当时上海仅为百分之零点几，冰箱热的苗子已经出现，这是一个好兆头。然而不利因素是，全国冰箱生产厂家已经日趋增多，有不少企业都看好这一家电产品，新中华厂能在激烈的市场竞争中分到"一杯羹"吗？经综合分析，大家认为，电冰箱的机遇必须抓住，犹豫不决将后悔莫及。虽然当时上马晚了一点，但发展趋势是光明的，关键是要快点上手，不能在时间这个问题上再耽搁了。大部分老冰箱厂已有好几年的生产历史，新的竞争对手又相继出现，在这种逼人的形势下不能再裹足不前、犹豫不决、贻误战机。

正是在市场经济的推动下，挑战与机会同时出现。1983年下半年，新中华厂终于在上海市、上海航天局和航天工业部的支持帮助下，根据商品信息的甄判，经过大量的市场调研和预测，找到了既符合社会市场需要、又适合航天技术优势的民用产品——家用电冰箱。机不可失，时不再来。厂党委和厂行政及时抓住这一转机，果断决策："事不迟疑，上冰箱！"

说干就干。当时流行的一句话是：时间就是金钱，时间就是效益。1983年下半年，新中华厂购置了两台冰箱样机进行认真分解、吸收和消化，8月份组建电冰箱设计试制组，开始选型、设计。根据市场尚无国产双门电冰箱销售的情况，决定开发双门双温控140升家用电冰箱，定名为航天牌BYD140（RZB—140）家用电冰箱。到1984年3月，终于拿出了6台样机。令人欣喜的是，经过测试，6台冰箱台台制冷。这6台样机，无疑是新中华厂日后兴旺发达的"星星之火"，让全厂干部职工看到了"可以燎原"的希望。后经上海市家电研究所进行摸底性测试，其中22项指标达到轻工业部标准，3项指标未达标准。之后，进行了增大蒸发器面积、加大毛细管流量、改变防霜管路走向、调整感温管路位置、改变电源线的加固方式等设计改进。5—9月，试投产200台，经测试，样机存在的问题全部排除。9月，产品投放市场，销势很好。11月，试投454台作为定型批产品，经抽样进行全面测试，各项性能指标均达到或超过轻工业部家用电冰箱《SGZ15—84》标准。到了1985年2月，通过航天部设计、生产定型，转入批量生产。该冰箱定型时，已具备年生产10万台的全套生产设备。

记得1984年，厂里果断决定当年计划生产3000台冰箱。新中华厂的冰箱生产自1984年七八月份开始，到10月份仅仅生产了100台，不少人都认为这样的批产速度实在太慢，如此下去将会失去宝贵的市场。而要在两个月内完成2900台冰箱生产任务，无疑是一场硬仗。困境之下，面对难以完成任务的论调，厂里坚持不调整计划，认为只有迎难而上、背水一战，困难才会低头。新中华厂决心采取有力措施，一定要拿下3000台冰箱。

罗钟毅临危授命，担任了冰箱车间主任。当时留给他们的工作日只有84天，需完成的产量是2802台，而日产30台的口号当时只能兑现12台，距离目标差一大截呢。要在短短84个工作日内完成近3000台冰箱的生产任务，难度确实很大。"不为困难找借口，只为落实想办法。"经过分析，大家一致认为气可鼓而不可泄，必须一鼓作气，战而胜之。而党委、厂部也下达了"死命令"："3000台必须按时完成，一台也不能少。"这就把他们逼上了"破釜沉舟、背水一战"的绝境。在罗主任和车间班子的组织指挥下，他们充分发挥工人的主力军作用，把主人翁的积极性充分调动起来，群策群力，向困难进军。真空成形是一项陌生的技术活，厂里自行设计和制造的真空成形机，显然不能与现在的多功能成形机相比，但只要工人师傅们发挥聪明智慧，科学操作，就能大大提高工作效率。正是真空成形操作师傅的努力，为3000台冰箱产量的达标立下了汗马功劳。尤其是谢永康师傅利用小改小革技术，制造出一批土工装，一下子将产量和质量都提高了。"塌鼻子"门封条，一度成为140冰箱的一道"门槛"。青工小梁看到门封条下料跟不上生产进度，就主动设计制造了下料工装，使得加工既快又好，解决了批产中的一道"拦路虎"。箱体发泡是冰箱生产中的关键工序。3000台的发泡工序随机因素多，对工人的操作配合程度很有讲究，是一项技术要求高、劳动强度大的工序，而配料对于发泡的质量至关重要，同样是一道关键工序。发泡倪师傅和青工小王、小徐在配料上有一手好功夫，发泡组以他们的精心操作，以及快速度和高质量，为3000台冰箱的组装速度创造了条件。总装和测试，对冰箱的整体质量十分重要，技术多面手小谢担任了总装组长。他以自己技术上的优势，发挥班组长的带头作用，带领全组出色地完成了3000台冰箱的任务。总测组长老方虽然憨厚老实，但在技术上一丝不苟，是一位在质量问题上不通情理的"老法师"。正是这位老航天人用军品的严格管理，把住了航天140冰箱下线装箱前的最后一道质量关。

就这样，经过整个车间上下共同努力奋斗，1984年12月28日，3010台质量合格的航天140冰箱终于全部入库。在工艺起点低、工作条件差、时间十分紧迫，其间还遇到等工待料近3周的困境下，冰箱车间全体职工，硬是在84个工作日里，超额完成了这一曾被认为不可能完成的艰巨任务。

虽然1984年冰箱产值只占全厂工业总产值的27%，但是以双门、双温控为起点一举成功，而且当年研制、当年形成3000台的批量，这在国内同行业中尚属首次。新中华厂生产的航天牌140升双门家用电冰箱，由于它美观大方的外形、迅速制冷的性能和适中的价格，深受广大用户欢迎，很快成为市场紧俏产品，并在上海和部分周边城市站稳了脚跟。

1985年工厂面临的形势更加严峻，全年总产值的十分之九要靠民品去创造，厂里通过对1984年生产线上生产情况的分析，协调理顺了各部门之间、生产车间与各职能科室之间，以及计划、供应、生产、销售之间的关系，使各个环节有机联系起来，更好地促进了生产力的发展，并通过航天局的支持帮助和自筹资金，改造和扩大了1984年3000台生产线的生产能力，之后又完成了3万多台冰箱。通过再接再厉，又努力完成了"夏普"—SDK简易生产流水线，组装了3万台SDK—145L冰箱。

这段时间，厂里通过对生产线的投入改造，基本形成规模，一条现代化的电冰箱生产线令人刮目相看。只见冰箱生产车间里，排列着一台台先进的生产设备、整齐的流水线，工人们紧张而又有条不紊地工作。多功能真空成形机把ABS板子预热、加温、成形、冷却、自动脱模，机械手把一只只待发泡的箱体不偏不倚、不深不浅地装到箱体发泡工装内，另一机械手又很协调地把发泡好的箱体轻轻启模送上生产线，悬挂和平板输送线把箱体和大小门板井然有序地送往总装车间，抽真空、加注F—12、焊接封头和测试检漏的自动化，龙门式自动打包机每隔1分多钟就打包好一台优质航天冰箱，流向最后工序，流水线终端源源不断地把一台台冰箱送入库房……望着这一现代化的冰箱生产流水线，不由感叹新中华厂真的"鸟枪换炮"了，完全具备了大规模批量生产，以及与其他冰箱厂竞争的能力。

引进的电冰箱生产流水线

这一年，新中华厂瞄准日本产品水平，确定了内控质量标准指标，进一步组织工艺技术攻关，就冰箱生产中反映出来的几个主要问题，进一步开展工序质量控制，建立健全了从原材料进厂到产品出厂的一系列检验标准和规则，使航天140冰箱很快获得了上海市、航天部优质产品的称号。

在开发、试制冰箱的同时，为了进一步提高质量、保证批量，厂里组织力量进行冰箱生产流水线的引进工作，抢时间，占市场。而引进电冰箱生产流水线的批准手续，如果1984年完不成，1985年利息将翻倍。在市府各委办积极支持帮助下，审批手续加快了，终于使得新中华厂引进流水线的手续在年底前办完，如期签约。1985年上半年完成了与引进流水线的安装调试相适应的水、电、气配套工程及部分设备的配套任务，并于1986年开始试生产。

随着冰箱生产的成熟、批量的增大，新中华厂的经济效益空前提高。这一年，工厂的经济效益开始进入航天局各兄弟厂的中游行列。更令人欣喜的是，民品的产值和利润在总产值和利润中所占的比重，已由1984年的17%提高到80%以上，一下子让新中华厂尝到了开发民品的甜头。

1986年上半年，在生产4万台140冰箱的同时，完成了引进线的全部安装调试任务，并于下半年生产了4万台177冰箱。

1987 年又完成 177 冰箱 8.2 万台，民品产值在总产值中的比例提高到 95% 以上，企业的 8 项主要经济指标中，有 2 项名列航天部系统第一，有 3 项名列第三，1 项名列第五，2 项名列第七，并跨入了航天部先进企业行列。

原厂领导严金国面对电冰箱出现的生产和销售大好形势，总结归纳说：民品生产和军品生产有着很大的区别。军品绝大多数是单件和小批量的，而民品生产截然不同，它是大批量和高密度的，属集约化规模生产。还有市场需求、市场信誉、市场竞争、市场服务等问题。为此，新中华厂就冰箱生产和销售狠抓了三方面的工作：第一，为提高经济效益，在 1984 年产量的基础上，1985 年生产了 3 万台，另加组装进口夏普冰箱 3 万台。同时，下决心贷款引进国外冰箱生产线关键设备，以求得年产 10 万到 15 万台冰箱的批量，即从生产手段和经济效益上突出一个"快"字。第二，在提高产品质量和市场信誉上突出一个"好"字。第三，改军工企业管理型为民品生产经营开拓型。在降低成本、讲究效益、宣传广告、市场信息、售后服务、发展新品种等方面下功夫，即从思想体系和组织体制上突出一个"转"字。这些有力的措施，使得航天牌电冰箱很快蜚声于上海乃至全国，成为十分抢手的热销产品。

果断决策开发冰箱，扩大生产，使新中华厂迈出了以民养军，实现转轨变型的可喜的一大步。

决策引进，领先同行

1987 年 4 月 17 日，在新中华厂装修一新的职工食堂，召开了"BCD—177双门双温直冷式家用冰箱生产竣工验收会"。4月18日，又召开了"177冰箱生产定型鉴定会"。参加验收、鉴定的航天部、上海市委、市政府领导和验收组、鉴定委员会成员，对该厂的引进工作、生产线筹建工作及177冰箱的研制工作，给予了较高评价。两会认为，新中华厂177冰箱生产线技术改造工程周期短、收效快，是成功的；引进的技术达到20纪世80年代初期国际水平；177冰箱分别达到国内同类产品的先进水平和国际同类产品的水平。在通过验收报告和鉴定结论时，会场上爆发出一片热烈的掌声。

虽然航天牌140冰箱已经打开了市场局面，并处于热销局面。但该冰箱整体容量太小，尤其是冷冻室不尽如人意。

1984年4月，新中华机器厂向上海市计划委员会提出引进项目建议书，6月批复同意。1985年1月7日，新中华厂与新加坡ACMA公司签订了《关于购买电冰箱制造设备及技术合同》，引进RZB—177电冰箱生产用关键设备，组成侧板滚压成形线、磷化喷粉碎自动线、冰箱常温测试流水线、配套打包流水线。在向ACMA公司引进生产设备的同时，双方商定共同研制RZB—177三星级、双门直冷式家用电冰箱，由新中华厂提出设计指标，ACMA公司进行初步设计，共同讨论修改。10月份引进设备到厂，1986年4月生产线安装完毕，6月竣工验收，试装成功4台样机，总共用汇394万美元。8月1日投产。当年生产RZB—177电冰箱4万台，经上海市家电研究所进行性能测试，主要性能指标均符合轻工业部家用电冰箱SGZ15—84标准。1987年4月，通过航天部民品司召开的鉴定会设计定型。10月，按照新颁布的电冰箱国家GB8059.1—87标准，将RZB—177型改为BCD—177型电冰箱，并进行了改型，加长了毛细管，缩小了下蒸发器的面积和内容积，改变了冷凝器排管形式，增大了加热管功率及增设了节电开关。1988年6月，改型产品试制出样机。11月，经上海家电质量检查站测试，各项性能指标均达到国家GB8059.2—87标准的要求，随即转入批量生产。12月，通过航天部设计生产鉴定。为使航天冰箱达到质量A级，1989年初，厂里又进行了改型，改变制冷系统回路运行走向，改两侧内藏冷凝器为背封百叶窗式冷凝器。改用低冷点的温控器（冷点停机温度为—27.5±1.5度）。改进后的电冰箱定为航天部BCD—177节能型电冰箱。2月，装出样机5台。6月下旬，通过上海航天局评审。7月试投产。试产电冰箱经上海家电质量检查站和国家家电质量检查站测试，耗电量为1.08千瓦时/24时，各项性能指标全部达到国家A级。国家家电质量检查站的评语为："耗电量较低，目前处于国内领先地位。"1990年1月19日，由上海航天局科学技术委员会主持评审，通过了设计生产定型。为满足社会多层次需要，1987年7月，该厂还研制成功了BCD—210三门家用电冰箱样机2台。次年底，试产了200台，投放市场效果良好。1989年6—9月，分别经上海家电质量检查站和国家日用电器质量检查中心测试，性能全部符合国家GB8059.2—87标准要求，质量达到国家A级标准。

回顾向新加坡ACMA公司引进177冰箱生产线的历程，并非一帆风顺，过程比较曲折，依然值得一提。当时，市计委批复同意了《关于引进冰箱生产技术和设备的可行性方案论证报告》。1984年11月，厂里派严金国等同志随长城分公司、投资公司、贵州风华机器厂的同志，一起赴新加坡ACMA公司进行技术考察和商务洽谈。在国外考察期间，他们为抓紧时间，争取早日签订合同，白天下厂学习，晚上整理材料，起草合同初稿。正因为没有耽误时间，双方于 1985 年 1 月便签署了正式合同，为加快引进赢得了宝贵的时间。

从国外回来后，出访的同志马上编制了 177 升冰箱生产线筹建方案，并组织本厂的技术人员消化资料，与 ACMA 公司进行技术磋商。同时，厂部又先后派出两支精干队伍赴新加坡 ACMA 公司进行工程协调和技术培训。

为了搞好引进消化吸收，加快工程筹建进度，厂部于 1985 年 4 月成立了"引进办公室"。在厂长的领导下，"引进办"对整个引进筹建、试制工作实施统一组织、统一协调、统一指挥。于是，177 线筹建工作在厂内全面铺开。"引进办"首先根据"177 生产线筹建工艺总方案"要求，编制计划流程图，对各部门提出工作要求。然后绘制了厂房工艺平面布置图，提出了基建、动力改造方案，利用老厂房进行场地改造和水电气油动力设施安装，并组织技术科设计了 35 项非标准设备，安排有关车间协作生产。技术部门还对 ACMA 公司提供的设计资料进行了翻译消化，绘制了符合我国标准要求的 177 冰箱图纸及设计文件，消化了国外提供的工艺流程及 QC 要求，编制了全套工艺规程及工艺文件。

自 1985 年 10 月开始，引进设备陆续进厂，并分批开箱验收。从 11 月开始对引进设备安装调试，至 1986 年 4 月基本调试完毕。同年 5 月，在新加坡技术人员指导下开始样机试制，然后即转入小批量生产，对设计工艺文件进行考核。当年 8 月 1 日正式开工投产，至年底，共生产了 4 万台冰箱投放市场。据时任车间领导黄宝安回忆，当第 4 万台 177 冰箱下线时，整个车间顿时沸腾了。他和严金国率领车间员工们高举"热烈祝贺

40000 台 177 冰箱下线"的标语，敲锣打鼓、欢声笑语地涌向厂部大楼，向厂领导报喜，与全厂干部职工共同欢庆这一激动人心的时刻。

1987 年 4 月，新中华厂 177 冰箱生产线通过竣工验收，达到批产设计能力，标志着历时两年多的整个引进工作画上了一个圆满的句号。

在整个生产线筹建工作中，厂长十分重视，对一些重大问题及时决策，经常开会检查和督促工程进度。全厂各部门干部职工团结一致，齐心协力，坚韧不拔，发扬连续作战的作风，保证了工程进展顺利、质量优良。在近一年的筹建工作中，技术科非标设计任务很繁重，担任设计的同志大部分年纪较大，身体较差。但几位中老年工程师克服了体弱多病和家庭困难，坚持加班加点，为完成任务作出了贡献。主管工艺师在绘制工艺平面布置图时，经常放弃休息，加班工作，不厌其烦，广泛听取意见，先后作了十余次修改。尤其是机动科组织了一支强有力的施工安装队伍，连续半年夜以继日地工作，连元旦、春节等节假日也未休息，加班加点毫无怨言，从而保证了 177 冰箱生产线如期竣工投产。

大家一致认为，合理的引进方案和认真的谈判对生产线的先进性、经济性、可行性起着决定性作用。由于新中华厂在 1984 年已研制出 140 升双门直冷式冰箱，并有了批产冰箱的生产技术管理经验，因此在赴新加坡 ACMA 公司进行技术考察时能比较正确地了解并选择引进设备的品种、规范、性能，同时也了解到了世界上同类设备的价格行情，故对 ACMA 公司设备报价单能作出较为准确的判断，订购的设备相比其他国家提供的设备，先进而价廉。如新中华厂引进的磷化喷粉线是西德制造的世界上第一流的设备，而别的冰箱厂引进的同类设备质量就没有新中华厂的好、价格却比新中华厂高出许多。通过几年来的生产实践证明，从总体来看，新中华厂引进的设备能保持稳定、协调、同步生产，保证了冰箱批量生产源源不断。同行都一致认为，新中华厂生产的冰箱，在上海投放市场最早、数量最多，均得益于这条引进线。新中华厂从新加坡 ACMA 公司引进这套技术设备，性价比高，决策正确。

努力搞好国产化工作是引进后必须要做的事情。新中华厂引进的国外先进技术设备，对提高产品质量、提高劳动生产率、提高职工技术素质确实作用很大，但不能依赖引进，必须在消化吸收和技术改造上下功夫。为了节省外汇和提高企业自身的改造能力，当时厂里自己设计制造了大量非标准设备，并进行了引进设备备件的国产化，以替代一部分引进器件，同时，又研制了关键设备多工位真空成形机、箱体发泡线及有关模具。另外，在引进合同签署后，厂里立即组织技术部门考虑由 ACMA 公司设计的177 升冰箱的原材料、元器件及主要配件的国产化问题。由于新中华厂的国产化工作起步早，并进行了大量调研、分析和试验工作，因此新中华厂的 177 升冰箱材料、配件国产化程度居同行之上。事实证明，只有重视了国产化工作，才能使冰箱生产不受国际物资市场供应变化的影响，不受外汇额度和汇率变化的制约，生产设备和备件不受国外控制，从而才能保证产品稳质、稳产和高产。

新中华厂还意识到，在引进工作中，既要坚持原则、坦诚相见，又要注意与外方相向而行、建立友好互惠的合作关系。在安装调试阶段，厂方与新加坡、英国、西德、日本等国的工程技术人员配合良好，关系友善。当设备出现问题，经分析如属国外生产质量问题时，厂方就如实反映，坚持调换，外方也能接受。由于既讲友好合作，又讲底线原则，因此当厂里碰到技术方面的困难时，他们也能主动帮助指导。特别是新加坡 ACMA 公司的工程技术人员，他们大部分是华裔，有着一定的中国情结，因此他们能毫无保留地传授技术。一次，当厂里急需某一设备的备件时，他们也急厂里所急，并承诺免费空运，减少厂里的停产损失。

张文忠厂长和领导班子在经营决策中，既重视经济效益，也强调社会效益。在 177 冰箱生产流水线的引进过程中，他深入现场发现问题，组织力量攻克难关。在全厂干部职工的共同努力下，终于使该引进项目成为上海市四条引进冰箱生产线中最迟签约、却最先投产的生产线。由于这条引进冰箱生产线提早投产，一次成功，当年就下线 4 万台、创利 860 多万元，创造了当年引进、当年出效益的好成绩。

另据时任厂党委书记王志宽回忆，1986 年，新中华厂对比正常比价高出近一倍的国务院总理专项外汇——"112 专款"敢不敢使用的问题，也颇费周折。因为当时许多厂家都不敢申请使用这笔专款。这时厂长果断决策，一次申请使用了 79 万美元。正是这笔专款，解决了新中华厂急需的进口压缩机的配套问题。此举既为国家作出了较大贡献，也为企业一下子增加了数百万元的纯利润。

那几年，航天冰箱的声誉不断提高。1987 年，航天 177 冰箱荣获轻工部、航天部和上海市优质产品称号。看到 177 冰箱生产线终于结出了丰硕的成果，并为企业产生了巨大的经济效益，全厂干部职工在社会上每每说到新中华厂的航天冰箱，都感到由衷的高兴。

至于航天冰箱质量有多好？来听听一位航天老职工的评价：

在那个计划经济年代，电视机、电冰箱、洗衣机、吊扇等家电产品，以及自行车、缝纫机、手表等日用品都是非常紧俏的家用商品，需凭票供应。他通过托关系，好不容易搞到了一张航天牌177冰箱的票子，然后花费1000多元，全家人欢天喜地买回了这台冰箱。使用下来后，他觉得航天177冰箱的制冷效果太好了，如果一个月不除冰，冷冻室的冰霜就会结得很厚，导致冷冻室的空间变小。而铲除冰霜又是个气力活，随冰箱配置的那把塑料铲刀根本就铲不动坚硬的冰块，必须动用金属的刀具才能铲得动。但使用金属刀具，一不小心，又容易将塑料内胆铲坏。不像后来的无霜冰箱，完全没有结冰的后顾之忧。航天177冰箱除了冷冻室容易结冰霜的缺点，其产品质量确实没话可说，前后共使用了20年，其间没有出过一次质量问题，而制冷效果更是出奇的好。最后因为搬迁新居，再加上该冰箱两扇门因门封条彻底老化，门也关不上了，严重"漏气"，不得不忍痛割爱，选择放弃。结果那台朝夕相伴的航天177冰箱，仅100元卖给了马路上摇铃收废品的。

而老厂长张剑也有着相同的经历。在那个家电紧缺、炙手可热的年代，再加上家中经济条件有限，他买了一台厂里返修过的航天177冰箱，虽然价格要比新冰箱便宜许多，但冰箱质量并不差。张剑说，那时航天177冰箱的关键部件压缩机是日本进口的，质量非常好，不仅经久耐用，制冷效果也特别好，那么多年使用下来，几乎没有维修过。只不过到了最后，那台冰箱底盘的铁皮烂掉了，门封条也全部老化，实在"老态龙钟"，没法使用下去。最后，张剑恋恋不舍地将这台陪伴了他和家人二十多年的"航天老伙计"，以50元价格卖给了上门收废品的。

当然，战场上没有常胜将军。这里还得提一下，即航天牌

BCD—177 冰箱旺销出名后不久，遇到了一次较大挫折。那是 1989 年初，一批 177 冰箱因加热丝质量问题导致不能制冷，一时间用户来电来信不断，各维修站机满为患，搞得厂里十分被动。而且再过半个月就是春节，正是广大用户最需用冰箱之时却出了质量问题，顾客无疑怨气很大。厂里也意识到了冰箱批次性质量事故所带来的严重后果，立即紧急组织有关人员上门进行抢修。在抢修过程中，维修人员每天工作都超过 12 小时。除了上门维修外，他们还要每天总结维修经验，把既快又好的维修方法传授给全体抢修人员，以便加快抢修速度，稳准好地修复冰箱。通过大家的齐心努力，终于在春节之前圆满完成了所有的冰箱报修任务。用户满意了，企业的信誉也得到了维护，总算让大家踏踏实实地过了一个安稳年。

到了 80 年代中后期，老百姓随着生活条件的逐步提高，对于冰箱的需求非常迫切，再加上那时处于计划经济年代，一度冰箱等家电产品需凭票供应，甚至一票难求，基本上处于供不应求现状。许多家庭为难以搞到一张冰箱票而发愁。而航天 177 冰箱那时同样十分紧俏。一张冰箱票在黑市"黄牛"手里的倒卖价为 500 元，而普通员工一个月的收入也就五六十元。据原厂副总工程师兼冰研所所长戴自振回忆，一次，哈尔滨军事学院校友会找到厂里，希望张文忠厂长（他曾经是哈军工毕业的）看在母校的面子上，给当年的校友们一些冰箱票子。张厂长实在情面难却，悄悄地塞给他们 10 张冰箱票，并再三关照，厂里票子不多，千万不要对外声张。戴自振说，张厂长一下子能拿出 10 张冰箱票，非常难得，算得上"出手阔绰"了。

看到冰箱持续热销，各地乡镇企业也纷纷揭竿而起，再加上冰箱制造业准入门槛不高，导致国内冰箱厂"遍地开花"。那时光上海就有上菱、双鹿、阿里斯顿等，再加上外地的海尔、雪花、香雪海、容声、风华、万宝、美的、西门子、康佳、新飞、葵花等，而那几个品牌冰箱的实力均不俗，市场竞争非常激烈。因此比较品牌、比较冰箱的各种性能指标，成为消费者购买电冰箱时的辨识度和认同度。就当时消费者的观念来说，冰箱的耗电量指标尤其重要。尽管航天177冰箱的耗电量已经达到国家最高的A级水平，但仍有潜力可挖。为此1986年底，厂里的冰箱研究所与上海交大合作开发了新型节能型冰箱。交大计算机仿真技术从制冷原理上提供成果，冰研所制作了新款BCD—177A节能冰箱。这是冰研所所长戴自振在研究了交大陈芝元教授撰写并发表的《蒸发器与毛细管动态特性及匹配研究》一文后得到启发。该文章给出了蒸发器内冷剂发热系数与冷剂干度的关系曲线。当干度在0.85—0.99之间时，放热系数最大。他据此设计把这段干度的冷剂放在冰箱需冷量最大的冷藏室蒸发器段中，这段换热效果提高了，整个冰箱也就节能了。根据这一原理设计出来的BCD—177A节能冰箱于1989年7月送到北京国家家用电器质量监督检测中心检测，检测结果耗电量为 $0.71\,\mathrm{kW \cdot h/24\,h}$（A级为 $1.08\,\mathrm{kW \cdot h/24\,h}$），耗电量之低出乎意料，而且此项指标处于国内领先地位。好消息一出，全厂振奋。张文忠厂长出席了在北京召开的媒体发布会，宣布航天牌177A冰箱创国内耗电量最低的消息。全国的媒体也及时发布了这一信息，产生了很大的影响。这一信息引起轻工业部和中国机械工程学会的重视。后来，厂冰研所副所长王培德专门编写了《BCD—177A电冰箱评审报告》，戴自振也写了一篇《航天BCD—177A冰箱的节能设计》文章，该文被中国机械工程学会推荐到国际家用电器技术会议（简称IATC）上发布。1991年

5月，在美国举办的第42届IATC会议上宣读了戴自振的这篇文章。IATC是当时世界上唯一的国际性家电行业专业会议，其论文集发行至全世界130多个国家和地区，影响力非常大。航天冰箱节能设计的文章能在这样高层次的国际会议上发布，使得航天冰箱的知名度大大提升。

既然新中华厂的177冰箱已经定型，并开始批量生产及产生了经济效益，140冰箱生产线显得多余。于是厂里开始考虑140冰箱生产线的转让工作。而在转让140冰箱生产线的决策过程中，新中华厂同样高度重视。厂长亲自率领有关人员考察转让对象的环境条件和内部实力，认真测算分析其社会效益和经济效益，在几家要求转让企业激烈的竞争中，为了支援革命老区建设，厂里决定将生产线设备转让给革命老区江苏省洪泽曙光电冰箱厂。厂部还决定，此举不仅是转让，而且是与洪泽曙光电冰箱厂联营，帮他们出产品、出人才。张文忠厂长说："对于苏北老区洪泽县来说，新中华厂的大门、小门、前门、后门永远都是敞开的。"新中华厂的这一扶贫帮困、承担社会责任的义举，曾得到了中央军委首长的高度赞扬。而洪泽曙光电冰箱厂在新中华厂的全力支持下，做到了当年转让、当年投产、当年见效，不仅获得了良好的经济效益，同时收到了良好的社会效益。

另外，通过140冰箱生产线的及时转让，又可以迅速为新中华厂即将大规模展开的长征三号火箭及其他运载火箭的生产总装准备好人力资源和场地资源，在不失去联营企业经济效益的同时，集中精力保证主要民品177冰箱的开工生产，此举可谓一举数得。

开发新品，再创辉煌

民品市场捉摸不透，暗流涌动，起伏较大。1989 年后，国内冰箱市场开始疲软，老产品销量锐减。航天 177A 节能冰箱虽然迎合了国家提倡的节能要求，但不是国内用户迫切所需，因此没有为新中华厂产生更多的经济效益。在这样的情况下，厂里一直在思考，当市场上一样商品不再成为稀有之物，消费也逐步趋向饱和时，什么样的冰箱才能赢得广大消费者的喜欢和青睐？正在这时，戴自振获悉由德国设计的琴岛—利勃海尔 220 升冰箱以其 90 升特大冷冻室而受到市场欢迎，于是新中华厂利用自身雄厚的技术，很快便掌握了使用双毛细管双制冷回路双温控系统，分别控制 R 和 F 蒸发器中的冷剂流量，可获得大冷冻室的技术特性。同时还得到了上海交通大学和新昌制冷配件厂的大力支持，因为他们正在联合研制开发双回路二位三通电磁阀，它是用来转换冷剂流量的关键部件。

1990 年，经过市场调研和分析，结合冰箱市场的发展趋向及消费者欲购买大冷冻室冰箱的心理，厂里决心上马航天 222 升双温控大冷冻室冰箱，以打破冰箱市场疲软的局面。当时全厂上下干劲十足，只想早日生产出新型大冷冻室冰箱，赶在来年春节前投放市场，与竞争对手拼抢一番，夺回航天冰箱市场。2 月 7 日，厂冰研所确定了方案。3 月 21 日厂总师会通过新型大冷冻室冰箱方案的评审。6 月底，用简易工装生产线试生产了 200 台。7 月 8 日拿出 150 台样品在上海中百一店、华联等有影响力商店展销。

　　记得那天新中华厂的航天牌BCD—222冰箱一拿到有关商店，高大上的航天新型大冷冻室冰箱弹眼落睛，鹤立"机"群，被广大消费者里三层外三层包围得水泄不通。许多消费者早已得到信息，准备好了现金，争先恐后地掏钱抢购，生怕晚一点就错过了购买时机。一位来自宝钢的消费者虽然还有点睡眼蒙眬，但掩饰不住抢到222冰箱的快乐。他兴奋地说，当我昨天晚上从电视里看到航天222冰箱上市的宣传广告，马上就被这一大冷冻室和多功能冰箱吸引住了，于是天不亮就起床，匆匆赶来，争取排在前面。当他挥舞着手中的提货单子提取222冰箱时，脸上挂着灿烂的笑容。只半天时间，150台222冰箱立马销完。开票员说，自从1989年上半年冰箱市场跌入低谷以来，再也没有见到过如此火爆的场面。开票员还说，一上午开票下来，手也写酸了，笔也捏不住了。当时厂里前往配合销售的同志也被这轰轰烈烈的热销场景深深感动。这就是新中华厂抢先开发适销对路产品所尝到的甜头。

　　接着，新中华厂顺势而为，乘胜前进。当年10月份，航天牌BCD—222冰箱正式进入批量生产，总装线开两班，很快形成了日产700—800台的能力，至11月底总产量已达1.5万台。大冷冻室冰箱最适销地在北方，尤其是山东青岛等地，居民每到年底需大量冻存海鲜，以备春节之需。而航天牌大冷冻室冰箱利用国产配件，以低成本价格优势与琴岛—海尔一决高下，并在北方市场产生了轰动效应，一举占领了北方大部分市场，而且形成了先付款后发货的畅销态势。

　　据记载，当年截至11月底，新中华厂的航天BCD—222冰箱仅发货青岛市场就达到7295台，基本占领了大冷冻室冰箱的北方市场。1990年11月，厂里编写的《航天BCD—222双门双温控家用电冰箱试制总结报告》通过了产品定型鉴定，为该冰箱的稳产高产进一步奠定了基础。

1991 年，222 冰箱产量达到 12 万台，产值 3 亿元，利润达 3000 万元，在上海航天系统民品企业创效中名列前茅。222 冰箱为当时新中华厂走出低谷、创造良好的经济效益作出了一定贡献。

1995 年 8 月 25 日，在哈尔滨举行的上海商品博览会上，上海市委书记黄菊在观看了航天民品展台上的航天牌电冰箱和电冰柜后，对上海航天军转民取得的成果给予高度评价，认为航天企业军民结合、大力发展民品这条路走对了，既创造了良好的经济效益，又扩大了航天企业和航天产品的影响力。

那几年，国内家用电冰箱行业发展迅猛，从事冰箱生产的企业已面临日趋激烈的竞争。为了在竞争中取胜，1986 年，厂里决定成立专门的冰箱技术研究室，并于 1987 年扩大成冰箱研究所，利用厂里强大的技术力量组织一支专业化的冰箱研制、设计队伍，加强冰箱系列产品的开发，不断推出新品种，赢得更多的市场份额。从 1983 年到 1990 年，工厂先后设计、生产和组装的冰箱种类有 RZB—140、夏普 145 冰箱、RZB—177 冰箱、BCD—177 冰箱、RC—160 冰箱、BCD—210 冰箱、BCD—222 冰箱、BCD—216 混合型无霜多功能冰箱、丹尼福根 176 冰箱、120 生啤冷藏柜等多种产品，形成了"生产一代、研制一代、预研一代"的民品科研开发生产体系。另外，新中华厂还利用冰箱技术进行拓展，开发研制了航天牌窗式空调器等产品。

据有关材料统计，从 1984—1990 年，新中华厂共生产各种型号的家用电冰箱 59.15 万台，总产值 54103 万元，创利 12267 万元。若计算到冰箱辉煌时期末端，预计各类冰箱总数接近 100 万台。其中：RZB—140 型电冰箱 1984 年获上海市新产品一等奖，1985 年获上海市优质产品奖、航天部优质产品奖；RZB—177（BCD—177）型电冰箱获 1987 年上海市优质产品奖、航天部优质产品奖，1988 年获国家优质产品银质奖；1992 年 12 月，航天牌 BCD—222 冰箱获得航天部科技进步一等奖。

航天冰箱的辉煌虽然不再，但在军民结合、开发民品、以民养军的特殊历史时期，航天冰箱为新中华厂乃至上海航天作出的巨大贡献，一直为业内所称道。如 1987 年的工业总产值和利税总额与 1980 年相比，分别增长了 40 倍和 89 倍。这一期间，新中华厂自筹资金投资 430 万元，建成 6300 平方米的 203 军工厂房，在实现"以民养军"迈出了一大步。因此，航天冰箱的辉煌值得大书一笔。

厂所独立，军民分线

对于上海航天来说，军民分线、厂所独立、分别运行，乃是全局体制上的一次重大深化改革之举。

进入 90 年代后，随着军品型号任务逐年增多，尤其是载人航天工程的上马，使得上海航天必须把工作重心逐步转移到型号任务上来。而上海航天的民品，包括新中华厂的电冰箱及兄弟单位的电视机、洗衣机、吊扇、收录机（号称"五朵金花"）等，由于技术含量低、准入门槛低，全国各地的生产单位越来越多，竞争越来越激烈，不仅导致原有的市场格局被打破，市场份额也被重新瓜分。而就总体发展趋势来看，家电市场已经趋向饱和，

原上海航天设备制造总厂厂门

不再成为广大老百姓所追求的热门产品。

军为本的性质决定了军品任务是国家重点。上海航天承担防空导弹、卫星、运载火箭和飞船等多种航天型号研制任务。因此在军品研制方面，必须遵循科研规律，强化总体，理顺体制，促使航天技术不断取得突破。战术型号必须确保定型、批产和交付，不得拖延；卫星、火箭必须确保发射和运行成功；载人航天工程中的飞船（921—3）研制更是国家级"天字一号"重点任务，必须确保后墙不倒。而当时上海航天的体制绝大多数单位都是厂所结合型的，即在一个单位体制内，既有搞军品的，也有搞民品的，还有搞三产的，当时号称"三足鼎立"。这种军民相互交错、相互制约、相互碰撞的体制，各种矛盾纷繁交错、牵丝攀藤，经常造成捉襟见肘、顾此失彼的局面。

而当时上海航天的民品发展就陷入了这样的僵局。不仅新中华厂的冰箱，兄弟单位的电视机、洗衣机、吊扇、收录机等民品的销售都在走下坡路，亏损单位越来越多，亏损面也越来越大，沉重的银行贷款压力更压得企业喘不过气来。即使连上海市的名牌家电产品如上菱冰箱、双鹿冰箱及其他名牌家电也纷纷出现无力回天的颓势。危机四伏，唇亡齿寒，转型发展，势在必行。

由于上海航天各企业单位历史包袱沉重，资产负债率高，资金周转困难，严重影响军品任务的完成和民品任务的开发发展。

面对困局，实施军民分线和厂所独立已刻不容缓。有关资料显示，上海航天在未实施军民分线前，全局总人数 2 万余人。而上级要求上海航天通过实施军民分线改革，使专业从事型号研制人员控制在 1.2 万人左右。军、民分别独立建制后，按照各自的运行规律运作，形成"两个全神贯注"。对于军民分线改革，当时的口号叫"保军促民"。

当时上海航天结合自身实际，以军民分线改革为突破口，将所有厂所结合的单位都列入军民分线改革范畴，先后建立了一批以军为主的独立的研究所和一批以民为主的航天企业。于是，新中华厂按照上级"加强军品、强化总体"的指示精神，也适时实施了厂所独立和军民分线改革。据时任新中华厂党委副书记尹雄伟回忆：1994 年，还在航天冰箱辉煌光环尚存时，根据当时军品任务日渐吃紧的形势，以及上级有关军民分线的要求，新中华厂首先实施了厂所独立的举措，即厂所分家，新中华厂和 805 所分别独立建制、独立运行。这步工作当时比较好做，原先 805 所与总厂就不在一个大院里，所里本来就是以军品型号任务为主业，型号经费和事业编制费用由上级专款下拨，各项管理体制也比较健全，科技人员和管理人员已经定岗定编。因此按照型号设计人员安排在所、工艺和生产安排在厂的划分原则，一分为二，各自形成独立的运行体系，因而厂所划分双方按照既定的框架，思想统一，安排有序，措施配套，没有遇到大的分歧和矛盾。考虑到 805 所刚独立运行有一定困难，为支持 805 所，厂里还慷慨地表示给予数十万元的资金扶持，真正做到了"扶上马，送一程"。

到了 1996 年，航天冰箱的市场形势急转直下，面临危机，步入困境。而新中华厂自身型号总装和制造任务同样属于国防重点，必须确保，不能被已经不景气的民品所拖累。再加上那时上级下达了有关政策性破产的指标，军民分线更是迫在眉睫。因此上级要求新中华厂一定要加大军民分线力度，加快推进，否则错过了政策性破产的大好时机，后续的困难局面将会更加严峻。而在军民分线具体操作过程中，对于上级争取到的政策性破产机遇，既要紧紧抓住，加速推进，赢得时机，同时还必须维护企业自身利益，不让国有资产受到损失。这里面涉及资产还原、一系列债权债务纠纷的处置、召开债权人大会、法院介入、严格按照法定破产程序运作，以及注销老企业、员工买断等。用尹雄伟的话来形容，那时的日子真不好过，整天神经高度紧张，犹如在火中煎熬。当时企业困难到什么程度？光日积月累的下岗职工和退休职工医药费报销费用就达200多万元，厂里根本拿不出这笔钱，可谓雪上加霜。而面对这部分人的置疑和情绪发泄，仅仅用一些安抚语言已经不起作用。尤其在处理各类棘手的问题中，矛盾屡屡激化，场面时时"火药"喷发。但为了事业的发展、企业的生存，为了顾全大局，新中华厂领导班子顶着巨大压力，在上级的大力支持下，敢于碰硬，勇于担当，力挽狂澜，控制局面，尽最大努力确保国有资产的不流失，既维护了安定团结的局面，又按照上级要求最后完成了军民分线和破产工作，为保军和维稳作出了重要贡献。

据尹雄伟回忆，1996年企业实施军民分线时，军品一块仍然称上海新中华机器厂，民品一块称上海航天电冰箱厂。而到民品实施政策性破产时，由于历史上的一系列借款、合同、协议等都是以新中华厂名义签订的，因此法院认定航天冰箱厂不具备破产条件，要破只能破新中华厂。在这种情况下，上级决定：先把新中华厂内绝大部分资产划出来（即军品必须要用的资产），组建了上海航天设备制造总厂（代号149厂），然后再把新中华厂和航天冰箱厂合并，厂名仍沿用新中华厂（这时候的新中华厂基本上是一个"空壳"）。合并之后的厂长由尹雄伟担任，破产工作则是在他的任上实施并完成的。

最后，新中华厂一分为三。一家为运载火箭总体所，即现在的805所；一家为火箭及航天器制造和总装企业，即上海航天设备制造总厂（149厂），2017年股份制改革后为现在的上海航天设备制造总厂有限公司；一家为以生产电冰箱和冰柜等民品为主、兼顾三产经营开发的上海航天电冰箱厂（破产后更名为上海航天新航机器有限公司，最后归并到上海航天实业有限公司）。

风暴成功奠基础
长三首飞建奇功

1969 年，周恩来总理代表党中央向上海市下达了风暴一号火箭研制任务，使得上海航天从此进入"大型号"领域，也使得新中华厂有幸成为火箭总体设计和总装单位，并对未来承担多种火箭和飞船等宇航型号任务奠定了良好基础。

风暴一号火箭十年间共发射了 11 枚，创造了多个中国航天"第一"：第一次将 1 吨以上的卫星发射成功；第一次发射成功一箭三星；第一次进行低弹道发射考核弹头再入试验，为我国洲际导弹成功发射起到了引路作用。

"331 工程"这一神秘的数字，竟与当年尼克松访华有关。其后，中国便有了研制长征三号火箭和发射通信卫星的方案。

该工程上马后，航天人立下为国争光的雄心壮志，攻克了低温燃料发动机、纵向耦合振动、低频振动三大技术难关，厉兵秣马 9 年，终于在 1984 年将我国第一颗地球同步轨道通信卫星成功送入赤道上空的静止轨道。以后，长征三号又创造了发射第一颗国外商业卫星、火箭在推进剂中浸泡了 142 小时延时发射等纪录。由于长征三号发射"亚洲一号"成功，促成"联姻"著名的澳门企业家何鸿燊成立航天基金会，30 年来赞助航天达 1 亿港元。

风暴箭啸穿云天，长三春雷惊全球。

在中国航天运载火箭的发展历史上，除了举世闻名的长征系列火箭外，还有一款叫风暴一号的火箭却鲜为人知。至于该火箭为什么取名为风暴一号？据一位老航天人回忆，风暴一号诞生于"文化大革命"这一特殊历史时期，其名称带有那个年代的特有印记。

尽管风暴一号的名称随着航天事业的发展早已销声匿迹，但它却是我国迄今为止长征系列火箭以外唯一一个另类名称。从追溯历史而言，风暴一号对于上海航天宇航型号的起步和发展意义重大。正因为当年上海航天有着独立能力承担研制风暴一号火箭和长空一号卫星"大型号"任务，并将11枚风暴一号火箭和多颗卫星送入太空，从而确立了上海航天日后承担宇航型号的重要地位，并为发展多型运载火箭、各种功能的卫星，以及承担以载人航天工程为主的多项宇航工程任务奠定了扎实基础。

国家下达，天字一号

早在20世纪50年代末60年代初，上海航天基地以探空火箭和防空导弹起步，奠定了航天产业的基础。但在航天领域，

风暴火箭

探空火箭和防空导弹都属于不起眼的"小个子"。1969年，上海航天人梦寐以求搞"大家伙"的机遇终于来临，那年8月14日，国务院总理周恩来代表党中央对上海下达了可以搞运载火箭和人造卫星的指示。

《上海航天志》记载了风暴一号火箭任务的来源：考虑到上海作为我国的老工业基地，而且在这之前已经有了探空火箭和防空导弹的抓总研制经验，以及上海本身工业基础条件比较好，人才优势比较突出，较为适合搞大型航天设计和制造任务。1969年8月14日，国务院总理周恩来在接见国防工业军管小组、国务院国防工业办公室、解放军国防科学技术委员会、七机部和上海市有关负责人时，代表党中央作了重要指示：上海不仅可以搞导弹，也可以搞火箭和卫星，还可以搞洲际导弹。根据周总理的这一指示精神，同年10月31日，中共中央、国务院、中央军委向上海下达了"701工程"任务，任务主要包括由上海抓总研制火箭和卫星。火箭取名为风暴一号，卫星取名为长空一号。

这是国家对上海下达的被誉为"天字一号"的任务。当时中央定名为"701工程"，其含义为70年的第一号任务，并要求在1970年完成火箭初样的研制。像这样大型运载火箭的设计制造在一年左右的时间内完成，其研制进度要求是非常之高的。当时除了北京的航天研究院能够从事火箭和卫星的研制任务外，国内还没有一个城市能够担此重任。而"701工程"的下达，是毛主席和党中央对上海工人阶级的高度信任。当年12月8日，上海市革命委员会召开誓师动员大会，要求必须克服一切困难按时保质完成任务，用火箭发射成功的成绩，不辜负毛主席和党中央对上海工人阶级的期望。

最早，风暴火箭总体设计和总装是由上海机电二局所属的上海新江机器厂（20所）承担的，考虑到火箭体积庞大，产品赴基地参加试验必须由铁路来运输，而地处松江的新江厂远离铁路运输线，倒是在闵行的新中华厂具有距离铁路线近这一优势，修筑一条进入企业的铁路线花费不是很大，且无须占用良田及动迁民宅，建设成本企业可以承受。再加上火箭产品从松江运输到闵行路线较长，不仅要动用大量警力资源，而且从保密安全等诸多因素考虑，也不是长久之计。最终经上级批准，决定在闵行新民厂（新中华厂）建设大型火箭总装厂房，并将铁路运输线一直铺设到总装厂房内。于是，1979年9月，火箭总体设计和总装转入上海新中华机器厂（805所）。由此，新中华厂抓住了这一难得的发展机遇，成为国内为数不多的能够承担宇航产品研制和总装任务的大型航天重要企业之一。

据原上海航天局副总经济师戚南强回忆，为了适应运载火箭的发展需要，经上级批准，1979年，决定将火箭总体设计和总装从新江厂分出迁至闵行。这一方面是为了加强火箭总体，另一方面也是为了新江厂能集中精力研制防空导弹。

戚南强在一篇记录这一事件的回忆文章中说：那时我到上海航天局机关报到不久，正好遇上轻工业局的新中华厂划归航天局。该厂有几百号人，主要生产民兵用的半自动步枪，年产1万支左右，在华宁路以东还有一块场地。于是计划部门会同机关有关处室与轻工业局多次协商，处理两厂合并中的有关事宜。同年9月，移交工作顺利完成。记得该厂有一位老领导叫焦立德，是位老红军出身的资深老革命。当他得知新中华厂划归航天局的消息后，高兴地说，我在有生之年，能看到新中华厂将要改行搞大火箭了，这是我一辈子都没有想到的。焦立德感到大火箭是国家下达的重要任务，使命光荣，责任重大。他的心愿也代表了许多老新中华厂职工的心愿。

1978年6月，国家计委、国防科委批准在华宁路100号新民厂新建运载火箭总装厂。不久新民厂与新中华厂合并，定名为新中华厂（代号149厂）。为了建设总装厂房，我记得局里把李文祥从新江厂调来，任副厂长兼总工程师，与陈文山（后任副厂长）一起，负责工艺设计和土建工程。在建设中，也碰到不少困难，例如厂房跨度大，空调洁净度要求高等。还有要从总装厂房内铺设一条专用铁路与闵行铁路线连接，这就必须与铁路局多次联系协调等。由于该项目被列为国家重点工程，资金和人员的投入及时到位。这样，总装厂房的建设工程在各方面的共同推动下顺利完成。

根据当时的厂房和设备条件，新中华厂主要承担火箭的总装任务，同时把新江厂有关技术人员和工人调到闵行来。而火箭的一、二级箭体贮箱仍由新江厂生产配套。

轨道设计，有惊无险

而在火箭总体设计中，轨道设计又是非常重要的，因为只有通过正确的轨道设计，才能确定火箭将卫星送入预定轨道的最佳飞行路线。通过轨道计算并确定火箭动力系统的主要性能和各级推进剂量的分配，最后才能给出火箭飞行中的有效载荷。因此，在火箭总体工作中，轨道专业工作必须先行，否则，总体设计无法推进。

上海航天原先是以搞地空导弹设计为主的，地空导弹的弹道基本上在大气层以内，其弹体体积小，动能不大，飞行弹道与火箭完全不在一个层面。因此，上海航天根本不熟悉火箭方面的知识。

据新中华厂（805所）原火箭总体设计专家刘宗映回忆，尽管轨道设计对上海航天人来说是一个全新的领域，面临巨大的挑战，但大家依靠自力更生、艰苦奋斗的精神，深信别人能干成的事，我们也能干成。大家在困难面前从来没有畏惧和退缩，所想所干的就是如何尽快拿出火箭，不辜负党和国家对上海航天人的信任。当时，轨道专业有5位同志，刘宗映分工承担轨道数学模型的建模任务。为此他研究了大量的书本和资料，多次与七机部一院同行进行研讨，经过日日夜夜的切磋琢磨，终于拟制出可供轨道初步计算的成套数学模型，为开展轨道计算创造了条件。数学模型建立起来后，如何解算出来？本单位难以胜任复杂的轨道计算任务，而且计算机等硬件条件也远远不足，于是通过外协从华东计算机所等单位请来7位软件设计专家，共同按照统一的轨道计算数学模型和计算要求，各自独立编程计算，然后相互核对计算结果。功夫不负有心人，苦战数日后，终于得出了火箭轨道专业认可的计算结果。

接下来就是想办法验证弹道设计与计算的正确性。刘宗映通过查阅美国出版的《飞行动力学手册》上有关于火箭发射轨道解析计算的方法，以及与北京一院同行多次交流，终于从同行专家那里获得一组供校核计算用的火箭发射段轨道计算的初始条件和轨道计算的最终结果（入轨点轨道参数）。接着，他们又对自己设计的轨道数学模型进行数值计算，最终得到了与北京一致的结果。

弹道设计正确与否的验证一直要到火箭发射卫星才能得到结果。1975 年 7 月 26 日，风暴一号运载火箭成功地将上海研制的第一颗技术试验卫星长空一号送入预定轨道，卫星在轨运行正常。由上海航天第一次独立设计的发射轨道的正确性最终得到验证。

同为弹道设计的新中华厂老同志李珠基回忆了风暴一号发射时的一件惊险之事。那是在 1972 年 8 月 10 日，风暴一号遥测弹开始紧张的发射试验。这是风暴一号首次升空。当遥测弹起飞后不久，监测系统即显示出"异常"信号，且飞行途中侧向偏离了预定轨道约 70 公里。这无疑是一个危险的信号。如果火箭这个庞然大物一旦飞出国境，落在他国境内，后果将不堪设想。这时，指挥大厅里的空气凝固了，要不要自毁？在场的每一个人都捏着一把汗。因为之前技术人员做了大量的预先分析工作，模拟了各种故障情况下的弹道特性供基地指挥员熟记，所以在万分危急时刻，基地指挥员在综合考虑了各种状态数据的基础上，顶着巨大的心理压力，紧盯显示屏，果断做出火箭可以继续正常飞行的判断，没有发出自毁指令。奇迹终于发生，火箭与苏联边界"擦肩而过"，接着便"回家"了。虽有惊无险，但却证实了弹道设计的正确性。一场虚惊安然度过，试验成功了！一颗颗悬着的心也终于放了下来，大厅里顿时爆发出雷鸣般的掌声。现场人员个个欢呼雀跃，热泪盈眶，相拥而泣。场面蔚为壮观！

风暴一号最大的功绩在于创造了中国航天两个第一：一是1975 年 7 月 26 日，由风暴一号发射成功的长空一号卫星，重量达到 1107 公斤，为当时国内发射成功的最重有效载荷。二是

1981 年 9 月 20 日，风暴一号一举成功发射 3 颗卫星。此举标志着中国成为当时世界上为数不多的掌握一箭多星技术的国家。

在风暴一号的 11 次发射中，共成功了 7 次，失败了 4 次。

其间，风暴一号在进行了部分技术改进、重新设计弹道后，于 1977 年和 1978 年进行了两次低弹道飞行试验，由酒泉基地飞向新疆的罗布泊地区，验证了由上海研制的弹头再入大气层时，完全经得起近 2000 度的超高温烧蚀，为以后我国洲际导弹成功飞向太平洋打下良好基础。

鉴于风暴一号运载火箭在历次卫星发射及模拟洲际弹道弹头再入试验成果，为我国国防事业作出的重大贡献，1978 年该火箭荣获全国科学大会奖。1985 年，该火箭以"液体地地战略武器及运载火箭"荣获国家科技进步特等奖。

铁路专线，造福航天

新中华厂拥有一条铁路专线，为型号飞行试验的产品运输和试验队员进基地带来极大方便。而这一铁路专线与风暴一号火箭有着密不可分的内在关系。

20 世纪 60 年代初，上海机电二局成立后，确定位于松江的新江机器厂作为地空导弹红旗型号的总装厂，其生产的产品需要运送到基地进行飞行和打靶试验，或作为正式产品装备部队。基于这些军工产品的特殊性和重要性，都需要铁路和专列来完成运输任务。后来，新江厂又承担了风暴火箭研制任务，对铁路专线运输的需求更加迫切。为此，按照保密安全和特殊军工产品的出厂要求，必须在厂内修建一条专用铁路。而新江厂离沪杭铁路有十多公里，建设一条专用铁路线的话，需要征用许多良田，动迁许多民宅，建设成本无疑很高。而当时国家正处于严重经济困难时期，不可能给予很多的建设资金。因此，在新江厂建设一条铁路专线不太现实。

据原新中华厂老领导、主管"701 工程"科研生产的李文祥回忆，由于火箭外形大，每次产品出厂的运输和保卫保密成为一道难题。而一下子将铁路专线铺设到新江厂，让火车开进厂区也不可能。因此，上下一致认为新江厂原总装厂房已不适合火箭的正常生产。于是上级决定把风暴火箭总体和总装这一块全部搬迁到地处闵行的新中华机器厂，在那里新建一幢火箭总装厂房，并铺设一条专用铁路线到厂里。火箭总体和总装搬迁到新中华厂后，又在原有的基础上进行大规模的改扩建，以适应"701 工程"的科研生产。

早在 1972 年，新民厂就成立了以李文祥为组长、陈文山为副组长的扩建工程筹备小组。小组分成两拨：一拨为厂房、设备工艺设计组，负责全厂工艺布局、厂房设计、设备规格名称、辅助工程等；另外一拨为土建组，负责施工进度。李文祥主要负责工艺设备、厂房设计组，并从各科室抽调了 30 多名技术人员，开展了改扩建总体设计和不同专业分项设计，分项设计共 11 项。经过测算，项目总投资为 5500 万人民币，最后实际投资压缩到 3850 万元人民币。1973 年 8 月份，上海市批准机电二局利用新民机器厂原有的厂房、设备，改建为运载火箭总装厂，并新建有空调的总装测试车间（俗称六车间），建筑面积 22456 平方米。同年底正式破土动工，于 1977 年建成交付使用。

厂房土建方面比较顺利，因为是国家重点工程，建筑材料、工程人员都能保证。而比较棘手的是将铁路引进厂区及总装车间的问题。隔行如隔山。铁路部门那时被称为"铁老大",因此与铁道部门打交道比较费劲。经过多次交涉,并通过上级主管部门多次出面协调,办理了很多繁琐手续,其间颇费周折。好在航天是国家重要单位,"701工程"又是国家重点工程,型号产品又被冠以保密的头衔,铁道部门还算非常给力,总体上积极配合,最终大功告成,终于赶上了"701工程"的研制进度。

1980年,随着新中华厂火箭总装厂房的建立,一条铁路线铺设到总装厂房,并将上海新江机器厂569位从事运载火箭的总体研制人员调入,从此确立了企业承担火箭总体、总装的地位。1981年9月20日,风暴一号成功发射一箭三星,标志着新中华厂已经能够独立承担火箭总体和总装任务,也表明新江厂的火箭总体和总装业务向新中华厂转移成功。

上海航天局一直负责专用铁路运输业务的"老军运"徐金宝回忆时说到为什么要将铁路专用线铺设到新民厂(新中华厂前身)的原因。由于位于闵行新民厂边有一条闵行站通往上海锅炉厂、上海电机厂等大型企业的专用线,专用线离开新民厂不足1公里。为降低工程费用,节省建设资金,上海航天局决定在新民厂铺设一条铁路专用线。由于当时资金不足,仅修建了一条极其简陋的铁路专线,简称"一道"。新江厂发运地空导弹产品由汽车先运送到新民厂专线旁,装车后再联系铁路局发运。由于当时没有端头站台,车厢距离地面太高,造成了产品装车和卸车的困难。直到载人航天工程(921工程)上马后,上海航天专门在921工程研制费用中拨出一笔款项,特地在新中华厂修建了一个端头站台。

粉碎"四人帮"后,上级对新江厂的战术和运载型号实施分开,将运载型号总体和总装转移到闵行的新民厂,并在新民厂内建设了适合运载火箭总装总测的大型"701"厂房。为做到保密安全和运输方便，特地铺设了一条专用铁路直接通进车间，建成后称为"二道"。

而"三道"的修建，那是在改革开放以后。随着国家对国防军工装备的重视和投入的加大，上海航天的型号任务也日益增多。产品一多，试验任务也水涨船高。试验队员要经常携带型号产品进基地参与各类飞行试验。为解决航天型号参试人员赴各个基地旅途长、乘车难、日常生活不便等问题，局领导下决心，拿出一笔资金购买了一批铁路自备车。这些专列包括软卧、硬卧、餐车、仪器车等。为解决自备车停放问题，又由局里拨款，专门在新中华机器厂修建了第三条铁路专线，并委托上海铁路工程公司设计施工。当时航天局提出要求，三道修建设施完善，一步到位，即建设一条铁路端头站台，即月台，月台高度与车体门的下沿相等，大约 1.25 米，月台总长约 100 米，月台宽约 4 米，做到便于汽车进出及装卸产品和货物，便于试验队员上下车，便于上级领导来车站迎接和欢送专列，便于摄影人员拍摄迎送画面。月台配套设施包括供水、供电等，便于客车制冷、充电、上水等。以后，由新中华厂在该站台上竖立了一块站牌，取名为"航天站"。

说起当年有关铁路运输的往事，老徐有着说不完、道不尽的话题。他说：

风暴火箭点火起飞

"20世纪六七十年代参试人员进基地乘坐火车时常买不到卧铺票,只能坐上几天几夜的火车,有时连坐票也买不到,只能站着进出基地,弄得科技人员长途旅行身心疲惫,十分辛劳。而靶试型号产品租用铁路棚车或敞车装载,由各单位派员与保卫人员共同押运,由于挂运货物列车沿途要进行多次编组,从上海到酒泉要运行十多天,押运的同志一路冒着严寒酷暑,许多基本生活条件也不能满足,可谓苦不堪言。"这种现象持续多年,引起了局领导的高度重视。

"风暴一号"研制初期多次进基地试验,老一辈航天人多经历了各种困难和磨砺。那时国家不富裕,人民生活温饱问题还没有解决,科技人员进基地生活补贴每人每天只有几毛钱。当时进基地最大的困难是没有装载"风暴"产品的特种车辆,多次向一院求援借用,其余物资测试仪器等向铁路部门租用棚车或敞车装载。参试人员的乘用车租用铁路局几节普通硬卧,由此组成一个专列向酒泉基地进发。由于没有租借餐车,造成几百位参试人员沿途吃饭喝水等都成为问题。在那个计划经济票证年代,物资匮乏,沿途车站买不到食品充饥。其次因为是军运保密列车,到站前由于民兵、站警把小商小贩驱赶跑了,因此只能求助兵站临时解决就餐问题。而军列是按货物列车时刻运行的,停靠站没有时间保证,致使航天人不能按时就餐,有时延误几个小时才能吃上饭。另外,航天专列装载超大货物,有的隧道、涵洞不能通过,从上海到酒泉基地要绕道运行6—7天,由京沪、京包、包兰线穿越腾格里沙漠和巴丹吉林沙漠到达酒泉基地。那时车厢没有空调,夏天车厢内温度高达三十七八度,甚至40度以上,再加上沿途用水受限制,旅途的艰难可想而知。尤其是几位老领导带队,如张煜、余仲舒等,他们与参试人员同行,到达基地后与同志们一样吃士兵灶，生活十分艰苦。为此大家只得自备粮草，如从上海带些卷子面、炒麦粉、酱菜、萝卜头、腐乳等。

"直到70年代因'701工程'运输的重要性，上海航天局才获得上级军运特批。于是我们委托唐山车辆厂仿照一院特种车辆为上海航天局生产了一组专列（共四辆包括一辆客车）。这些车辆底盘避震性能较好，可装卫星等精密仪器设备，同时配备了水、电、取暖等生活设施，可供押运人员休息、做饭，从此铁路押运条件大大改善。但大批试验人员的乘车问题仍无法解决。像风暴火箭、长空卫星参试人员进出基地，发射完成后人员、装备和备份产品又要运回，但我们的参试同志多不愿乘坐外地车辆，原因是车况不佳，卧具破旧，一致要求上海铁路局派车来接。为此，铁道部也很不愿意，造成了租车难的困境。因此，在那个年代，每次风暴火箭发射前几天，由试验队领导用保密军线电话通知我，去北京国防科委待命。火箭发射后，不管成功或失败，必须去铁道部军交部办理军用列车计划。记得风暴火箭03、04批发射是失败的，打坏了，我的脸上也无光，只能硬着头皮去铁道部军交部办理用车计划，往往还被铁道部门的同志嘲笑。只有1975年那两次发射成功后，国防科委一局副局长余会年指示艾长春参谋，当夜给铁道部部长谷鲁通报今晚成功发射了一颗卫星，请他支持派车接上海航天试验队的同志们。随后，余局长对我说：'小徐，明天你坐钱学森副主任的专车去铁道部。'第二天我坐上钱副主任的吉姆车去铁道部，到达大院门口，我招呼司机停车，办理登记手续。司机示意我不用下车。当卫兵见到悬挂军牌的吉姆车，敬了一个标准的军礼，立即放行。那个面子真够大的，借了大科学家钱学森的光，也借风暴火箭和长空卫星成功的光。吉姆车驶入大院后，我来到铁道部总调度室，刘炳田副部长兼总调度长已在那里等候，见到我连声表示祝贺祝贺。记得那天是星期日，刘副部长告诉我，谷部长已交代，你们的要车计划由他办理。于是我汇报了所要车辆的计划和时间。他二话未说，拿起电话直拨上海路局局长刘伯涛家。刘不在家。于是又拨到书记黎波涛家，通知他有紧急任务，今天准备好几辆软卧、硬卧，并挂上餐车一节，上好卧具，备好餐料，配齐乘务员，明天上午10点前直发兰州局清水站，并签发了一个快运部令，关照沿途不得积压。又命令兰州局准备某某节车皮于某日送进酒泉基地东风场区。望着这一架势，我不由感到受宠若惊。是啊，我曾多次去铁道部办理租车业务，这次是最顺利的一次。可见，成功无论对航天人，还是对与我们相关的行业，实在太重要了。"

805所老科技人员赵金有回忆当年乘专列进基地的往事，至今仍然记忆犹新。他说："1970年11月30日，我们的专列从上海出发。虽然是专列，除保温车、仪器车外，其他均由铁路系统配备，列车管理也是铁路系统负责。简陋的专列只配了硬卧车，却没有配餐车，一路上一百多号人的吃饭问题均由沿途相关兵站负责供应。经过一夜行车，12月1日早晨专列到达南京尧化门，大家到兵站吃的第一顿早餐是粉条烧肉、大米饭。后面的徐州、济南、天津……均是停车后去兵站吃饭。其间也发生过一些有趣的事，如到达包头时，专列停在客站，停车时间较短，天气很冷，兵站把饭菜送过来，我们在地下车站吃饭。刚端起饭碗开始吃时，便听到通知马上要开车了。怎么办？当时管生活的同志灵机一动说，把饭菜带上车去，于是我们几个人就把饭菜端起来往站内跑。兵站送饭的士兵急了，在后面一边追我们，一边喊着，把箩筐、盆碗给留下。当时我们根本顾不上这些，拎上车再说。追我们的士兵也没办法了，只得叹气而归。我们端上来的饭菜没吃完，到了宁夏时，在一个兵站加点热水泡饭吃了。就这样，在十分艰苦的条件下，经过五天多长途旅行，专列才到达兰新线上一个叫清水的小站。在那里稍事休息，换上基地的火车头，拉着我们的专列继续向东风车站进发。"

每每说到新中华厂的那条铁路和车站，老航天人总有着难忘的记忆。"老航天"戚南强回忆说，20世纪70年代初，上海"701工程"上马。其时他所在上仪厂承担着风暴火箭控制系统和长空卫星姿轨控系统的研制任务。记得每次执行发射试验任务，都是从华宁路100号新中华厂出发的。因为该厂有一条铁路专线，这是一段在铁路运行图上没有标记、却与全国大动脉相连的铁路。早年那里根本没有什么车站，航天人就在铁路边用几块木板搭个简易平台进行装卸车。后来上海航天事业发展了，进基地非常频繁，于是就在那里建起了一个名副其实的"航天站"。

那时每当随型号出征前，进基地的平台及配套产品，再加上测试仪器等共有几十箱之多，因此装车任务十分繁重。过去物资供应也很紧张，大家还要带上在基地数月期间所用的生活用品及副食品，这些都要靠专列运进基地。

当时为了保密需要，航天人一般选择夜晚出发。在夜幕降临之际，大家集中在新中华厂门口左侧的大食堂，在那里聆听出发前的动员报告。然后大家乘上专列，向酒泉发射场进发。

徐金宝十分感慨地说，新中华厂的这段铁路对上海航天事业的发展实在太重要了。如果没有这段铁路专线，上海航天就不可能有今天的大发展局面。常言道，要致富，先修路。而新中华厂的铁路专线，可以说是造福上海航天的生命线。试想，如果没有这一专用铁路，以后的发展和壮大，一切都无从谈起。

到了改革开放以后，随着航天事业的进一步发展，为解决广大参试人员乘车难的问题，航天局领导又下决心订购了一批软硬卧车并加装了列车空调，大大改善了上海航天人赴基地参试的乘车条件，从此结束了租车借车的尴尬局面。

高层决策，长三立项

长征三号运载火箭的上马与美国总统尼克松当年访华有关。1972年2月，尼克松访华前几天，美方向中国提出，要求尼克松访华时进行电视新闻实况转播。然而，鉴于当时中国的通信设备和通信水平，这是一项无法办到的事情。美国人因此提议，他们将带来两个移动卫星通信地面站，对尼克松访华进行全球实况转播。21日，尼克松抵达中国，开启了中美两国关系的解冻之旅。当尼克松走下专机舷梯时，只见随行的国防安全官员黑格如同影子一般紧紧跟在他的身后，手上拎着一只小巧精致的黑色皮箱，被称为"黑匣子"。其实这就是活动卫星地面站终端。上午11时30分，美国总统尼克松与中国总理周恩来的手紧握在一起，中美关系从此掀开新的一页。通过太平洋赤道上空美国通信卫星的实况转播，仅仅0.3秒钟后，全世界人民就看到了中、美两国首脑相握互致问候的历史性一刻，听到了两国国歌在初春的北京奏响。而在美国本土，有超过1亿的观众通过电视机屏幕，目睹了这组具有划时代意义的画面。

同样，中国人也开了"天眼"，第一次看到了美国总统尼克松访华及两国最高领导人会面的历史性镜头，感觉原来通信卫星可以让世界变得如此之小，大洋两岸变得如此之近。遗憾的是，中国作为世界第一人口大国和制造大国，却制造不出自己的通信卫星。结果在中国国土上，却让美国卫星地面站终端火了一把。

关于通信卫星，中国航天之父钱学森早在 20 世纪 50 年代就卓有远见地提出了中国要搞通信卫星的建议。如在 1956 年钱学森参与制订的《1956—1967 年科学技术远景发展规划》中，就有"在头五年中，发展东方红卫星、侦察卫星、导航卫星、通信卫星等，要赶上 20 世纪 60 年代中期的国际水平"的字样。1958 年，毛泽东主席在中共八届二次会议上，挥动他那伟人的巨手，发出了"我们也要搞人造卫星"的号召。于是中科院积极响应，很快制订了最终发射卫星的"581"任务。"581"即为象征 1958 年第一件大事的代号。当时全国还掀起了一股"卫星热"高潮。只不过鉴于当时我国薄弱的综合国力和不强的科技实力，一下子根本实现不了。因此，多年来，搞通信卫星多为纸面文章。

尼克松访华之后，1974 年 5 月 19 日凌晨，病中的周恩来看到一封来信摘要。他很惊喜，起床后便叫来了秘书，让他马上把来信的原件找来。

这是一封关于建设我国通信卫星的建议的来信，写信者是邮电部系统名叫黄仲玉、林克平、钟义信的 3 个年轻人。信中先阐述了我国发展通信卫星的重要意义，又对我国发展通信卫星的现实性、必要性和可能性作了论证，最后建议由国家统一组织，安排研制我国自己的通信卫星，从此不再受制于人。是啊，中国作为一个大国，再也不能没有自己的通信卫星了。早起步，早得益，拖不起，通信卫星是中国发展航天事业必须要迈过去的一道门槛。看完信后，周恩来及时作了批示。这就是著名的"5.19"批示。

根据周恩来的批示，国家有关部门立即组织七机部、四机部、邮电部等就解决通信卫星的问题进行专题研究。1975年2月17日，国家计委和国防科委联合提出了《关于发展我国卫星通信问题的报告》，报请中央审批。3月31日，中央军委第八次常委会讨论通过了上述报告，并转报中共中央批准。此时，躺在病榻上的毛泽东主席已经停止了对一般文件的阅示，但仍然决定要亲自看一看这份报告。他老人家逐字逐句地看完后，一直对"两弹一星"情有独钟的他，毫不犹豫地在报告上重重地画了一个圈。从此，通信卫星工程（包括通信卫星、运载火箭、发射场、测控系统和通信地面站五大系统）便正式列入国家计划。因为中央军委常委会讨论批准报告的那天是3月31日，故将中国发射通信卫星这一工程命名为"331工程"。其后，便有了研制通信卫星的方案，也有了发射通信卫星的火箭方案。这一火箭，就是后来大名鼎鼎的长征三号运载火箭。

发射通信卫星对火箭的要求很高。为此，中国决定研制一种新型火箭，即长征三号。长征三号火箭的最大妙处，就在于它的第三级采用了低温高能的液氢液氧发动机，其真空推力4.5吨，比推力425秒，还可以在太空中实施二次点火，使火箭经过长时间爬升，最终将1430公斤的通信卫星送入远地点高度为3.6万公里的地球同步转移轨道。而长征三号火箭的一、二级箭体结构总体设计和总装就是由新中华机器厂（805所）来承担的。其他如火箭三级的姿控发动机系统、控制系统惯性平台、计算机、伺服机构等控制产品及外弹道测量和安全控制设备均由上海航天基地负责，地面的发射控制设备也由上海航天基地研制。因此，长征三号除三级的氢氧发动机和三级结构外，大部分产品均由上海航天基地负责研制。

"331工程"上马后，航天人以"路虽远，行则必至；事虽难，做则必成"的雄心壮志，厉兵秣马、扬鞭奋蹄了9年，使得长征三号火箭和"东方红二号"通信卫星横空出世。1984年4月8日，西昌卫星发射中心发射架上矗立的长征三号火箭喷射着烈焰，冉冉升腾，终于将我国第一颗通信卫星送入了赤道上空的静止轨道。

据当时担任长征三号火箭试验队临时党委副书记的林相谋（新中华厂805所）回忆发射时激动人心的情景："4月8日，在紧张的发射前准备工作就绪后，老邓（崇叚）和老袁（听荣）都进入了地下指挥所。我便带领大家坐车爬上了山坡。大家居高临下，全神贯注地注视着发射台上矗立的火箭，注视着那个胜利的起点。19点20分，在一连串的倒计时后，指挥员果断地下达发射口令。只见一束红色火焰从火箭底部喷射出来，五光十色，分外耀眼，将发射场照得透亮。接着，银白色的火箭瞬时拔地而起，直冲蔚蓝的天空。许多同志还是第一次看到火箭发射的场景，不由激动地欢呼：啊，起飞了！火箭起飞了！二级点火……三级点火……太壮观了，太精彩了。大家只顾得一个劲地拍手，然后又是握手，又是拥抱。大家热泪盈眶，跳呀，蹦呀，整个山坡变成了一个欢乐的海洋。是啊，还有什么比火箭发射成功更加喜悦，更加激动的呢？"

是啊，在当时那个年代，新中华厂能参与长征三号火箭的研制和总装，是一件无比荣耀之事。

人间四月天，捷报传天下。长征三号的"怒吼"犹如一声春雷，威震西昌，惊动世界。中国的第一颗地球同步通信卫星——东方红二号就此第一次占领了静止轨道，它就像一座不朽的丰碑永远留在了地球赤道上空3.6万公里的静止轨道上。

新的机遇，趁势而上

20世纪六七十年代，我国航天技术虽然受到"文化大革命"的影响，但在自力更生、艰苦奋斗的旗帜下创造的"两弹一星"历史和"两弹一星"精神将我国航天技术推向世界航天大国行列，尤其到了70年代末80年代初，航天项目就像雨后春笋般纷纷立项，研制势头全面开花。但当时综合国力还较弱，多头出击必然分散兵力。国防科委主任张爱萍当机立断，决策缩短战线，集中力量保证重点，即确定3个重点项目，当时称为"三抓"。而发射通信卫星被列为"三抓"项目之一。正是这个重要决策，给了上海航天、包括新中华厂一个新的历史性的发展机遇。

由于之前上海航天的风暴火箭和长空卫星已经取得了突出成就，也积累了一定的研制宇航产品的经验，包括一支较为专业的人才队伍通过大型号研制逐步成长起来。因此，上海航天基地已成为国防科委发展计划中的一支重要力量。

因当时中央急需把战略武器（即东风五号）搞出来，加强国防建设，以增强对付两个超级大国的威慑力量，

塔架上的风暴火箭

因此要求北京一院集中力量搞战略型号，这是第一抓。而那时上海航天与一院的差距很大，不适宜搞战略型号，所以在风暴火箭进行了两发低弹道发射后，中央要求上海航天基地不再进行战略型号的研制，但当时"三抓"中另一个重点任务，即用于发射静止轨道通信卫星的运载火箭可供上海航天选择。中央曾征求上海机电二局领导能否承担该项任务。上级考虑到当时研制长征三号火箭发射通信卫星，上海航天从来没有低温技术方面的研制经验，再加上上海航天有搞战术导弹的制约，而一院当时有繁重的内迁任务，如果承担长征三号则要把此任务带到内地去，力量又不够，在综合平衡了上述情况后，上级提出由北京、上海联合搞长征三号，采取联合设计、分工研制模式。这是一个创新的设想。

1977 年 9 月，通信卫星工程被国家正式列为三项重点工程之一，也就是"331 工程"。10 月即召开 7710 会议，正式明确长征三号由北京和上海联合设计、联合研制，明确了整个研制任务的合作模式，即上海负责一、二级设计和制造，北京负责三级火箭的设计和制造。而长征三号其他分系统绝大部分由上海航天基地负责研制。

当时明确长征三号总体和抓总由一院负责，但在方案设计阶段总体设计工作由北京和上海的总体人员（上海以新中华厂 805 所为主）共同进行。大家为了一个共同的目标协同作战、联合设计，甚至互签设计校对。这一阶段，双方合作默契，没有芥蒂。初样阶段后，双方开始逐步分开。

在整个长征三号火箭设计中，上海航天基地把风暴一号火箭上的一、二级和各系统全部用上了，而且新增加了三级的姿态控制发动机系统和地面自动化测试发控系统，一、二级火箭在满足总体要求下具有相对独立性。

长征三号的研制，开创了国内航天型号两地全面合作的先河，这也是上海航天全面学习北京一院老大哥正规化研制经验的一次极好机会，并为上海航天以后的研制任务发展开辟了新的方向，也使上海航天运载火箭研制走上更正规的道路。

然而在确定长征三号火箭发射我国静止通信卫星的过程中又经历着一场攻关、一场争论，正是这一机遇，促进了上海航天自行抓总研制的长征四号火箭的发展。这是后话。

长征三号火箭最大的技术关键是由液氢液氧低温燃料发动机组成的第三级火箭。1974 年以前，上级考虑到液氢液氧发动机研制的高难度，因此发射通信卫星的运载火箭曾考虑采用常规推进剂方案，即一、二、三级都采用同样的常温推进剂，三级用的 5 吨级常温推进剂发动机也已在北京 11 所开始研制。但 1974 年后，在进一步论证时，以任新民为代表的航天专家力排众议，提出了三级采用液氢液氧低温推进剂发动机的新方案。他认为液氢液氧低温发动机是今后航天技术发展所需要的，这个台阶迟早得上。中国已经具备了初步的技术条件与设施条件，经过努力可以突破技术难关，中国完全有能力赶超世界先进水平，跨过液氢液氧低温这个坎。

常规燃料方案关键技术少、研制难度小，相对周期短，但火箭的运载能力受到很大限制。低温推进方案技术先进、性能高，代表着发展方向，但其研制难度大、技术基础差，很多试验没有过关。考虑到缩小与国际上先进技术的差距，并从长远发展要求来看，采用低温推进剂方案势在必行。所以在七机部召开的专门会议上，最终还是确定了低温推进方案并开始着手研制，将之列入主流程。

上海和北京通过两地联合数年的奋力攻关，解决了一个又一个世界级技术难题。长征三号终于从幕后走上前台，火箭昂首向天，进入发射阶段。

1984年1月29日，长征三号实施第一次发射。由于三级液氢液氧发动机第二次启动后没有正常工作，使得卫星只进入了400公里的近地轨道，没有进入地球同步轨道，火箭和卫星只作了一个400公里轨道的全程飞行试验。首发失利，问题十分清楚地出在第三级液氢液氧发动机上。值得庆幸的是，由上海航天承担的一、二级火箭及其他分系统经受了首次发射的考验，几乎没有什么问题。

面对失利的巨大压力，大家没有气馁，下决心继续再干，不获全胜不收兵。当时长征三号火箭装备了两枚，航天人在很短的时间内找到了失利原因并迅速进行了改进和改装。1984年4月8日，指挥部又一次组织了长征三号的第二次发射。功夫不负有心人，发射取得圆满成功，东方红二号通信卫星终于进入了200—36000公里的转移轨道，最后通信卫星变轨后进入了3.6万公里的地球同步轨道。

长征三号具备了可将1.45吨的卫星送入近地点200公里、远地点3.6万公里转移轨道的运载能力，表明我国在运载火箭技术上已经跨入了世界先进行列，而上海航天承担的任务经受了两次发射的全面考验，均以十分成功的佳绩赢得了上级的高度赞赏。

至此，上海航天运载火箭研制技术得到了新的提升，地位也得到了进一步巩固。

同年4月30日，中央在北京隆重举行庆祝长征三号火箭发射成功大会，党和国家领导人胡耀邦等出席了大会。

长征三号的研制成功，在经济、国防及科学技术上都具有重大意义。它是当时国内发挥作用最显著、影响力也最大的运载工具，为我国发射同步通信卫星、电视广播卫星和静止气象卫星等创造了有利条件。

长征三号取得了连续发射成功的优异成绩。1986 年 2 月 1 日，第三枚运载火箭发射实用通信卫星成功后，党和国家领导人在西昌卫星发射中心观看了发射飞行试验，并亲切接见包括新中华厂试验队员在内的全体同志。

长征三号火箭，于 1985 年获得国家科技进步特等奖。一、二级火箭，获 1986 年上海市优质产品奖、1987 年航天部优质产品奖和 1987 年国家质量银质奖。

长三火箭，走向世界

长征三号开创了中国首次发射外国卫星的先例，而且发射的第一颗商业卫星就是美国休斯公司研制的亚洲一号通信卫星。

1984 年，长征三号首次发射成功以后不久，美国的挑战者号航天飞机起飞后即发生爆炸，导致 7 名航天员罹难，这使得美国卫星发射市场引起了波动和混乱。由于航天飞机的问世，预计可以多次使用，每次发射费用比火箭便宜，因此美国发射卫星用的运载火箭纷纷停止生产使用。而现在航天飞机失败了，原来停止生产的运载火箭又匆匆恢复生产，甚至把原来的产品简单整合后就仓促上阵，结果，几种火箭的发射也接连失败，这使得美国的发射市场陷入了空前被动。新研制火箭又赶不上，形成了一个发射真空期。这时欧洲的阿里安 I 型火箭虽然质量不错，但也应接不暇。而此时中国的长征三号火箭横空出世，能否走向世界，及时抓住难得的机遇？中国航天工业部利用长征三号发射成功并在全世界造成巨大影响的势头，积极开拓国际发射市场，并适时成立了中国长城工业公司，在各种国际场合大力宣传长征三号。

1985年初，航天部副部长李绪鄂率领中国航天工业代表团访问法国和英国，代表团在参观了两国航天工业设施和产品的同时，宣传了中国航天技术对外合作的意向，也宣传了长征三号火箭的性能，并与英国的贸易工业部和法国的研技部签订了航天技术合作备忘录。这是中国航天官方代表团改革开放后首次出访西方国家。通过访问，既开了眼界，了解了欧洲火箭和卫星发射的一些情况，同时通过摸底，掌握了一些西方国家航天的家底和发展脉络。中国航天代表团还肩负着一项重要使命，即努力争取长征三号火箭对外发射的机会。

不久，我国政府正式宣布长征三号对外发射的意向。那年10月26日，航天工业部部长李绪鄂宣布：中国的长征系列运载火箭投放国际市场，承揽对外发射服务。

这一消息震撼全球。自此，中国航天正式踏上了开拓国际发射服务市场的艰难之路。那时欧洲阿里安火箭也很火，许多卫星用户在那里排不上队。于是一些卫星经营应用中介公司接踵前来中国洽谈，而中国航天的廉价发射优势让他们很感兴趣。因为中国航天为他们提供了一个不可多得的商业发射机会。但由于政治、外交因素和保险等各种原因，一时难以谈成功。

1986年7月，中国航天终于找到了一个机会。美国休斯公司为亚太平洋公司研制了供亚洲国家使用的亚洲一号卫星，并正式签订了发射合同。该卫星重1.24吨，设计寿命10年，有

24 个转发器，能覆盖东南亚、朝鲜半岛和中国部分地区。亚太卫星公司是由李嘉诚的和记黄埔公司、英国大东电报公司和中国国际信托投资公司合营的。为此卫星应用公司、航天工业部把此项对外发射任务当作一个新的工程来抓，该项目被命名为"867工程"，并上升为国家工程。航天部副部长刘纪原还专门来上海出席 867 上海航天局动员大会。"867 工程"是我国高技术领域内对外输出的首个重要工程，对于上海航天的运载火箭发展具有里程碑意义。因为当时各行各业搞对外引进，唯独航天工业有能力向国外输出，因此国家十分重视，包括外交部在内的国家各部门都十分支持，甚至当时在全面压缩基本建设的大政方针下，当时上海漕溪路航天大厦（南楼）的建设项目原来被列入了压缩清单，但因为用了"867 工程"的名义，该大楼项目被保留了下来。

发射外星有许多新的要求和限制。如美国人为了防止我国了解他们的卫星技术，不让任何中国人接触卫星。美国卫星专机到达后，按照有关程序，先运到上海过境，然后再运到西昌发射场，由他们的保安人员全程监控，中国人无法靠近卫星。发射服务则由保险公司巨额保险，承诺承担全部风险。为降低风险系数，我国必须争取国内外保险界来共同承担保险。这样就让他们对火箭的质量要求更高了。休斯公司还特别聘请加拿大航天服务公司作为监理公司，派技术专家到上海的各研制单位，以严格的标准进行详细检查和质量认定。

1990 年 4 月 7 日，第七枚长征三号运载火箭在西昌卫星发射中心发射，准确地将美国休斯公司研制的亚洲一号通信卫星送入转移轨道，首次成功地用中国制造的运载火箭完成为国外发射商用卫星，由于入轨精度远远高于设计值，可使卫星寿命延长两年。来自香港亚洲卫星公司的代表与 17 个国家和地区及阿拉伯卫星组织的 200 多位外宾在发射现场目睹了这一壮观景象，令他们兴奋不已。美国休斯卫星公司负责火箭、卫星技术协调的首席代表旦豪尔非常感慨地说："我们与国际上的各种火箭合作，已经发射了几十颗卫星，但从未达到过此次发射这么高的入轨精度。中国长征火箭，值得信赖！"而值得一提的是，这颗卫星入轨工作后，又正好赶上了中国第一次举行的亚洲运动会，恰到好处地发挥了一定作用。

长征三号火箭发射亚洲一号通信卫星这天，澳门旅游娱乐公司总经理、香港信德企业集团执行主席何鸿燊应邀来到北京，在航空航天部演示大厅观看了长征三号火箭承担的首次国际商业发射任务。面对媒体，何鸿燊坦言："祖国的航天高科技影响力之大，作为一个中国人，我感到自豪无比。我来北京出席这一非常有意义的火箭发射活动，证明我的选择是正确的。"于是他当场决定，倡议在香港成立航天科技人才培训基金会，并首次捐资 2000 万港币用于航天科技人才培训，不久，他又追加了 1500 万港元，致力于中国航天科技及管理人才的培养。同年 10 月 17 日，"何鸿燊航天科技人才培训基金会"正式成立。

何鸿燊与航天的情缘越来越深，以他名字命名的何鸿燊基金会，支持中国航天事业达 30 年，资助了大批航天优秀人才参与到包括载人航天工程在内的重大航天工程中。其后，基金会积极推进航天科技人才培训工作。基金会还设立"何鸿燊奖"，奖励了一批批为中国航天事业重大工程作出贡献的科技人才。1993年，何鸿燊先生出资 1500 万港币，在廊坊航天人才培训中心兴建何鸿燊培训楼。至 2010 年年底，基金会用于航天人才培训的经费达 3300 多万港币。

另外，基金会每年还支持港澳青少年开展"梦想航天，情系中华"航天科技夏令营活动，从 1992 年起，已连续举办了 20 多年。至今，该基金会总计捐款达 1 亿港元。

长征三号联姻何鸿燊，造福航天，功德无量。2020 年 5 月 26 日，港澳知名的爱国企业家何鸿燊在香港逝世，享年 98 岁。

长征三号火箭是中国航天走出国门、承揽商业卫星发射业务取得的"开门红"。从 1989 年 1 月 23 日签订合同到实施发射，历时仅 14 个月。

1996 年 7 月 3 日，长征三号火箭又一次成功地发射了亚太一号 A 通信卫星，但在这次发射前，长征三号又经过了一次严格的国际性审查。同年 2 月 15 日，由北京一院研制的长征三号乙火箭发射国际通信卫星时，因控制系统的惯性平台故障遭到惨重失败。这一失利在国际上引起轩然大波，使国际保险界遭受巨大损失。一时中国火箭的可靠性受到了外方质疑，不仅待定的发射合同受到影响，而且待发射的长征三号也受到牵连，因为美国政府及各保险公司要来审查长征三号火箭的可靠性。他们要你拿出有力的证据来证明长征三号和长征三号乙之间没有技术和生产质量上的必然关联。而万幸的是，长征三号的大部分产品是由上海航天研制的。上海航天没有涉足长征三号乙火箭的研制，在设计上更没有相同之处。经过外方的多次反复审查和甄别，长征三号终于涉险过关。

长征三号成功发射亚太一号 A 卫星，为中国的对外发射服务挽回了影响。

1997 年，长征三号成功地把我国第一颗地球同步的气象卫星风云二号准确地发射到转移轨道，又创造了一个辉煌，为我国乃至世界的气象事业做出重大贡献。长征三号一共发射了 11 次，其中 3 次失败均由三级氢氧发动机故障引起，这有点像上海航天70 年代因风暴一号二级发动机故障引起的失败情况。但由上海航天负责研制的长征三号项目全部成功。

长征三号火箭在我国火箭发展历史上具有里程碑的意义，它不仅第一次发射了我国地球同步轨道的通信卫星，为我国通信事业的现代化做出了不朽的贡献，而且还第一次发射国外通信卫星，使我国进入国际卫星发射服务市场，特别是为亚洲国家的卫星通信事业做出了贡献。

长征三号火箭的研制对上海航天基地的发展同样具有十分重要的意义，通过长征三号火箭的研制，上海从此引进了北京一院较正规的航天管理经验，开拓了火箭技术的交流渠道，形成了良好的技术交流环境，扎实地引进了国际上的火箭质量管理经验和标准，大大提高了我们的管理水平和产品质量水平。

长征三号火箭上海研制产品的发发成功，不仅使研制队伍得到了进一步锻炼，而且表明上海航天正在成为中国火箭研制抓总的主力军团。而作为火箭总体设计和总装单位，新中华厂（805所）所发挥的重要作用，功不可没。

攻克难关，功成在我

艰难困苦百战多。长征三号火箭经历了既辉煌而又曲折的漫长研制历程。1981 年，研制队伍掀起了技术攻关的高潮，对火箭列出了三大技术关键，其中和上海航天相关的有两个。第一个技术关键是攻克一、二级火箭的纵向耦合振动的抑制关，美国大力神火箭曾因对此问题的设计不周而发生发动机提前关机的故障。长征三号细长比大，纵向振频较低，与推进剂管路系统频率接近，易发生一种不稳定的自激振动——纵向耦合振动（简称POGO），轻者使箭上仪器失灵，重者可导致飞行失败。故防止纵向耦合振动成为长征三号研制的关键。这个项目的攻关地设在上海，在任新民、孙敬良两位技术统帅的主持下，共部署了3个战场。一是在闵行电机厂建立了一个冷流试验的输送系统和发动机泵的联合试验台，以取得动力学数据；二是在浙江湖州7013厂（806所）发动机试车台上建立1:1的试验系统，进行全系统激振下的冷试车和热试车，还进行了数以百计的试验，终于摸清了纵向振动的特征；三是在松江建起了为蓄压器选定参数的液流试验室，进行数十次试验并研制了抑制纵向耦合振动的蓄压器部件。其中，蓄压器有充气式和皮囊式两种，新中华厂承担研制皮囊式蓄压器任务。至1983年4月，火箭发动机先后通过近30次加激振与9次不加激振的发动机热试车，取得了一、二级氧化剂系统的特征频率，得出系统中加皮囊式蓄压器后的变频降幅效果。随后，又进行一、二级燃料系统的热试车，取得气蚀柔度和泵压头的动态增益。1983年7月，设计师系统在北京西山召开第五次POGO会议，对一、二级皮囊式蓄压器设计进行评审，确认其性能符合要求，决定在一、二级氧化剂系统泵前分别安装一个相应的囊式蓄压器。第五次POGO会议还决定，长征三号使用皮囊式蓄压器，将系统自振频率控制在安全的"频带"内，用以改善低频振动环境。

1984年1月29日和4月8日，长征三号的两次发射试验的遥测结果证明，火箭采取的防止POGO措施是有效的、成功的，它标志着大型火箭结构及液路系统的动态特性研究取得了重要突破。新中华厂为突破这项关键技术做出了突出贡献，也为中国运载火箭的研究提供了新的经验，同时为这类火箭的可靠设计奠定了基础。

第二个技术关键是火箭的低频振动关，上海航天承担了火箭上的大部分仪器设备的研制。过去上海航天只模拟20赫以上的力学环境，但当三级火箭的低频段下限值下移后，过低的振动频率对仪器会有较大的影响。尤其是控制系统的惯性平台如何使减振器既适应高频又适应低频，并具有良好的减振作用，无疑是一件十分困难的事情。经过科技人员两年的攻关，这个难题被一一攻克，这不仅为长征三号，也为后来长征四号的系统可靠性提供了保障。

1979年，长征三号一、二级箭体结构进入试生产阶段。为及时检验结构强度，新中华厂强度研究室编制了静力试验大纲。为缩短研制周期，节约研制经费，试验大纲只规定新设计的尾段，尾翼和结构变动较大的一、二级壳间，级间架及二级氧化剂箱前短壳做静力试验，其他各舱段的强度参照风暴一号火箭的静力试验结果。试验取得如期效果。

1983年4月，为考核长征三号窝夹芯尾翼的存放性能，新中华厂对存放了3年后已做过单向分布载荷和尾段联合静力试验的尾翼，重新进行单向分布载荷试验，对尾翼再次进行加载试验。试验结果表明，翼面正常。尽管存放了两年，其结构强度仍能满足试验任务要求，并有一定的剩余强度。1987年12月，新中华厂又对存放了5年的尾翼进行"内压"，试验结果证明该尾翼仍能装箭使用。

其间，在1980年前后，长征三号主要经受了三大测试：一是进行了一、二级箭体振动试验。由新中华厂总装后运往北京一院702所，上振动试验塔，进行全箭横向和纵向弹性振动试验，取得了各级火箭飞行段特征及特性参数。二是进行了三大系统的初样匹配试验。试验地点安排在新中华厂，由机电二局领导指挥，新中华厂负责组织实施，参试单位共有6家，参试人员达300多人。在整个试验中，先后出现故障92起，主要问题55个，不少问题在现场得到解决，达到了匹配试验的目的。三是七机部在新中华厂进行星、箭干扰试验。参试单位共有18家，参试人员近百人。1980年12月17日，试验正式开始。星、箭各无线电设备均全功率开机，尽量模拟发射情况，并制造恶劣的干扰条件，进行反复试验。该次试验取得圆满成功。

针对长征三号一、二级在运输中受到振动和过载的作用，使发动机系统产生应力和变形，发动机可靠性将会受到影响的问题，因当时没有数据证实，新中华厂为尊重发动机生产厂的意见，特地更换了整套一级发动机。但为了弄清不装保护撑杆对运输的影响，新中华厂成立专门检测小组，利用第二发火箭进基地的机会，做了一次铁路运输试验。在运输中，他们对装和不装保护杆的两种发动机同时进行应力和振动测量。测量结果显示，不装保护杆的发动机运输中最大应力不到材料疲劳极限的1%，振动引起的最大过载仅0.25。试验数据说明，未装保护撑杆运输的一级发动机可靠性不会受到影响，更换下来的发动机仍可参加飞行试验。后来在第3发飞行火箭上使用了这套发动机，并取得了发射卫星的成功。这样的试验不但挽救了一套一级发动机，避免了经济损失，还为今后工作积累了很多具有实用价值的数据。

通过有关历史文献的记录，上述大量的试验和技术攻关，仅仅是长征三号其中的一部分。但管中窥豹，可见一斑。就上述罗

列的试验和攻关事实，足以说明研制和生产一种新型运载火箭是
多么不容易。

中国航天，国之巨擘

中国航天，不仅仅是四个大名鼎鼎、气贯长虹的字眼，更因
为中国航天是热血英豪、壮怀激烈的共和国骄子，是建设祖国强
大国防科技的主导力量。而由新中华厂试验队员设计喷涂在长征
三号上的"中国航天"四个大字，在关键时刻和危难关头，起到
吸引眼球、凝聚人心的巨大作用，鼓舞着航天人许身报国、决战
必胜的坚定信念。

1990年4月7日傍晚，亿万双眼睛在同一时刻紧紧盯着电
视屏幕，注视即将发射的长征三号火箭。火箭顶端，托举着一颗
亚洲一号通信卫星。庞大的箭体上，"中国航天"四个正体大字
非常醒目。这四个大字就是由新中华厂人设计和喷涂的。

如今，中国的长征火箭在出厂时就已经喷涂上了"中国航
天"四个鲜红的大字以及火箭型号的字体。而在那时，长征三号
箭体上并没有"中国航天"的字眼。

当时，正在西昌发射现场执行发射任务的上海航天局优秀共
产党员、新中华厂总装工艺师邓若珍，看到箭体上醒目的部位
都是亚洲卫星通信公司的标志，心里实在不是滋味。心想，长
征火箭是我们中国的产品、航天的品牌，怎么帮人家做广告？中
国的火箭，必须要有中国航天的标志。当邓若珍把这一想法向试
验队领导反映后，试验队领导当即采纳了她的意见，并决定由新
中华厂试验队负责实施。接着，邓若珍和队员们精心设计"中国

航天"四个正体大字，并做成了模板后进行喷涂。邓若珍和新中华厂的另外几位女工一同操作。按照要求，喷涂必须保证一次成功。而当时火箭正横躺在技术阵地。它像一条巨龙横卧着，箭体底部离开地面不到 1 米的距离，操作时既不能站，又不能跪，只能蹲着，甚至半躺着操作。就这样，整整一天，新中华厂的女工们坚持将"中国航天"四个大字全部喷涂完。当她们终于舒了一口气时，其他试验队员发现她们身上、头发上都沾满了红色油漆，连喉咙里吐出来的唾液也是红色的。为了祖国尊严和航天荣誉，邓若珍她们虽然因喷涂而累得腰酸背痛，但望着心仪的"中国航天"四个亮眼的大字，她们觉得就像干了一件非常了不起的大事。

由"中国航天"四个大字又引出了新的话题。著名航天题材报告文学作家李鸣生在他的长篇报告文学《飞向太空港》一书中，描写了长征三号火箭发射时惊心动魄的场景。他在记叙长征三号发射时写道："然而，当发射程序进行到最后 80 分钟时，老天爷更加肆无忌惮地撒起野来。团团乌云，铺天盖地；阵阵惊雷，滚滚而来。风声、雨声、雷声，声声震撼着人们的心弦。雨鞭的抽打，雷鸣的轰炸，令人担忧火箭是否还能发射？……两位老总（谢光选、任新民）的目光，不约而同地停在了高高矗立的发射架上。那是凝聚了一生心血的火箭啊！箭上那好似鲜血染红的国旗，如同熊熊燃烧的火焰。……胡世祥自信的眼光落在了挺立在风雨中的火箭上。'中国航天'四个大字，深深灼烫着一颗用血和泪煎熬了整整五十年的心。……此刻，在北京的邓小平住宅，电视机前，邓小平正在收看长征三号发射实况。突然，屏幕上推出了一个特写镜头，烟雾飘绕的火箭上，'中国航天'四个大字醒目耀眼。邓小平专注的目光紧紧盯在屏幕上……"

中国航天，国之巨擘，犹如定海神针。

而另外一件长征三号的发射，也与邓若珍有关。1994年7月，美国休斯公司的亚太一号通信卫星由长征三号发射。当时火箭加注燃料已经完毕，正待命发射。这天上午，邓若珍和总装试验队员们按照程序对火箭再作一次检查。突然，他们发现贮存低温推进剂的贮箱在外界高温环境下箱体表面产生了"结露"现象。看到此情景，邓若珍心里不禁一怔。作为火箭工艺员，她心里清楚，如果不及时排除密布在箱体表面的露珠，露水就会沿着缝隙渗入火箭的电气系统和插座，很有可能导致绝缘性能降低，并引起电气短路。而一旦短路，后果十分严重。于是，邓若珍迅速召集了试验队QC小组成员，研究排除露珠的方法，大家你一言我一句，提出了许多设想和方法。经过激烈争论，最后采纳了邓若珍提出的"毛巾吸干法"。别看这个办法土，拿到现场一试，非常管用，露珠很快被清除。事后，由邓若珍任组长的QC小组"确保雷雨季节火箭发射成功"QC成果，获得由全国质协、全国科协、全国总工会及团中央组织评选的"全国95年度优秀质量管理小组"荣誉称号。

发现异物，通令嘉奖

在那个年代，每一次的火箭发射，都牵动人心，影响巨大。只能成功，不许失败，时常把航天人逼到没有退路的悬崖。而新中华厂却始终得到幸运之神的眷顾，自1984年1月29日至1990年4月7日，由新中华厂总装的长征三号一、二级火箭，取得了首发成功、发发成功的佳绩，为上海航天赢得了无上荣光。

火箭的发发成功，必须建立在高质量和高可靠的基础上，用严格的质量措施来保证。据一位分管质量的老新中华厂人回忆，上海航天人研制的火箭，之所以取得发发成功的辉煌，与新中华厂为确保火箭质量，加强质量管理有着密切关系。他们将"管理上有进步、性能上有提高、可靠性有增长"的理念融入型号管理中。新中华厂不仅全方位宣传《军工产品质量管理条例》，而且制定了《质量管理手册》，建立了较为齐全的质量管理部门，并投入较大数额的资金，购买各种专用检测仪器，强化质量管控手段，以保证军品的高质量。而对于繁杂众多的外协单位和协作件，厂里建立健全了厂际质量保证体系，层层把关，道道设防，决不让一件有问题的外协件进入厂内、装上产品，使得"以质量求生存、求发展、求效益"的理念日益深入人心。肩负使命，承担责任，让"一次成功"的质量管理，成为新中华人追求完美的目标。

正因为有了严格的质量管理，让多余物无处逃遁。这是一个由新中华厂总装人发现火箭发动机内多余物的典型案例，曾经惊动了航空航天部。那是在20世纪80年代末，一枚准备用于发射亚洲一号通信卫星的长征三号火箭在总装期间，却发生了一

张文忠欢送进场试验队员

件不可思议的多余物事件。据时任该厂火箭总装车间（六车间）班组长贾明富回忆，因为长征三号第六发火箭发射的是我国第一次承担的外星任务，航空航天部对此高度重视，要求保证质量和进度，做到后墙不倒。当时新中华厂六车间的总装人每天加班加点，争抢宝贵时间，在确保产品质量前提下，按计划进度进基地，决不让火箭发射在上海航天人手中误点、误事。

当时二级发动机的总装已经结束，按照老规矩，总装师傅将火箭箭体安放在一个简易的滚动装置上，进行火箭箭体的慢慢滚动检查。这是新中华厂总装人独创的滚动检查法，也是检查箭体内是否有多余物最有效、最管用的方法。这时，在场的人忽然听到火箭涡轮泵里有十分轻微的异常声音。难道里面还真的有多余物？在场的总装工人几乎都把耳朵贴在箭体舱壁上。再次滚动，里面依然有轻微的异常响动。大家一致认为，这是不祥的征兆，决不能轻易放过。这时车间主任、工艺师和厂领导等也紧急赶到了现场，一帮人围着火箭，再次多次贴着舱壁反复倾听，最后确认，里面肯定有多余物。

发动机研制单位西安六院的有关人员在得到新中华厂的信息后，也迅疾赶到厂里，他们开始根本不相信有这样的事情。为了怕出现误听现象，当时他们还特地携带了医院里用的听诊器。只见身穿白大褂的六院同志就像医生一样，将听诊器戴在头上，用一只手拿着听诊器探头，紧紧贴着箭体舱壁进行"诊断"。因为戴了听诊器后，一般的声音可以被放大好几倍。随着火箭箭体每转动一次，里面的异常声音也紧跟着格楞响一下，反复听，依然如此。当着新中华厂那么多人的面，六院的同志也只得承认，里面确实有多余物。于是当场决定，将有问题的二级发动机运回西安，进行拆卸检查后再确认。为赶时间，同时决定将长征三号的二级发动机进行了替换，保证不延误出厂进度。

被怀疑有多余物的发动机运回西安六院后，当着新中华厂人和六院同志的面，他们对二级发动机进行解体检查。结果，里面毫无悬念地出现了令人触目惊心的多余物：一根M20×75螺栓和一只M20螺母，以及串在上面的配套的垫圈。这是多么危险的多余物啊！试想一下，如果不是认真负责、具备火眼金睛的新中华厂总装人发现了这一多余物，万一采用这一发动机的火箭发射，必然会导致箭毁星亡的重大失利事故。而由于这发火箭发射的是一颗外星，万一造成失利，其产生的不良影响将不可估量。

事后，航空航天部质量司一位司长来到新中华厂，对此举给予了高度赞扬："新中华人为这发火箭的成功发射，作出了巨大贡献。更因为这发长征三号火箭发射的是亚洲一号通信卫星，成功的意义更是非同寻常。新中华人非常了不起！"

后来航空航天部党组对新中华厂运载火箭总装组发现二级发动机多余物事件给予了通令嘉奖，并颁发了奖金。老实说，那时的奖金并不多，因为在那个计划经济年代，是以精神奖励为主的。

贾明富为此表示，新中华人并没有把奖金看得很重。因为热爱航天、爱岗敬业，用脚踏实地、严慎细实来保证产品质量，是新中华人的职业操守和良好品质。我们新中华厂总装人一贯行事低调，工作踏实，严格按照质量规则操作，所以发现这一重大隐患是必然的。总装人用他们的责任心和忠诚度，排除了一次可能发生的火箭发射重大事故。共和国的航天发射史，当对此书写浓墨重彩的一笔。

延时发射，创造纪录

火箭因各种各样原因而导致发射推迟，已发生过多次。就长征三号来说，有记录较长时间推迟发射的就出现过两次。一次是1984年1月29日，也就是长征三号火箭在西昌基地的第一次发射。临射前，火箭控制平台在箭上出现了问题，需要及时更换。更换平台可不是一件小事，它涉及几个关键问题：一是要把卫星整流罩吊下；二是要把卫星吊下；三是要把三级火箭内的液氢液氧泄出；四是一、二级火箭内的常规推进剂虽然不泄出，但有一个防腐蚀和防高温的问题。上述每一道工序都很棘手，不仅工作量大，而且具有很大的危险性，弄不好就会造成不可想象的后果。

一场更换平台的战斗，在发射架上紧张而有序地打响。

而对于火箭的一、二级来说，按照常规，如果不泄出腐蚀性极强的推进剂，火箭最多可推迟48小时（之前已做了充分的地面试验）。如果推迟时间过长，一旦活门附件受到腐蚀，渗透性增加，后果将不堪设想。到底要不要泄出推进剂？这是一个非常重要的决策，上级要求火箭总体设计单位新中华厂（805所）拿出具体意见。时任局领导余仲舒和高峰也曾担心地问805所同志："你们在理论上对推迟发射有把握吗？"确实，如果泄出火箭上已经加注的180吨常规推进剂，不仅工作量大，而且可能导致火箭箱体出现负压。同时需要更换数只活门，更换后，还须对活门进行各种试验。因此泄出的风险同样很大。新中华厂试验队马上召集工程技术人员，针对是否能延长更多的发射时间进行研讨。当晚大家就各显其能，分头做工作。赵金有、王培德两位同志通宵达旦地进行数据计算；搞加注设备的李维岳，当晚就开始做准备工作。凭着丰富的经验和理性的分析，时任805所火箭增压输送系统主任设计师赵金有（1995年后任长征三号副总设计师）从整个系统的角度分析了活门橡胶的渗透性、压力降低的延时性，同时辅助以定量的补充氮气。他认为一、二级完全可以挺过推迟发射这一关。于是他胸有成竹地写了两份关于增压输送系统活门密封性的报告，提出不泄出推进剂的意见，并认为最长可推迟96小时发射。而作为大后方，根据试验队提出的西昌地区气温较低，需对加注好的燃料进行保温的要求，新中华厂厂长张希良亲自带队，把用于火箭箭体外层的保温材料送上专机，并及时送到西昌基地。

由于集中了大家的智慧，对可以做到推迟发射的意见也趋于一致。第二天邓崇嘏副所长代表805所表态：火箭完全可以延长96小时发射。

96小时，比原来的48小时整整提高了一倍。

这是一个科学而又大胆的推断。因为赵金有的报告里有科学数据分析和产品质量支撑，经得起专家的审查。于是上级领导果断地采用了他的推论，决定不泄出推进剂。结果，更换平台花费了两天多点时间，长征三号被推迟了72小时后发射，在96小时可控范围内。后来，首枚长征三号火箭一、二级发射成功，验证了赵金有的正确推断。那次长征三号的延时发射，为当时国内推迟发射时间最长的一次。新中华厂在此次推迟发射中因论证和判断正确，立下了大功。

而长征三号的第二次推迟发射则更加惊心动魄。新中华厂（149厂）火箭总装组组长孙建秋，作为一名在火箭总装岗位上奋战了数十年的"老兵"，回忆起1997年6月在西昌基地发射长征三号（Y11）火箭前惊险的一幕，仍然有点后怕。因为那次发射正值香港回归祖国前夕，举世关注，意义重大，注定是一次非同寻常的发射。所以，那次发射令人难忘。

由于种种原因，造成了产品到孙建秋他们总装组时离出厂已经没有多少天了，加上当时上海航天的长征四号乙火箭也正在总装联试，这就更加大了完成任务的难度。但在人员少、时间紧、任务重的情况下，大家齐心协力，加班加点，最终保证了这枚长三火箭的按时出厂。

火箭移交基地后，经过一段时间工作，检验人员发现二级燃料箱压力在合格范围内有所下降。为了不放过一个隐患，真正做到万无一失，在发射阵地，孙建秋向试验队提出参与部队的气密试验。于是，他和队友曹毅对二级燃料箱的每一根导管都进行了长时间的检查，确认产品没有问题后才放心。

6月5日，在火箭发射前2小时，他们按照发射流程，把防雨和通风装置都拆了下来。不料，突然风雨大作，并伴随着电闪雷鸣。面对如此恶劣的天气，指挥部决定推迟发射。为了火箭的安全，上级要求他们必须把防雨和通风装置重新装起来。因为火箭三级已加注了液氢和液氧推进剂，电梯不能开，于是大家只好冒着大雨，一手拿着工具，一手扶着发射架楼梯的铁栏杆，攀上爬下，浑身上下都湿透了，一直干到晚上11点多。

天气一直不好，火箭推迟发射已有三天，也就是整整72小时了，当时大家心上都像压着一块巨石，种种担忧袭上心头，传感器的浸泡试验只做过96小时，火箭的活门试验虽然做了120小时，但以后曾出现过渗漏现象。而第一枚长征三号火箭加注后推迟时间为72小时，这次将推迟多少个小时，一直没有结论。火箭会不会出现意外和意想不到的变故？他们虽然不能左右局面，但认真做好自己的事情，对可能发生的事故进行预想并做好准备工作。万一发生情况变故或突发事件，他们将胸有成竹地"水来土掩，兵来将挡"，从容应对。

6月9日凌晨1点多，也就是推迟发射的第4天，发射塔架上的值班员打来电话，说是二级燃料箱的压力严重下降，而且安溢活门有响动，而这时加注后的火箭犹如一颗巨型炸弹，随时都有可能发生意外，造成意想不到的后果。据说苏联就曾发生过火箭加注后在塔架上自行爆炸的事故，造成了死伤十多人的悲剧。面对这种情况，孙建秋和曹毅、郭道康3人与设计人员一起，立即赶往发射场。途中，郭道康开玩笑地问他，遗书写好了没有？孙建秋说没那么严重，也没有这个必要。因为他坚信，我们的长征火箭绝对没有问题。到达塔架后，他们立即对火箭进行了彻底检查，并及时采取有关措施，确保火箭安全。

由于推迟发射，火箭的一、二级蓄压器恐耐不住腐蚀而产生泄漏，必须进行更换。在更换时，由于蓄压器皮囊具有渗透性，将会冒出浓浓的有毒黄烟。记得北京一院的长二捆火箭在发射前更换一级脉动压力传感器时，一位老同志就因为呛进了氧化剂而因公殉职。面对危险，孙建秋没有丝毫胆怯。他认为，作为一名共产党员，又是总装组长，在最危险的关头就应该挺身而出。于是，孙建秋提出让他先上。在他的带领下，曹毅也紧跟而上。这回，轮到他开玩笑了，他跟曹毅说，我俩每人写一封遗书，你再写一封入党申请书，同时放在工具箱内，以后可能用得上。于是两人心照不宣，相视一笑。令人钦佩的新中华厂总装人就是凭着这种"明知征途有艰险，越是艰险越向前"的大无畏精神，临危不惧，视死如归。最终，他和曹毅两人冒着生命危险，密切配合，细心操作，共同完成了蓄压器更换这一艰巨的排险任务。

6月10日晚，在全体参试队员的艰苦努力下，已在发射塔架上竖立了5天、在推进剂中浸泡了长达142小时的长征三号火箭点火起飞，准确地将风云二号气象卫星送入预定轨道，发射取得了圆满成功。这是我国航天人向香港回归祖国献上的一份厚礼。同时，这次火箭加注后，在发射架上推迟发射的时间也创造了我国航天发射史上的一个奇迹。成功后，孙建秋与全体参试队员一样，兴奋激动之情溢于言表。

就在那次长征三号火箭发射成功后，正在四川视察的国务院总理李鹏特地赶到西昌发射场，代表党中央、国务院亲切接见和慰问了全体试验队员。

试验队凯旋后，结合新中华厂总装人在基地的优异表现，厂党委特地举行了一场报告会，孙建秋作为参试队员代表发言。他向大家介绍了他和曹毅面对火箭二级燃料箱压力严重下降、随时可能发生意外的紧急关头奋力抢险的经过。他在报告中说，作为一名航天职工，他感到参试队员就应该像军人一样，服从命令，恪尽职守，敢于担当，勇于奉献，即使在危急关头，也应有挺身而出的勇气。哪怕赴汤蹈火，付出生命的代价，也在所不辞。一番话，赢得了场下听众阵阵热烈的掌声。

就在那次报告会上，厂部和厂党委作出决定，号召全厂职工学习运载火箭试验队员的"尊重科学、一丝不苟的求实精神；顾全大局、顽强奋斗的拼搏精神；舍己为公、不畏艰险的牺牲精神；团结协作、严守纪律的团队精神；甘于平淡、乐于吃苦的奉献精神"。

如今，虽然许多年过去了，但"五种精神"依然是149厂全体干部职工战胜各种艰难险阻的强大动力和精神财富。而航天总厂人创造的百次运载火箭和"神舟"系列飞船、"天宫"发射成功的辉煌成就，更是为共和国赢得了至高无上的荣耀。

长四轰鸣上九重
惊弦霹雳震天穹

航天型号的发展具有内在相互关联的延续性。长征四号火箭最早是作为"331工程"备份运载火箭，准备接替长征三号的。后来长征三号三级低温燃料发动机研制成功，长征四号作为备份退出，通过开疆拓土，开辟出另一片新天地，即用长征四号发射风云一号气象卫星，让该火箭绝处逢生，走向辉煌。

1988年9月7日，长征四号甲在太原基地将我国第一颗气象卫星风云一号发射成功，开创了中国大型运载火箭首枚一次成功的记录。以后针对新任务，长征四号又进行了大规模的适应性改进，分别诞生了长征四号乙和长征四号丙两型新火箭，其中长四丙为我国首型具备常规燃料二次点火功能的三级火箭。目前，长四系列火箭已成为航天领域的主力火箭，由于其成功率高，荣获"金牌火箭"称号。

三十功名风雨路，弯弓太原射大雕。

山西岢岚，一个名不见经传的小地方。它在太原的西北面，距离太原约300公里路。但就是这个在全国地图上一个很不起眼的小点，如今却早已成为世界闻名的中国四大火箭发射地之一。长征四号系列运载火箭在这里数十次拔地而起，让人们的目光一次次聚焦岢岚。

长征四号系列火箭一直由上海航天抓总设计研制，早年厂所（新中华厂、805所）合一时，该火箭的总体设计和总装均由新中华厂（805所）承担。该火箭有三种类型，早期的叫长征四号A，于1988年和1990年先后发射了两颗风云一号气象卫星。其后根据发射业务的需要，在原有火箭的基础上，对该型号火箭做了较大的技术改进，改进后的火箭更名为长征四号乙。它的特点是：技术成熟、可靠性高、适应性广、性能价格比合理。尤其是它在多年的发展过程中，持续改进，不断创新。更由于成功率高，使得发射业务不断拓展，深受上级领导和用户的称赞。

进入21世纪后，针对新任务，上海航天人又对长征四号乙进行大规模的适应性改进，尤其对火箭的三级发动机实施二次启动技术，以满足新型遥感卫星和风云三号气象卫星发射任务需求。这种具备常规燃料二次启动技术的火箭更名为长征四号丙。

长征四号系列火箭的成绩斐然。1989年，长征四号A火箭获航空航天部科技进步一等奖。1991 年，其又喜获国家级科技进步特等奖殊荣。后来，长征四号乙火箭荣获"金牌火箭"称号。

天降大任，备份转正

一般来说，火箭作为运载工具，其任务来源于它所要发射的有效载荷。而长征四号火箭任务来源相对多变而过程曲折，或时运不济，或身处逆境。其命运尽管多舛，并数次险遭下马，但最终在坚持和抗争中终于获得新生。

长征四号火箭最早的发射任务也与我国的第一颗通信卫星有关。它原先是作为"331 工程"的另一种备份运载火箭，准备接替长征三号运载火箭的。因为当时长征三号火箭第三级采用的是液氢液氧低温高能推进系统，研制难度很大，能否成功，上级一时心里没底。"331 工程"是当时中央定下的"三抓"任务之一，为了确保成功，早在 1974 年 9 月，七机部在唐山召开的型号规划会上，决定将运载火箭第三级采用常规推进剂和液氢液氧推进剂两种方案同时并举，视两种方案研制进度再作定论。两种方案各有特点，各有利弊。作为航天技术主师的钱学森，他表态支持，并非常关心常规推进剂方案的研制进度。于是，一个大好的机遇给了上海航天，由上海航天抓总研制的长征四号作为长征三号的备份运载火箭正式启动。

之后，新中华厂（805 所）作为总体设计单位，仅用了两个月时间，就拿出了常规推进剂三级运载火箭的论证方案。它的第一、二子级由风暴一号火箭相应级改进而成，第三子级是新研制的。其设计指标为起飞质量249吨，起飞推力2942千牛，可将1250千克有效载荷送至倾角30.5度、200×35786公里的大椭圆轨道，正好满足东方红二号通信卫星的发射要求。

在1977年11月召开的一个会议上，这个方案得到了上级的初步认可。其后，1979年2月15日，国防科委、七机部（航天部）在上海延安饭店召开火箭常规推进剂三级方案审定会，即"2.15会议"。会议由时任国防科委副主任钱学森主持，七机部副部长任新民等领导和专家也参加了会议。会上，钱学森首肯了长征四号常规三级二次启动发射通信卫星的方案，以及上海航天为此所做的大量有效的工作。根据钱学森的提议，还给这个"腹中胎儿"取了个响亮的名字——新长征三号。此后，孙敬良被任命为总设计师，龚德泉、张希良、邓宗嘏为副总设计师。副局长杨坤为总指挥。

名正言顺后，上级要求火箭于1981年做好发射东方红二号通信卫星的准备工作。只有两年时间，进度非常紧迫。

由于常温推进剂发动机的比冲偏低，这成为新长征三号的短板，也是能否发射东二通信卫星的核心问题。

其间，龚德泉、邓崇嘏主持了火箭总体方案的设计论证。他们利用风暴火箭的成熟成果，挖掘常温推进剂运载火箭的性能，采用先进的动力装置，选择合理的结构。通过火箭总体性能参数和运载能力的优化计算，获得了各级推进剂与动力系统的最佳分配与配置；把第一子级推进剂贮箱的长度加长4米，这样可多加注40吨推进剂，4只发动机总推力由2746千牛提高到了2942千牛；第三子级贮箱可容纳14吨推进剂，采用2台总推力为98千牛的双向摇摆发动机。同时尽量减轻箭体结构和设备重量。

新长征三号作为一款新研制火箭，在具体设计中，他们采用直径为 2.9 米的第三子级单层薄壁共底贮箱、轻型结构的发动机短舱、双向摇摆高性能三子级高空发动机及其伺服机构、全程常温氦气定压控制三子级增压输送系统、数字式姿态逼近系统、无水肼表面张力贮箱等新技术。在当时，这些新技术在国内大型火箭上都是首次使用。

正如长四技术负责人李相荣指出的，新型运载火箭的研制，吸收了上海航天过去研制的各大型号运载火箭的长处，在箭体结构、发动机、姿态控制、计算机自动化测试和发控等方面广泛采用了新技术，在性能上加大了起推力。新型运载火箭的研制成功，不但为我国长征系列运载火箭家族增添了新的成员，同时，运载火箭技术也得到了新的提高。

总体设计科学，方案论证有效，试验过程充分，采取措施得力，使得新长征三号火箭有能力去完成东二通信卫星的发射任务。

应该说，钱学森当时支持上海航天的常规推进剂方案是有一定缘由的，因为北京一院的液氢液氧发动机试车一直不顺利，几次失败使得钱学森非常担心。为确保如期发射东二通信卫星，基于求稳求快的原则，钱学森一段时期曾力主使用新长征三号来发射东二通信卫星。但考虑到有关会议已有关于首先使用长征三号的决定，因此只能把新长征三号作为发射东二通信卫星的备份方案一起列入"331 工程"计划，最后看两型火箭的研制进度再作取舍。

这样，上海航天既与北京一院合作研制长征三号，又独立研制新长征三号。长征三号带出了一个新长征三号，而新长征三号除了没有氢氧发动机以外，其他一、二级和各个系统都比长征三号先进，尤其是较高的一、二级性能弥补了常规推进剂三级性能较低的差距。

新长征三号的立项倒过来促进了长征三号的研制步伐，特别是加大了对氢氧发动机的研制力度。有趣的是，当长征三号氢氧发动机试车顺利时，新长征三号就受到了冷落，感觉到下马的压力。而当氢氧发动机试车失利时，新长征三号的呼声又高涨起来，上级则加大了投入。在这样反复拉锯的过程中，新长征三号的研制一直受到关注。长征三号除了大部分是成熟技术外，三级的姿控发动机和地面的测控系统也很快过了关，这些都沿用到新长征三号上。二三年后，新长征三号总的研制进度也已接近长征三号，当时七机部机关虽然也支持新长征三号，但投入毕竟有限。他们也在等待长征三号出成果。应该说，当时也有条件选择新长征三号作为第一候选。但当氢氧发动机试验较为顺利时，决策的天平最终向长征三号倾斜，最后领导还是决定选用长征三号发射东二通信卫星。

据后来分管运载型号的副局长施金苗回忆："虽然上海航天那时是长征三号、新长征三号两个型号一起抓，但长征三号是主线，我们不能因偏爱新长征三号而贻误了长征三号。那时我在805火箭总体所担任长征三号总体副主任设计师和一、二级总体主任设计师，后来又担任长征四号总体主任设计师。新长征三号在1982年10月气象卫星（风云一号）审定会上改名为长征四号A。

"为了争取长征四号任务，当时我受命到部里直接去找时任航天工业部部长的张钧同志，向他当面陈述上海航天继续研制长征四号并承担发射气象卫星任务的必要性和可行性：一是长征四号作为常温推进剂火箭，发射气象卫星既经济又可靠；二是长征四号发射气象卫星不必动用测量船，用陆上站即可，比较省事省钱；三是长征四号火箭不必在发射场重建加注低温推进剂设施，条件简单，适合国内 3 个发射场使用；四是长征四号火箭已经完成了初样阶段的研制工作，技术上趋向成熟，不需要大量新的投资；五是上海已经形成了专门的研制条件，是一条专门的火箭研制线，和战术型号是相对独立的，决不会影响战术导弹的研制；六是搞长征四号和长征三号的队伍是一支相互协调的研制队伍，如果只搞长征三号不搞长征四号，任务的不足将会导致队伍不稳定，势必也会影响长征三号。张钧部长在听取了我的简要汇报后，代表部党组肯定了我所陈述的六条理由，表示支持上海航天将长征四号继续搞下去，并给予一定的资金投入和任务保证。

　　"随着 1984 年 4 月 8 日长征三号发射东方红二号通信卫星取得成功，长征四号的备份使命自然结束。于是，用长征四号发射风云一号气象卫星的计划被提到了议事日程上来。经过上海航天局的积极争取，并得到航天部和中国气象局（气象卫星用户单位）的大力支持。1985 年下半年，发射风云一号卫星任务终于被列入国家'七五'计划的重点项目。国防科委在同年 10 月召开'711 工程'大总体协调会，对各研制单位下达了任务书和有关技术指标。

　　"1985 年 7 月，航天部党组决定，上海航天局继续承担长征四号 A 火箭发射风云一号卫星任务。1985 年 12 月火箭由初样研制阶段转为试验研制阶段。1986 年 6 月，国防科委任命我为长征四号 A 行政总指挥兼风云一号第二总指挥，龚德泉为副总指挥、李相荣为副总设计师（孙敬良总师已另有任命）。

　　"至此，上海航天基地一方面继续研制长征三号，不断适应新的发射任务，另一方面以主力部队进行长征四号 A 的试样研制。长征四号 A 终于突破道道难关，以威武的雄姿屹立在太原基地发射阵地。上海航天第一次将三级运载火箭像模像样地搞了出来，说明上海航天独立研制火箭的能力更加强大了，基础也更加扎实了。

"接着，国务院、中央军委发布了《关于批准风云一号气象卫星研制任务书的通知》，明确指出风云一号卫星用长征四号 A 火箭发射。为了确保长征四号 A 火箭在 1988 年发射，上海航天局制定了《长征四号 A 第一发火箭计划流程表》，并要求各单位、各分系统按计划完成各自承担的任务。"

天降大任于斯人也。虽然过程曲折，存在变数，但有惊无险。正是由于上海航天人的坚韧不拔，咬定青山不放松，使得长征四号 A 火箭一次次逃过"下马"劫难。而气象卫星任务成全了长征四号 A，一炮打响后，最终发展成为中国航天的主打火箭。

踏平坎坷，柳暗花明

山再高，往上攀，总能登顶；路再长，走下去，定能到达。

长征四号 A 火箭对于上海航天人来说，是属于真正意义上的第一款由自己独立研制的三级火箭。在研制过程中，研制人员碰到的许多技术难题是过去风暴一号（二级火箭）所没有过的。他们在攻克一个个技术难关时，往往觉得"山重水复疑无路"时，终因不离不弃，踏平坎坷，迎来了"柳暗花明又一村"。

火箭的一、二级有风暴一号技术上的继承基础，而三级却是个全新的产品，没有先天条件，也没有技术可继承，完全需要自己去钻研摸索。这也是上海航天人首次独立设计研制一个完整的

长征四号乙运载火箭整流罩第一次旋转分离试验

火箭子级。其中，三级单层薄壁共底贮箱是关键件，由新中华厂的张文忠、徐政等火箭结构设计人员设计。他们开始设计时曾考虑一箭多用，结构方案兼顾了一箭多星的设计及有效载荷要求。为保证运载能力，结构采取了部分减重措施。但由于是初次设计，缺乏经验，且可供参考的资料不多，因此设计难度较大，碰到了不少困难。但设计人员群策群力，边设计边进行缩比小贮箱的内压试验，终于设计出了单层薄壁共底贮箱。为了使火箭生产早日上马，新中华厂从老厂房中硬是挤出2800余平方米的场地，并将之改建成新火箭生产场地。同时，该厂还做了大量的技术准备工作，组织工艺技术人员突击完成3767份工艺规程及68份工艺守则，紧接着组织工装生产，为研制工作赢得了时间。该厂还成立了工艺攻关小组，攻克了瓜瓣成形产生粗晶、LD10薄板与锁底焊缝焊接、共底焊漏槽车削加工、防止共底贮箱出现负压，以及检漏等难题，保证了共底贮箱的生产质量，使产品于1983年3月17日通过了静力试验。

设计人员在选择三级发动机传力结构方案时，认为三级箭体直径大，而发动机推力较小，决定采用化铣板铆接的发动机短舱结构。发动机短舱结构连接在共底贮箱底部，用来安装2台双向摇摆发动机、伺服机构、姿控发动机系统、气瓶与附件，但其动、静结构比较复杂。经过设计人员和工人师傅的共同努力，克服了切向伺服机构支架刚度和箱底焊缝动强度难题，于 1982 年完成设计与生产。后经各项试验证明，产品各项指标符合设计要求。

由新中华厂承担的卫星整流罩也是从 1978 年开始研制的。起初，研制人员打算采用技术难度大的非金属蜂窝夹层结构方案。但在实施过程中，碰到诸多难以逾越的门槛。于是在 1979 年下半年，决定改用技术难度较小的玻璃钢结构方案。由于整流罩尺寸大，带来了生产工艺难、整流罩分离技术复杂等问题。

整流罩球头模压需要的大型液压机因大于 1000 吨，当时并不具备。于是研制人员通过试片和试件试验，找到了热压罐的低压成形方法，并于 1984 年初确定以正、负压低压生产球头的新工艺，使球头制品强度达到了指标。后来通过了地面振动试验、静力试验、烧蚀试验和分离试验。

大型整流罩的分离曾选择两种方案，一种是采用爆炸螺栓与弹射筒装置的点式分离方案，另一种是采用炸药索装置的线型分离方案。开始这两种方案在新中华总装厂房里进行地面分离试验时，都遇到了挫折。在 1982 年到 1983 年 3 月进行的 5 次弹射筒分离试验中，除最后一次成功外，其余 4 次都由于整流罩刚度差，火药弹射筒冲量不够，分离速度偏小，两瓣罩分开行程太近，碰撞了火箭舱体而告失败。1985 年 12 月—1986 年 12 月，3 次炸药索分离试验也因 3 根炸药索起爆不同步与速度不够，造成分离失败。1986 年底，他们集中力量加紧弹射筒装置分离技术的研制。经过设计改进，提高了整流罩的结构刚度，增加了弹射筒数量与装药量。1988 年 1—5 月，改进后的整流罩进行了 5 次分离试验，都达到了预期效果。

1987 年 1 月，整流罩与箭体对接失败。经分析认为，由于整流罩结构刚性差，维持不了自身的几何形状，加上施工中的应力，造成严重变形。通过工艺革新，对复杂的铆接结构采用反变形装置，对装配件采用校形方，从而有效地控制和改善了薄壳铆接结构的形变，椭圆度有了明显减小。1988年6月，终于实现了整流罩与箭体的正常对接。

对于研制历程，该厂老航天人戴自振回忆了其中的一段过程："1984年3月，我接受了新长征三号（长征四号A）地面热试车状态的发动机喷流对底部肼瓶部件的热流和温升的计算任务。当时，没有现成的物理模型和计算方法可以借鉴，于是我把喷流简化为一定长度的均匀圆柱面，从最基本的热辐射公式出发，导出其辐射热流的计算公式，再利用几何关系导出喷流辐射下肼瓶温升任意点热流的积分表达式，进而给出了有包覆层肼瓶温升的微分方程和定解条件，最后用交替方向格式差分方程来代替微分方程，用追赶法上计算机求解。所幸的是，用此方法算出的肼瓶外表面上、包覆层接触面上和肼瓶内流体上的温度数据，竟与尔后进行的地面试车实测数据基本一致，因而证明本计算方法有效和适用。记得整个火箭三级飞行底部热环境预试课题当时由我和李铁、蔡小庆、蒋海方等人共同完成，它首次完全依靠理论分析和工程计算给出了如此复杂的底部加热环境预示，避免了地面模拟能力不足的困难，节省了大量试验经费。后来的飞行试验表明，该成果得出的热流预示，较遥测结果高约16%，预示准确度高于长征三号（依据风洞试验预示结论）。根据我们提供的计算法设计的局部防热层仅重3.39公斤。该成果于1988年9月起应用于火箭产品中，并于1993年获得航空航天部科技进步二等奖。"

首箭首星，双双成功

早在 1969 年 1 月，周恩来总理就明确指示："要自力更生搞我国自己的气象卫星和气象火箭。"

从 20 世纪 70 年代初期开始，航天科技人员就针对气象卫星需求进行了大量调查研究和探索工作。1974 年 9 月，国家气象局和卫星研制部门适时提出了"结合我国实际，实事求是，力争先进，先易后难，逐步完善"的发展气象卫星的原则，首先确定了自行研制第一代太阳同步轨道气象卫星的方案。

这种通过地球南北极运行、在太阳同步轨道上的气象卫星，可向全世界各地的气象台发送当地的地区云图，向国内地面站传送星上记录存贮的国外地区云图信息，是天气预报的重要依据。

而针对国内当时存在的"买星派"和"造星派"争论不休时，当时国家气象局局长邹竞蒙极力主张自力更生研制气象卫星，决不能走买星之路。国家气象局作为气象卫星的用户单位，邹竞蒙的话语权分量很重。也正因为邹竞蒙的力挺，成就了上海航天的长征四号 A 火箭（当然也包括上海的风云一号气象卫星）。

1977 年 11 月 17 日至 12 月 2 日，在上海召开了"风云一号气象卫星工程大总体方案论证会"，即"7711 会议"。在这次会议上，卫星被正式命名为风云一号。整个工程由气象卫星、运载火箭、发射场、卫星测控、卫星资料接收处理五大系统，取名"711 工程"。其中卫星和火箭的研制均由上海地区承担。

1982 年，七机部在《1981—1990 年战略导弹和空间技术发展规划纲要》文件中，明确了上海航天研制的常规三级火箭，除了作为发射东二通信卫星的备份火箭外，还应承担气象卫星、技术试验卫星、资源卫星等运载任务，并要求对它作适应性改型。在1982年10月的"8210会议"上，决定长征四号A发射第一颗风云一号气象卫星。

1985年下半年，风云一号气象卫星的发射被列为国家"七五"计划的重点项目。为了实现发射"风云"的目标，长征四号A实施了多项先进技术的改进，提高了性能，以满足运载能力为675公斤、入轨参数为倾角99度和901公里圆轨道的要求。

1987年9月，长征四号A型火箭和风云一号气象卫星在太原卫星发射基地完成了历时3个月的合练试验，火箭整箭通过与太原基地各个系统及发射架的磨合，为发射我国第一颗气象卫星铺平了道路。

1988年9月7日，在太原卫星发射中心，经过上海航天人历时多年的艰苦拼搏，长征四号A火箭于终于将风云一号气象卫星发射成功，开创了中国大型运载火箭首枚一次成功的记录。

长征四号运载火箭三级称重

据一位当年参与长征四号A火箭发射的老航天人回忆，1988年的这次发射被誉为"三新聚会"。何为"三新"？即火箭是新的，卫星是新的，就连太原卫星发射中心也是首次承担大型运载火箭发射任务，又算一新。正因为都是新的，所以各方面的问题特别多，磨合比较困难。如长征四号 A 火箭在技术阵地的测试中就发生大大小小 30 多个问题，经过试验队员的全力以赴，所有问题都被一一化解。

十年磨一"箭"，砺得梅花香。长征四号 A 的首发成功非常鼓舞人心。

卫星发射成功当天，国务院和中央军委发贺电称："这次卫星发射成功，填补了我国应用气象卫星领域的空白，标志着我国航天和气象卫星技术有了新的进步，对促进国民经济的发展，具有十分重要的意义，对全国各族人民也是一个鼓舞。"党中央通过国务院和中央军委发贺电的形式，表达了对这次发射活动的高度重视。

而在 1988 年的发射中，千里星驰太原基地，为第一发长征四号 A 送爆炸螺栓一事，令张剑和同事朱晓并难以忘怀。据朱晓并回忆，就在火箭发射前夕，因为卫星出了些问题，需要进行检修。当时火箭已经竖立在了发射架上，检修卫星必须把包在外面的整流罩吊下来。而整流罩一经吊拆，内部的爆炸螺栓则报废，需要更换。于是一个紧急电话打到新中华厂，要求厂里马上送一批爆炸螺栓到基地。时任主管型号生产的副厂长张剑接到电话时，已经到了快要下班的时间，这时张剑马上布置落实做好几件事情，一是赶快到仓库里去领出所需的爆炸螺栓，二是开一张车辆和人员的出省证明，三是调度好车辆和人员，吃好晚饭赶紧出发。就这样，由张剑亲自带队，一行 4 人连夜上路。由于开长途必须配备两名驾驶员，而朱晓并作为其中的一位驾驶员。那个年代没有高速公路，他们的那部桑塔纳轿车全程在普通公路上行驶，途经南京、徐州、三门峡市，并沿着吕梁山一带的山路蜿蜒盘行，可谓日夜兼程，马不停蹄，近 2000 公里的路程，他们仅用了 24

小时就赶到，及时将急需的爆炸螺栓送到了太原基地，没有耽误火箭的发射。而在基地，他们看到时任航空航天部副部长刘纪原等高层领导也在现场，可见上级对此次火箭发射高度重视的程度。对朱晓并来说，那次去基地最大的收获就是第一次看到了火箭发射。在那个几年打一发火箭的年代，对非型号人员来说，能在现场看到火箭发射是一件非常幸运之事。朱晓并兴奋地说，在发射现场看到由我们新中华厂设计和总装的长四火箭壮丽升空，内心的自豪感和光荣感简直无法形容。

1989年1月19日，上海市召开庆祝长征三号、长征四号运载火箭3次发射成功大会。时任市委书记江泽民、市长朱镕基出席会议并讲话，高度评价了上海航天在宇航领域取得的突出成就，为共和国赢得了巨大的荣誉。江泽民在讲话中将上海航天20年来的奋斗精神概括为："艰苦奋斗，大力协同，一丝不苟，不屈不挠，再接再厉"。正是这样的精神，一直鼓舞和激励着上海航天人。

两年后的1990年9月3日，长征四号A火箭再次在太原基地腾飞，成功发射了我国第二颗风云一号气象卫星，同时还搭载了两颗气球卫星。气球卫星在风云一号卫星分离后11.8秒被弹射分离。折叠气球依靠苯甲酸在阳光照射下升华产生的气体自行充气，缓缓膨胀，最后形成了直径为3米的气球卫星。这是继1981年风暴一号火箭后，中国航天史上的第二次"一箭三星"。

火箭升级，为国增威

随着航天技术的发展和适应新的发射任务，为满足风云一号

C 星和资源卫星的发射需要及充分利用火箭的运载能力余量，上海航天人决定对长征四号 A 火箭做若干适应性改进，使火箭性能进一步升级。

具体改进措施为：采用长度为 8.483 米、筒段直径为 3.35 米的大卫星整流罩；局部加强和改进第三子级箭体结构；第二子级发动机采用大喷管方案，并增加推进剂利用系统；控制系统采用电子式程序配电器和动力调谐陀螺平台（简称小平台），可以明显减轻第三子级重量和提高卫星的入轨精度。

这种改进后的新型火箭取名为长征四号乙，起飞质量 248 吨，起飞推力 300 吨，最大运载能力可达 1593 千克。而它更突出的特点是可靠性高、发射精度高、成本造价低、适应性强，尤其是能够在国内 3 个发射场发射各种用途的卫星。

1999 年 5 月初，太原卫星发射中心长四乙火箭刚完成综合测试，火箭已经转场并高高地竖立在发射塔上，准备发射第 3 颗风云一号气象卫星。

箭在弦上，弯弓待发。5 月 8 日，中国驻南斯拉夫大使馆遭到以美国为首的北约组织导弹的袭击，造成人员伤亡和馆舍的严重毁坏。

消息传到国内，火箭总指挥兼总设计师李相荣心中犹如翻江倒海，真想马上狠狠地回击他们一下。这时香港《大公报》刊登消息说，中国将在两天内发射卫星。此时他深感肩上的责任，"只能成功，不能失败，没有退路"再次在耳边响起。他沉着应战，一言不发。在燃料加注现场，他关注着每一个操作细节。

10 日上午，火箭带着上海航天人的"嘱托"，带着中国人民的满腔愤怒，咆哮着直刺苍穹，把风云一号 C 星和实践五号科学卫星送入了太空轨道。

航天人傲然地向世人宣告：中国人民不可辱！这是长四乙火箭的首次"亮相"，第一箭打得漂亮极了。

也就是这次发射，开创了中国气象卫星的新局面。大家知道，1988 年和 1990 年发射的前两颗风云一号气象卫星（A 星和 B 星），属于试验卫星，它们在太空中仅正常工作了 39 天和 165 天，都没能达到设计寿命为 1 年的在轨运行指标。而这次入轨的风云一号 C 星，针对前两颗卫星的不足之处做了多处技术改进，成为一颗控制精度高、稳定性好、有效载荷性能先进、整星可靠性高的三轴稳定业务应用卫星，达到了当今国际先进水平。后来的实践表明，它的正常工作时间远远超过了 2 年的设计寿命，其寿命最终达到 8 年，成为一颗名副其实的"长寿之星"。

C 星的功绩还在于它工作一年后就被世界气象卫星组织正式列入世界业务应用气象卫星序列，开创了中国卫星又一个第一，在国际上产生了深远的影响。正因为如此，它的"大名"被刻上了北京著名的中华世纪坛"公元 1999 年栏目"内。"达到世界先进水平的第一代业务气象卫星风云一号 C 星发射成功"28 个大字，仅列澳门回归祖国、庆祝中华人民共和国成立 50 周年之后的第三款。

1999 年 10 月 14 日，长四乙火箭成功地将第一颗资源一号卫星和一颗巴西小卫星送入预定轨道，卫星工作正常，从而开始了中国"数字地球"时代的新纪元。2002 年 5 月 15 日，第一颗海洋一号卫星和风云一号 D 星一起，搭乘长四乙火箭从太原升空，从而结束了作为海洋大国的中国没有海洋卫星的历史，标志中国在海洋卫星遥感领域里迈入了世界先进国家之列。同年 10 月，长四乙火箭的第 5 次发射，把国产资源二号卫星准确地送入轨道，成为向即将召开的党的十六大献上的一份厚礼。此时正值江总书记访美和出席墨西哥 APEC 会议，人们都异口同声地说："航天人的这份厚礼最重。"

战斗正未有穷期，不断升级立新功。

进入 21 世纪后，卫星探测技术获得了长足进步，以往传统的光学探测方式由于受到各方面环境条件的制约，不具备全天时、全天候观测能力。于是发展我国新一代遥感卫星已成为当务之急。1999 年，上海航天正式开展了新一代遥感卫星的研制任务，并把发射这一新型遥感卫星的重要任务交给了长征四号乙火箭。另外，该火箭还承担了新一代气象卫星风云三号的发射任务。

针对新任务，长征四号乙必须进行大规模的适应性改进。按照设计要求须完成 161 项技术状态的更改，才能满足遥感卫星发射任务的要求。而其中最大的也是最难的一项改进，就是火箭三级发动机的二次启动技术。从国内外发射历史来看，采用二次启动技术的发动机第一次获得成功的还没有过。而国内的二次启动曾经失利过 3 次。

挑战越大，信心越足。2004 年 7 月 10 日，随着秦岭山沟中轰鸣的发动机声第二次响起时，所有在场的试验人员都情不自禁地鼓起了掌。至此，发动机二次启动热试车已连续进行了 5 次，均获得圆满成功，标志着火箭通过了发射前最重要的一项技术状态变化的验证试验。历经五年多的研制和数十次的失败与成功，我国第一台常温推进剂二次启动火箭发动机终于宣告诞生。同时，在上海飞机制造厂高大的厂房里，由 149 厂负责研制的直径 3.8 米、高 10 米的卫星整流罩分离试验，也连续 3 次获得成功。这些，都为发射新型遥感卫星奠定了扎实基础。

2006 年 4 月 27 日，又是一个值得纪念的日子，太原发射场上，金色的阳光照耀着长征四号乙火箭，它又一次开始了追赶太阳的征程。

火箭发射成功，二次点火启动成功。欢呼声再一次响彻发射场。当远望号测量船传来遥感卫星一号准确入轨的消息时，所有的一切都得到了最美好的结果。而从后来的发射数据分析，这次发射入轨精度很高，入轨姿态偏差和姿态角速度也几乎为零。

长征四号乙火箭发射遥感卫星一号的成功，标志着我国首次应用常规燃料，成功进行二次启动技术火箭的诞生。由此，火箭被更名为长征四号丙。

赤子之心，报国之情

说到长征四号系列火箭，不得不提的是原总指挥兼总设计师李相荣，他不仅是中国航天的骄傲，也是新中华厂（805 所）的骄傲。在航天领域内，由李相荣担任"两总"的长征四号系列火箭由于连续十多次成功，这位领军人物被业内誉为常胜将军，"金牌火箭"称号也是在他任上获得的。

鉴于李相荣为我国的航天事业作出了杰出贡献，党和国家给了他许多荣誉，其中有全国劳动模范、全国五一劳动奖章、全国侨界"十杰"等崇高荣誉，这既是对他从事航天事业几十年来无私奉献和聪明才智的高度肯定，也是对他取得非凡业绩的最高褒奖。

李相荣 1941 年 9 月出生于韩国庆尚北道。1942 年随父亲归国。从此他有了一个特殊身份：朝鲜族归国华侨。他 1964 年毕业于北京工业学院，随后在部队里锻炼了几年，于 1969 年加入航天队伍。从此，他与航天火箭结缘，开弓没有回头箭，一干就是一辈子。

从20世纪90年代起，李相荣被国防科委任命为长征四号乙火箭总指挥兼总设计师。长四乙火箭虽然仍以长征四号命名，但在技术上改进相当大，与原来的火箭大不相同。该火箭于1999年首发成功，并在以后十多年里做到了发发成功，一切都做得相当完美。

2006年4月，已经过了花甲年龄的李相荣率领发射队员，又一次肩负着非常沉重的压力。这次发射的遥感卫星一号是我国这一系列的第一颗卫星，也是一颗十分重要的卫星。上级下了死命令：必须成功。但让人为难的是火箭为了适应增加有效载荷的需要，对其进行了重大技术改进，即第一次利用常规燃料对三级发动机实施二次启动点火新技术。还有，为适应卫星发射的需要，卫星整流罩也比原来的要大得多，直径达到3.8米、高度为10米，这一大型整流罩必将对火箭的飞行气动、载荷、强度、结构、弹性、控制等都带来诸多不利因素。因此在发射前，面对新技术、新方案，许多老专家审了又审，问了又问。虽然李相荣沉着应对，对答如流，但毕竟又是一个第一次，毕竟火箭发射存在着无法预测的高风险。

2006年4月27日发射那天，在火箭点火准备阶段，就遇到了意想不到的高空风，而且超过允许值的16%。究竟打，还是不打？作为总师，李相荣一下子又被推到了风口浪尖上。

李相荣后来在他的《感动成功》一文中，回首这段往事时写道："这次长征四号乙Y9的磨难，也使许多人终生难忘。本来上级领导和专家多次提醒我们国内外二次点火的火箭首发都是不成功的，要我们格外谨慎，不可大意。这次Y9火箭有161项技术状态的更改，而发射那么昂贵的卫星让人陡感压力山大。我觉得该试的都试了，该计算的也都计算了，而且是双重计算对比；该分析的也都分析了，而且是两个单位（总体和分系统，或研制单位和高校）以上进行分析。但是究竟还有没有疏忽的地方？整个火箭系统实在太庞杂，或许难免挂一漏万。心里老是犯嘀咕，七上八下的。

　　老天爷也跟我们作对，那天早晨高空风特别大，超过了箭体强度的允许值。但是，'5 小时准备'时的数据算起来，超过允许值的 16%，'3 小时准备'时的数据算出来更大。6 点 48 分 11 秒能发射吗？20 世纪 90 年代，打外星两次失利，就是因为高空风大，49 秒整流罩遭到破坏。总装、基地、集团公司的各级领导都云集到后端指挥中心会议室，为此折腾了一个通宵。此前几天，每天有 7 点 10 分和 10 点 10 分两个气象测量数据，都在允许值的 80% 以下，10 点钟预报的比 7 点钟预报的略小。夜间 3 点钟预报的数据只有两次，一次为允许值的 75%，与当日 7 点钟的数据差不多；一次超过允许值的 15%，而当日 10 点钟的数据只有 75%。记得张卫东副总师向我建议，在'40 分钟准备'时再下最后决心，不然'贮箱增压''七管连接器脱落'后，再决定不打，放弃操作就很麻烦。因此，要求'90 分钟准备'时再放一个气球，放气球后升到 13 km 约需 1 小时。结果在点火前 43 分钟，又一个高空风数据出来了，为允许值的99.26%。总体弹道计算人员当时看了数据，都有点懵了。突然这么小，是不是算错了？波动这么大，何况还有测风误差，火箭还能发射吗？能否不下达'40 分钟准备口令'？全场的目光都指向我。蔡益飞事后告诉我，发射阵地一批批撤下来的人，收到了原地待命的指令，大家不知道发生了什么大事。他们在远程图像系统中查到了我，进进出出看来很镇定，就放心了。其实他们不知道，我是用半片'心得安'才控制住了心动过速。此时此刻，如果心脏出现问题，坐在风口浪尖上的总师也会崩溃的。基地气象部门不会预报43分钟后风会变大还是变小，甚至不会预报明天和后天早晨高空风比今天大还是小。我说：'既然数据已经达到指标以内，等一会儿天会更亮，高空风就那么点能量。过去有一天的数据表明日光照射后，大气层升温，高空风空域会从8—12km向更高或更低扩散，切变风（单位高度风速变化梯度）

长征四号运载火箭发射升空

会变小，数值只会变小不会变大，所以风险并不大，可以发射。'因为我感到各级领导在我后面默默地支持我。我不是气象专家，但这个'分析结论'居然没有人提出异议。总装、基地和集团公司领导都支持我的态度。我知道，我的表态是如此的重要，如果错了，后果极其严重，事后谁会替我分担责任呢？时间已不允许争论了。而强腐蚀性液体推进剂如果推迟 24 小时或 48 小时发射，对气密性来说风险反而会增大。

结果'40 分钟准备口令'准时下达了，几个动作很快完成后，发射场万籁俱静，静得有点可怕。我抽空悄悄问了一下总师助理丁秀峰：'你是否把所有的测试数据都仔细看了？是不是一点问题都没有？'我得到了肯定的回答。作为尽力眼见为实的总师，我从来没有经历过来不及看测试数据就'点火'。可坐回我的座位，屏幕上那么多数据，我仍是满脑子的'春风'（恶风），已不能从头翻看所有的数据了。真有点'山重水复疑无路'了。

那天火箭起飞后，以 50—90 秒在大风区飞行，我感到时间漫长难捱。而 1100 秒二次点火时刻，却心如止水，我相信我们的工作。发射结果一切如愿，成功仿佛成为必然。发射后分别时我跟总装迟万春政委开玩笑：'你两度领导我发射，不是风就是雨（指上次消防水，这次高空风），但是大风大浪我们都闯过来了。'老将军不由哈哈大笑。火箭终于发射成功了，大家都笑容满面，基地上下一片喜气洋洋。"

这就是大战前见微知著、从容淡定的李相荣。他面对复杂的空间情况，沉着冷静，经过对各种数据进行科学判断和理性分析，同时结合他丰富的实战经验，认为随着发射前的日光照射，大气层会逐步升温，高空风的空域也会渐渐向更高或更低的空域扩散，切变风也会逐步变小，对发射的影响只会越来越小。

火箭成功后的事实证明，李相荣的分析判断非常科学，非常正确。成功再一次验证了李相荣不仅严谨缜密，而且具有定海神针、化解风险的大将风度。

说起李相荣的以身作则和率先垂范的表率作用，大家都从心底里佩服。

那还是多年前长征四号火箭发射风云一号的日子里，当庞大的火箭进行转场时，在行进的山路上忽然下起了一场暴雨。在这前不着村、后不着店的山路上，大家拿出了事先准备好的雨布，从上到下把火箭箭体严严实实地遮盖起来。因为火箭箭体上有许多电器插座，这些插座一旦漏进了雨水绝缘性能就会大大下降，影响火箭的质量，甚至可能影响发射。

火箭虽然被雨布盖住了，但一时却狂风大作，而且雨越下越大，大风不时将雨布吹起，雨水随时会流进插座内。为了不让雨水漏进插座里，李相荣和大家一起站在如注的狂风暴雨中，死命地拽着雨布，不让它飘起。有的同志索性爬到火箭的顶端，趴在上面用自己的身体死死地压住雨布。在这场特殊的战斗中，李相荣身为领导，始终和普通科技人员、技术工人一样，站在倾盆大雨中，紧紧地拽住雨布，任哗哗的雨水把全身浇得湿淋淋的。而此时已是秋天，北方早已透出丝丝凉意，在一个多小时的雨中艰难行进，李相荣和不少同志都冻得瑟瑟发抖，还不住地打喷嚏。

山里的雨，来得快，去得也快。雨停了，当从大本营赶来的援助人员将热腾腾的姜汤端给李相荣，让他暖暖身子时，李相荣首先想到的是先给别的同志喝。他说，如果试验队员病倒了，火箭发射就要受影响。他还想到的是赶快先将雨布揭下来，察看雨水是否渗漏进插座里。在场的试验队员十分激动地说："李总的心里只有别人和火箭，唯独没有他自己。"

又有一次，当火箭发射进入30分钟倒计时时，指挥部忽然发出紧急警报，说是火箭上发现了异常情况。李相荣得知后，二话没说，奔出地下掩体，一口气冲上发射架，快步登上近10层楼高的箭体故障部位，凭着强烈的责任感和娴熟的操作技术，迅速排除了故障。由于在此之前李相荣已24小时没有合眼，再加上快步登高，当他回到地面后，突然感到胸闷异常，非常难受。他知道自己的老毛病心脏病在剧烈运动后又诱发了，于是赶紧掏出事先准备好的麝香保心丸药瓶。

这就是干了一辈子火箭的李相荣，以他的赤子之心和航天报国情怀，用一次次的辉煌，为祖国的航天事业奉献了毕生的心血和智慧。

质量第一，六亲不认

长征四号火箭的"金牌火箭"荣誉是来之不易的。

从首任总师孙敬良到后任总师李相荣，他们遵循的原则是"质量问题六亲不认"和"质量不相信眼泪"。正是在他们严格作风的带领下，这支队伍个个都是能工巧匠，长四火箭被精雕成屡战屡胜的"神龙大雕"。

为了把发射火箭的每一仗都打好，他们在细微之处狠下功夫，把工作做得更严、更细、更慎重。例如，各分系统处于试样生产和试验阶段时，严格实行批次管理，严格全过程的质量跟踪管理，严格对不合格品和超差回用品按管理制度履行手续。每一个产品、每一份表格，他们努力做到严把关口。到了总装阶段仍毫不手软，关键工序的双岗制、多余物的严格控制及清晰的原始质量记录，使每发火箭都做到无错装、无漏装、无多余物，多次实现发射基地的产品开箱合格率达到百分之百。又如每逢单机评审，他们都细上加细；每份归零报告，都严格把关。严格管理的工作作风，常常使他们主动给自己加压。为了确保产品质量，他们广泛开展了质量复查和"双想"（想故障、想措施）活动，查变化的合理性，查数据的对比，查正负号，查公式角标，特别是对边边角角、容易遗忘的地方更是严加复查。严格管理下，归零报告往往写了一遍又一遍；严格管理下，有人由于忍受不了而哭鼻子。尽管这样，这支队伍人人心中都明白，成绩来之不易，光荣属于过去。不进则退，只有居安思危才能经受更严峻的考验。

记得有一年对长征四号乙火箭进行有关质量问题归零评审时，适逢春节期间。但这一个春节却没让李相荣过得舒服，一份份报告传真到李相荣家里，让他逐字逐句审阅。就这样，在其后的近一个月里，李相荣共审查了 34 份技术归零报告和 27 份管理归零报告。对于有的归零不彻底的报告，李总则毫不客气地打回票，让其重新归零。对个别的李相荣还"吹毛求疵"，有的竟打了四五个来回，直到合格为止。李相荣对于工作要求之严格、之苛刻，有时简直让人受不了。

为保证一枚火箭上百万个零部件测试、近万条测发指令的下达不出差错，李相荣硬是要求参试人员把装上火箭的每一个零件和测试状态时的操作动作制成表格，做成一项，打一个"√"，确保万无一失。

确实，长四这支队伍最为宝贵之处就是一个"严"字、一个"细"字。如对小小的焊缝，为防止质量问题，他们一次次地严防死守。如在早期的一次火箭制作中，新中华厂总装人对各级贮箱的 461 条焊缝拍片 3102 张，一次补焊后又拍片 351 张，两次补焊后再次拍片 11 张，直到焊缝质量完全符合要求为止。

又如获得航天工业总公司"航天技术能手"荣誉的新中华厂火箭总装工王伟峰，在长期的总装工作中摸索出了一套对付多余物的办法，那就是除了用肉眼看，用手摸外，还采用对零部件进行摇晃和用送风管吹等办法。而在实际操作中，他还会将这几种方法综合起来，灵活应用，往往会起到意想不到的良好效果。一次，他在长四火箭的总装中，在对火箭动力系统的导管进行吹风检查时，发现里面释放出来的气体有湿润感。凭着多年的总装经验，他判断导管里可能有油污。于是，他提出延长吹风时间。在不断地吹风中，果然，一团油污被风力从导管深处吹了出来。同事们不由夸他的"第六感觉"真是神奇。接着，他和其他总装工人一起对导管重新进行了认真清洗，从而排除了这一既看不见、又摸不着的"多余物"，消除了火箭装配中的一个重大隐患。

新中华厂火箭总装车间电装小组的女工们曾荣获上海市"三八红旗"集体和全国职业道德模范班组等先进集体荣誉，是个质量过得硬的班组。但有一段时间却不知为什么，鬼使神差地接连出现了几起断线和多余物质量事故。对于火箭来说，这些都是致命的问题，李相荣为此寝食不安。严是爱，松是害，对质量问题就是要"六亲不认"，搞无原则的一团和气，既害队伍，又害事业。于是，李相荣在狠狠批评了她们一顿后，同时责令该班组立即停产整顿，以增强质量意识和管理水平。有些女工想不通，认为李总太不近人情，忍不住流下了委屈的泪水。但李相荣并没有因此软下来，而是严肃地告诫她们：质量不相信眼泪，长四乙也不相信眼泪。"恶"小而为，后患无穷。万一因你们的质量问题而导致发射失利，那将是航天事业不可饶恕的"罪人"。

电装组的女工们认真吸取教训，经过整改后，又恢复到了原来良好的状态，以后再也没有出现过质量问题，依然是一个质量过得硬的"娘子军"班组。为此，李相荣建议厂领导给予电装女工们以适当奖励。

据李相荣回忆，首发时，长四乙火箭队伍有200多人，以后每发减10%的人，直至精简到只有120余人。每个人都有明确责任，独当一面。而好多次由于其他中队的原因，压缩了后期工作的时间，全箭通电只给6天，导致许多人没能按时吃过中、晚饭。他们知道，这么紧的流程，只要出一个故障进行归零，就守不住27天这个节点。所以，他们兢兢业业地工作，所有测试全部一次成功。他们可是付出了巨大的劳动，实现了两总提出的"真严、真慎、真细、真实"工作目标。而那次队伍进基地，队员们好好"为难"了他两把：一是加注前评审时，来了任新民院士、王礼恒院士等众多领导和专家，但是评审报告却难写。因为零故障，因此靶场工作评审报告只能做"流水账"，没有通常需要报告的质量问题或进场以来工作中遇到的问题及处理情况可写。第二也是因为零故障，各个分队工作都很出色，达标班组难以评选。因为院工会规定的达标班组比例控制在40%，而试验队无法淘汰任何一个分队，大家实在太优秀了。但不实行淘汰制，又不符合院工会的评选要求，回去以后怎么通过院部的评审关？真的让他好为难。可见，各厂、所在产品出厂前将工作已经做得很好，无懈可击，长四乙火箭和这支队伍真的好棒啊！这才是上海航天"重量级星箭"发射取得圆满成功的基础啊！

回首长四系列火箭历时三十余年的艰辛历程，有汗水和泪水，有智慧和奉献，更有荣耀和辉煌。它的一次次成功发射，已将数十颗各种用途的卫星十分精确地送入预定轨道。祖国航天的功劳簿上，一次次记录了它的赫赫战功。

水漫火箭，抢险成功

长征四号乙火箭被太原基地的高压水龙头浇得浑身湿透，"大水漫灌"后，居然还能发射成功，上海航天人又创造了一个人间奇迹。

2004年，初秋的太原基地，一个晴朗的早晨。经过一系列测试和精心作业的长四乙遥七火箭已进入推进剂加注程序。发射场坪上只有少数几个基地官兵和发射队员在做加注前的准备工作。

据当时正在发射现场的149厂火箭总装工胡子彪回忆："长四乙进基地后一切都很顺利，火箭已被竖上了发射架。我们作为总装保障人员，已将火箭防雨裙拉了下来，准备配合进行燃料加注。那天早上6时刚过，不知为何，发射塔架上六层的消防喷淋设备突然发生故障，龙头被意外打开。于是，那疾风暴雨般的水柱直接喷向箭体，简直就像'水漫金山'啊。发狂的喷水龙头在猛烈喷射了七八分钟后，才被基地指战员止住。但长四乙可惨了，火箭二子级以下的箭体及塔架平台全部被一场'暴风骤雨'淋了个透。"

长四乙老总李相荣闻讯后及时赶到，面对湿淋淋的火箭，神情严肃，眉头紧锁。这位搞了一辈子火箭的老总，各种各样的故障没少见过，但从来未碰到过如此奇葩的事故。面对这一突如其来的"水祸"，现场人员都惊呆了。大家也从未遇到过这样的险情，一下子都懵掉了，现场手足无措，不知道如何抢险。情况马上汇报给各级领导。当时，上海火箭发射队面临着两种选择：一是中止发射程序，将火箭运回上海重新进行技术处理，这样发射队承担的风险最小。但是由于火箭姿控发动机已经加注了推进剂，卫星也已加注了无水肼，不少产品都已作了临射前的处置，返回研制单位后，很多箭上、星上的产品都要报废，带来的损失可能要几千万元。更重要的是，再重新组织一次发射，至少要半年时间，国家急需的型号任务将被推迟。二是没有退路，及时进行现场紧急排险，这样的损失当然最小，但无疑给上海发射队带来了极大的风险。还有，排险是否顺利？能否确保发射成功？风险谁来评估？一系列的疑问，从上到下都没有把握。

当时的航天科技集团公司领导曾明确表示，要求上海火箭发射队将产品运回上海，进行必要的技术处理，然后重新组织发射。真的是好难好难的"两难"。就眼前的情况来说，排水、烘干、检测等工作量都非常大。面对险情，上海航天局领导和李相荣总师进行了紧急商量后，毅然作出决定，为了国家利益，为了顾全大局，上海航天人将竭尽全力做好补救工作，非常时期和基地指战员一起，同舟共济，共渡难关，把损失降到最低。

于是，一条条指令通过调度系统传达下去。胡子彪和149厂其他5位火箭总装工，以及在基地的全体发射队员，立即从仓库里领出备用的新毛巾，火速赶到发射塔架，细心地擦拭箭体内外表面的水迹。发射营的官兵们也搬来了各自的被褥，很快擦

长征四号运载火箭总测

干了塔架平台上的积水。149厂的队员们还使用电吹风，不断地对诸多插头、插座和电缆等表面部位进行烘干，尽力消除电器因水渍容易造成短路的因素。

接着，各系统人员进舱仔细检查产品的受损情况。产品现状很快被汇总起来。大家发现，二子级以下的插头都进了水，一些重要的电缆绝缘性能仅剩下十几个 $k\Omega$，控制系统不少单机表面也沾满了水渍，受损情况的确很严重。还有 56 个电爆管，作为特殊产品遭受水淋，令人担心。所幸的是由于产品密封处理较好，内部未受影响。根据前方要求，805 所电缆主管设计师带着全套电缆图，连夜从上海赶往基地。塔架上，立刻送干燥热风，打开各个已连接的插头，加速吹除水渍。同时，利用天气晴好的有利条件，打开相应的几层塔架平台，加快空气对流。

直到第 3 天下午，再一次测试已经显示出所有断开的电缆绝缘合格。于是，试验队员重新连接上电缆，马上按照事先整理的数据逐一做导通绝缘检查。胡子彪和149厂的火箭总装工们不顾疲劳，积极配合，连续工作。实在累了，干脆就席地坐在平台上继续干，手中的测试仪器始终未停过。直到第二天凌晨 1 点，终于完成了上万个点号的导通绝缘检查。

为了检验火箭恢复状态后的可靠性，两总系统和基地领导决定重做一次总检查。当总检查的结果表明一切都正常时，所有的人终于放下了一颗悬着的心，火箭又重新进入了加注发射程序。

令人难忘的四天抢险，大家没有一句怨言，坚守本职岗位，全力做好补救工作，把一切苦和累都抛在了一边，只盼望火箭性能恢复正常。

真正考验的时刻来到了。又是一个晴空万里的早晨，伴随着基地指挥员有力的发射口令声，经受过特殊洗礼的长征四号乙遥七火箭昂然托举着实践七号A、B两颗卫星，在惊天动地的轰鸣声中拔地而起，直刺苍穹。不少人瞪着熬红的双眼紧紧地盯着迅速升空的火箭。当遥测信息传来星箭成功分离的消息时，胡子彪他们和全体试验队员的情绪都沸腾了。

当人们回到住地，正准备做撤收工作时，两鬓染霜的总装备部政委迟万春将军为了这次特殊发射的成功，特地来慰问付出艰辛努力的上海航天发射队员。同样熬过了难忘四天的迟万春将军紧紧握着李相荣总师的手，向全体试验队员表示由衷的感谢，并向在场的上海航天人敬了一个庄重的军礼。

防水雨裙，箭披战袍

为长征四号A火箭做一件防水雨裙，这是新中华人张文生和该厂试验队员共同合作、为火箭作"嫁衣"的杰作。

据张文生回忆，记得第一枚长征四号A于1988年6月15日晚出厂，6月18日专列到达太原基地。于是，发射任务按计划如期展开。

地处黄土高原的太原基地历来少雨缺水，但那次长征四号A到达后，老天爷却一反常态，雨水特别多。尤其是进入7月份后，几乎天天有阵阵雷雨。为了保证火箭的安全可靠，且不被雷击或雨淋，火箭总设计师孙敬良交给新中华厂试验队一个特殊任务，想办法为全箭做一件防水雨裙。

这可不是一般的"衣服"，因为长征四号A全箭竖起来有40多米高，箭体直径3.35米，要把全箭包裹起来，这件"衣服"简直是大得来一塌糊涂。要使全箭做到既能防雨，又不影响全箭的测试和发射前的各项准备工作，这件硕大的雨裙怎么做？确实有点为难。眼下，火箭即将转场，解决防雨问题迫在眉睫。

再难，也难不倒咱们新中华人！这是试验队临时党委书记王志宽的铮铮誓言。于是，在他的带领下，大家对全箭和各大系统进行了反复协调，制定出了一个全箭防雨裙的制作方案，即该防雨裙要做到既便于"穿戴"，又便于拆装，雨天能防雨，晴天能防尘，且不影响各系统的测试工作。

方案仅仅是纸上谈兵，这样的防雨裙根本就买不到。自己动手，丰衣足食，这是王志宽的一句口头禅。但当时基地内一无材料，二无工具，真是巧妇难为无米之炊。那时王志宽的老胃病又犯了，已半个多月没好好吃上一顿饭，身体十分虚弱。但是，他不顾自身病体，带领张文生等几位同志于凌晨从基地出发，驱车几百里路赶往北京，到航天部机关紧急求援。由于这是一项临时提出的任务，部里对此表示理解，但无法帮助解决。于是王志宽当即决定，自行到北京各大百货公司、专业材料商店去采购防雨裙材料。

那时正值盛夏，烈日炎炎，北京的气候每天都在 37 度以上。张文生他们一行在 3 天时间里，每天早出晚归，马不停蹄地转了北京几十家商店，终于买齐了全部防雨裙的布料。望着那些堆成像小山一样的布料，大家心里有着说不出的高兴。而为了这次采购行动，他们几个人日日奔波，三天内竟没有洗过一次澡，没有好好睡过一个觉，也没有好好吃过一顿饭。而当采购任务完成后，大家的疲惫感一下子全都消失了，立马驱车匆匆赶回基地。

回到基地后，他们不顾连日的疲劳，立即组织新中华厂的试验队员，从基地家属那里借来 3 台缝纫机，又连续奋战了 5 天，抢在火箭转场前制作了 7 件全箭防雨裙。

　　大概是老天爷存心要考验一下他们的防雨裙是否合格，就在火箭转场到发射架的当天下午，发射阵地就下了一场特大暴雨，把火箭发射塔架里里外外淋了个透湿。但是，由于火箭及时穿上了新中华人制作的防雨裙，犹如披上了一件合身的"战袍"，箭体未受到一点雨淋，连最怕雨淋的电器装置也发毫无损。在之后的一个多月里，老天爷依然没有善罢甘休，接连下了好几场大雨，但由于火箭有了防雨裙的庇护，各项测试工作顺利进行。最后，长四 A 火箭首次发射取得圆满成功。

　　虽然这件事情已经过去了许多年，但每当回忆起这段往事，张文生都感到难以忘怀。长征四号 A 的成功，也有防雨裙立下的一份功劳。

扭转乾坤龙抬头
金牌火箭美名扬

　　长征二号丁作为金牌火箭名不虚传。当年它创造的三次"龙抬头"神话，一直为业内津津乐道。而它的"六严"作风，曾在国防科工委全系统全面推广，至今仍然是这支队伍的"标配"。它还创造了首次使用"小平台"一次发射成功的纪录。

　　追溯长二丁的发展历史，它原来是在长征四号A基础上派生出来的二级运载火箭，去掉长四的三子级和一级尾翼，火箭一子级加长4米，可多加注40吨推进剂，同时加上新研制的二级仪器舱，从而成为一种新型火箭，并能适应在我国三大基地发射。在一路前行中，他们大胆创新工作流程，目前仅用13个工作日就能将火箭发射出去，创造了新的最短发射纪录。

"六严"作风放光彩，发发成功傲苍穹。

上海航天研制的火箭系列中还有一种在艰难环境中诞生和成长起来的长征二号丁火箭，它完全依靠上海航天人顽强的意志、拼搏的精神和严格的作风，以数十发火箭发发成功的骄人佳绩，以及精确的入轨精度，赢得了用户的至高信誉。自1992年首发成功二十多年来，至今一直用成功证明自己的实力，且长盛不衰，后续任务不断，并将多颗外星发射升空，为中国航天打响长征火箭品牌立下了赫赫战功。在149厂担任了二十年该型号调度的褚贵祥自豪地说，长二丁火箭在中国火箭领域内，是唯一打了50多发而没有一次失利的火箭。而且卫星的入轨精度之高，赢得了中外用户的赞不绝口。

金牌火箭，名不虚传。长二丁火箭的上佳表现，堪称中国火箭领域里的"常青树"。

追溯长二丁火箭的发展历史，它原来是在长征四号甲火箭两次飞行成功基础上派生出来的二级运载火箭。该火箭去掉长征四号甲火箭的三子级，去掉一级尾翼，加上新研制的二级仪器舱，从而成为上海航天一种新型火箭。另外，上海航天人对火箭一子级加长4米，这样可多加注40吨推进剂。长二丁火箭的发射倾角为63°，近地点高度为175公里，远地点高度为388公里，轨道运载能力达4029公斤。它具有性能优良、继承性好、可靠性高和价格低廉等特点。长二丁火箭的低地球轨道运载能力可达 3.4 吨以上，成为我国二级火箭中运载能力最大、入轨精度最高、综合性能优良的运载火箭，并完全满足卫星对火箭入轨精度的要求。

可以说，作为长征四号一、二级改进后的长二丁，就是为专供发射低轨道卫星而量身定制的二级运载火箭。

长二丁火箭最令人称道的是 20 世纪 90 年代第 1 批的 3 次发射，均是在中国航天面临危急关头之际，扶大厦于将倾，挽狂澜于既倒，扭转了被动局面，被时任航天总公司刘纪原总经理称之为"3 次龙抬头"，一时誉满航天领域。长二丁队伍长期以来形成并一贯坚持的"六严"作风，被国防科工委在全国军工系统全面推广，一时声名鹊起，成为全系统学习的榜样。

力争任务，高票赢得

20 世纪八九十年代，北京五院有一系列低轨道返回式卫星研制规划，上海航天过去也曾研制过低轨道科学试验卫星，但没能抓住机遇，失去了良机。但上海航天的运载火箭还算争气，1988 年和 1990 年两发长征四号 A 火箭一炮打响，意义重大，令上级领导对上海航天的火箭研制能力刮目相看。这两发火箭的成功来之不易，既树立了自己的信心，也展示了对外的形象。而在那个阶段，研制任务正面临空缺。上海航天人趁热打铁，先声夺人，在长征四号 A 型火箭改进的基础上，适时推出了二级火箭长征二号丁，为积极争取任务奠定了基础。

这时，五院正在研制第二代两种返回式卫星，而且已经立项。这款卫星的轨道和载荷用长二丁火箭来发射最为合适。但是，当时上级有关领导曾表示，返回式卫星发射任务将由北京一院研制的长征二号丙来承担。一院是火箭领域的正规军，也是"老大哥"，与一院抢任务，似乎有点名不正言不顺。而且上级领导已经定调，再去争抢，难度不小。好在那时市场经济已经深入人心，上海航天多发火箭的成功，证明有这个实力去争抢任务。一切事在人为，上级的定调也并非铁板一块。为了生存和发展，只要还有一点可能性，就要有冲破条条框框的勇气和胆量，敢于去试、敢于去闯。这是当时上海航天局领导的态度和决心。对于用长二丁火箭来发射返回式卫星任务，上海航天局领导认为必须全力以赴，势在必争。于是，苏世堃局长、陈欣生副局长、孙敬良总师等全体出动，纷纷去北京航天部机关游说，努力扩大自己的影响力，争取各方支持。上海航天的主动出击，动静很大，也让航天部领导感到为难。北京一院和上海八院，两家都是火箭总体单位，手心手背都是肉，太偏颇有失公允。为表示公平竞争和机会均等，最后航天部领导想出了一个两边都不得罪的绝妙方式，采取投票方式来决定。于是部领导组织机关7个主要业务部门作为投票主角，用票数的多少来决定返回式卫星任务花落谁家。然而投票结果却爆出冷门，票数为6比1，支持上海航天用长二丁火箭发射返回式卫星任务的居然有6个部门，这让上海航天出乎意料。但他们知道，这完全是长征四号A连续两发成功赢得了人气指数。同时也说明，上海航天运载火箭的地位已经不容小觑，给上海航天人一个机会已成为一种共识。在这样的情况下，投票的天平一下子向上海航天倾斜，似乎也在情理之中。

而像这样以投票方式来决定任务取向的做法，在航天系统内

参与第一发长二丁火箭发射的队员合影

还从未有过。但依然是这句话，成功是硬道理。成功赢得了地位和高票数。

就这样，长二丁火箭在90年代初接过了长征四号A火箭的接力棒，开启了发射返回式卫星的征程，用满满的自信走上了中国火箭发展的历史舞台，使上海航天抓总的火箭又增加了一个重要砝码。研制任务和经费有了保证，研制工作得以延续，同时又稳定了一支队伍。

在新中华厂（805所）火箭总体设计人员的努力下，对长二丁火箭的一级采用加大推力的发动机和加长的推进剂贮箱，并经轨道优化设计以后，使低轨道运载能力得到大幅度提高，大大超过了以往的二级火箭，这是它的显著特点。而在技术创新上，长二丁火箭制导系统采用摄动制导方式，为满足第二代遥感返回式卫星的入轨精度要求，火箭制导设计首次采用了浮动导引、关机延时补偿和误差分离补偿等新技术。火箭还首次采用了我国的第二代惯性测量系统，即动力调谐陀螺平台，俗称"小平台"，其重量仅为气浮陀螺平台（俗称"大平台"）的五分之一。全系统体积小，与国内外当时使用的各种惯性测量系统相比，该平台精度高、可靠性好，在其他火箭、导弹型号上有很好的应用价值。长二丁火箭还首次采用了当时国内最好的小型化干涉应答机。该机采用先进的共同通道锁相技术，相位精度高、灵敏度好、转发功率大，大大简化了发射程序。

而与长二丁火箭同类的国外火箭主要有，美国的大力神2SLV二级型和俄罗斯的天顶号二级型。国内的同类火箭是一院的长征二号丙火箭。与这些火箭相比，长二丁火箭在运载能力、入轨精度等方面均处于国内领先地位，并接近或达到国际先进水平。而就长二丁火箭良好的经济性来说，其单位质量有效载荷的发射费用在当时仅每公斤1万元人民币，不但远低于国外的每公斤5000至8000美元，也低于国内同类火箭的相对价格。

该火箭01批时由施金苗和孙敬良分别担任行政总指挥和总设计师。02批时，由袁洁（现任中国航天科工集团有限公司董事长）担任行政总指挥。

1992年8月9日在酒泉卫星发射场，长二丁火箭首次成功地将我国第二代返回式卫星精确地送入预定轨道。标志着该型火箭首次以完美的形象登上航天发射舞台。

撼天巨龙，三次抬头

在20世纪90年代，长二丁火箭难能可贵的是01批的3次发射，都是在我国航天界遭遇严重挫折和十分困难的危急形势下，背负着巨大压力，领受"只能成功、不许失败、没有退路"的军令状，憋足一股劲，最终没有辜负党和国家对它的殷切期望，每发都打出了气势和威风，每次都扭转了不利局面，为中国航天争得了荣誉和地位。长二丁火箭的3次"龙抬头"，成为它早期发展历程中的一段华彩篇章，并一直被人们津津乐道。

让我们将历史的时针拨回到20世纪90年代初。

那几年是中国航天发射比较热闹的几年，不仅国内的发射任务较多，而且还承担了亚洲一号、澳星等国外商业发射业务，这对运载火箭的研制生产单位来说，市场潜力很大。

伴随着市场经济的日趋建立和日益规范，伴随着承接国内和国际发射业务的越来越多，对航天人来说，面临着一个十分客观而又现实的问题，即在不影响火箭质量，又能提高运载能力的前提下，如何将运载火箭的研制生产成本进一步降下来？尤其是进入 20 世纪 90 年代后，随着现有发射业务的增多，以及背景型号的发射需要，对火箭的低成本、有效载荷的多样化、而运载能力又要大的要求越来越迫切。如我国的第二代返回式遥感卫星就属于有效载荷较重，用户又希望发射成本较低，研制周期不长的对象。

"既要马儿跑得快，又要马儿少吃草"，这是一个两难的命题。但上海航天的火箭专家们却凭借得天独厚的优势"借鸡生蛋"，充分利用已掌握的现有成熟的火箭技术，根据发射业务的实际需要，花很少的代价对火箭进行了适应性改进，便诞生了一个全新的型号——长征二号丁火箭。当他们拿出初步方案时，马上得到用户的青睐，一致认为该火箭的初步方案基本符合返回式卫星发射要求。

1990 年 2 月，根据国防科工委和航天部评标小组最后评决，决定由上海航天抓总研制长二丁火箭发射第一代、第二代返回式遥感卫星。当时第一代返回式卫星重量为 1 吨多，但考虑到今后卫星发展和搭载业务的需求，第二代返回式卫星的重量将达到 3 吨多。那么，该火箭的近地轨道运载能力将按 3 吨或稍大一点设计，这就为以后长征二号丁 02 批火箭的研制生产打下了扎实基础。

1990 年，按国防科工委《关于"长征二号丁"运载火箭研制任务的批复》，下达了长二丁火箭研制任务书，并明确该火箭以发射第一代遥感式返回卫星为主，适当兼顾后续卫星和搭载任务的潜在需求。

于是，1992 年至 1996 年，长二丁火箭 01 批的 3 次惊心动魄发射拉开了序幕。

20 世纪 90 年代初期至中期几年间，对我国航天界来说，是十分艰难、历经曲折的年份。在今天看来，火箭发发成功好像是轻而易举的事情，而在那时，希望一发火箭成功，似乎成为一种奢望。

让我们来了解一下当年的火箭发射纪录。1991 年 12 月 28 日，应该是一个将近年关的日子，中国航天选择这时候发射，就是希望给全年的型号飞行试验画上一个圆满的句号，实现"关门红"。然而天不遂人愿，由于火箭发生了故障，未能将一颗东方红二号甲通信卫星送入大椭圆轨道。屋漏偏遭连天雨，没过几个月，即 1992 年 3 月 22 日，长征二号 E 捆绑火箭发射澳大利亚 B1 通信卫星时因火箭发生故障，在火箭点火后实施了紧急关机。这一天是中国航天人永远难忘的日子，正是这一低级故障的深刻教训，航天部门曾将这一天定为"航天质量日"，让每一个航天人时刻牢记耻辱，把产品质量的重要性放到关乎生死存亡的高度。

同年 8 月 9 日，长二丁火箭肩负重要使命，昂然挺立在酒泉基地的发射架上。这是一发不同寻常的火箭，因为全中国人民的眼睛都在盯着它，甚至全世界的目光都在它身上聚焦，成功与否，关系重大。说到底，它只能成功，不许失败。万一失败，对中国航天的局面及今后的发展走势极其不利。上海航天人知道，虽然长二丁火箭的技术继承性较好，可靠性高，之前整箭前往酒泉基地与发射架进及各个系统进行了充分磨合。但这发火箭毕竟是它研制出来后的第一发，毕竟未经过实战考核，作为一个庞大的系统工程，谁也不知道哪个地方冷不丁会冒出点什么问题来。大家的心一直都悬着，每一个人几乎都在为它祈祷。

不愧是优质火箭，首发长二丁火箭不负众望，一箭破苍穹，将一颗返回式科学试验卫星顺利地送入预定轨道。

旗开得胜，扭转乾坤。刘纪原说，长征二号丁火箭关键时刻的一击意义重大，航天被动局面顿时被扭转，称得上是一次"龙抬头"。借成功东风，中国航天再奏星箭凯歌曲。长二丁火箭发射成功后仅仅5天，又一发长征二号捆绑火箭终于将澳大利亚B1通信卫星送上了太空。

中国航天在1994年上半年再次遭遇"寒流"。那年4月2日，由上海航天人研制的第一颗风云二号静止轨道气象卫星在即将发射之前，突然在西昌基地卫星技术厂房内发生爆炸，不仅卫星被毁，而且还造成了重大人员伤亡。面对重创，航天人没有泄气，没有灰心，跌倒了爬起来再干。同年7月3日，长二丁火箭在酒泉基地首次启用小平台的特殊情况下，将我国的第16颗返回式卫星成功地送上了太空。刘纪原得知长二丁成功的消息后，非常高兴，称赞这是中国航天的又一次"龙抬头"。与此同时，长二丁火箭将吉祥的"龙风"带给了长征二号E捆绑火箭，同年8月28日，该火箭发射又一颗澳大利亚B3通信卫星获得圆满成功。

航天事业是一项高风险的事业，不确定性难以预料，失败的幽灵时常不招而至。1995—1996年间，中国航天又一次面临严峻考验。1995年1月26日，长二捆火箭发射香港亚洲二号通信卫星遭遇"滑铁卢"。1996年2月15日，长征三号乙火箭发射国际708号通信卫星时，结局更惨，火箭刚起飞，只见它未按预定程序上升，出了发射架竟然鬼使神差地拐了个弯，一下子栽到了对面山坡上，伴随着一团浓烈的火光，星箭顿时炸成了一块块金属碎片。事不过三，1996年8月18日，长征三号火箭发射中星七号通信卫星又因三级发动机的二次启动出现问题，再一次失利。

中国航天怎么啦？全世界从不同的角落都在发问。一而再，再而三的失利，让航天人也感到郁闷和窝囊，情绪十分低落。

在这艰难的时刻，党中央、国务院充分理解航天人，记得在2.15星箭爆炸事件后，国务院总理李鹏及时来到航天火箭企业看望大家。他说，航天事业在世界上本身就是一项公认的风险很大的事业，所以我们要胜不骄，败不馁。我们不要因为一两次发射失利就产生悲观情绪。党中央对大家的工作以及工作的风险程度是充分理解的。

党中央的充分理解和支持，让航天人重拾信心和力量。其间，刘纪原在有关场合多次强调，航天失利并不可怕，关键是什么原因导致失利，这一定要搞清楚。是由于科学原理和科研规律我们还没有认识到，还是因为我们的质量意识和质量管理不到位，犯了低级错误。对于前者，我们必须再认识，再提高，直至吃透和完全掌握为止；对于后者，我们一定要加强教育和管理，一定要将航天产品的高质量和高可靠放到极其重要的位置，把确保每一次发射成功提到讲政治讲大局的高度。

中国航天又进入了一个十字路口，成与不成，已经不是一个单纯的技术和业务问题，它已经上升为关系到祖国的荣誉、民族的信心和航天的信誉。就在这非常敏感的时刻，长二丁火箭又担纲起重要使命。同年 10 月 20 日，第 3 发火箭竖在了酒泉发射场。这发火箭的发射意义不同一般，它牵一发而动全身，中央高层对此也很关注。国防科工委主任丁衡高、航天工业总公司总经理刘纪原等都到发射现场督战。发射期间，发射场的气氛相当紧张。上海航天局领导要求孙敬良总师在发射场必须身不离箭，确保这次发射成功。而孙敬良对发射队员的要求是"心不离箭"，时时刻刻要想着火箭。

成败与否，在此一举。航天历来以成败论英雄，成功是硬道理永远是铁律。

下午 3 点 20 分，长二丁火箭尾部喷着烈焰，在众人的瞩目下冉冉升空，升空。成功了！戈壁滩顿时成了一片沸腾的海洋。

这是长二丁火箭的第三次"龙抬头"，让人感到八面威风，扬眉吐气。

亲切接见，终生难忘

长二丁火箭的第一次发射成功意义重大，引起了党中央的高度重视。

1990 年 8 月 9 日，时任中共中央总书记江泽民同志正在甘肃等西部地区视察，欣闻由上海航天局抓总研制的长二丁火箭发射成功的喜讯，他抑制不住激动的心情，执意要到基地里面去看望一下"上海老乡"。要知道，仅从酒泉市到基地里面就要开 300 多公里的路途，而且当时的路况很不好，被称之为"搓板路"。那种路不仅坑坑洼洼的，而且一个沟槽连着一个沟槽，若碰上一个较大的落差，车辆一个大弹跳，足以让乘客的头部碰到车顶。因此，车辆在戈壁滩上长途颠簸的状况可想而知。

新中华厂年轻的火箭总装工曹毅非常幸运，作为参与第一发长二丁火箭发射的试验队员，曾受到江泽民总书记的亲切接见，让他终生难忘。与他一同受到接见的新中华厂试验队员还有张汉东、颜云虎、陈小弟（已故）、瞿雪祥（已故）等。曹毅幸福地回忆起当时的场面：那天是8月11日上午，天上正在下着毛毛细雨，江泽民同志在有关领导的陪同下冒着雨来到基地里面。他不顾旅途颠簸的劳累，一下车就紧紧握着上海航天局副局长兼试验队队长施金苗和火箭总设计师孙敬良的手，连声表示祝贺。同时向集中在那里的上海试验队员频频招手，用他那洪亮的嗓音大声说："大家辛苦了！祝贺你们的火箭发射成功！"全体试验队员热烈鼓掌，欢迎江泽民同志给大家讲话。

接着，在基地的试验宾馆门口，江泽民同志又与大家一起合影。这是上海航天试验队员第一次在航天发射现场零距离地和总书记站在一起，这既是上海航天运载队伍的光荣，也是上海航天人的荣耀。

江泽民同志与全体试验队员合影后，临上车时仍依依不舍地向大家频频挥手。这一动人的场面至今仍留在我们每一个试验队员心中。而那张与江泽民总书记合影的照片，曹毅始终像宝贝一样地珍藏着。

六严作风，全面推广

作为老805人，曾经担任过长二丁火箭总指挥的施金苗，对该火箭创造和出台"六严"作风的全过程记忆犹新。

长二丁运载火箭发射

首发长二丁火箭质量非常好，从一开始就表现出来，尤其是产品在靶场的质量令上级领导感兴趣。记得该火箭进入酒泉基地后，在整个发射准备过程中，除了一个部件因选优而更换以外，没有发现任何质量问题，创造了当时大型运载产品进场质量可靠性的一项纪录。那时在基地现场指导发射的航天部副部长白拜尔对此很上心，他向长二丁队伍提出了一个要求："你们能否做到火箭在基地的开箱合格率达到百分之百？"施金苗回答："根据这次产品的质量情况，再经过努力，开箱合格率百分之百是完全可以做到的。"白拜尔说："那么我们一言为定。你们朝着这个方向努力，目标实现了，届时我们推广你们的做法和经验。"从此以后，上海航天人将长二丁火箭的开箱合格率百分之百作为奋力追求的质量目标。

1994年，长二丁火箭第二次进基地。为此，孙敬良总师自始至终表达了卧薪尝胆、背水一战，不获全胜不收兵的决心。其间，他一点也没有"官架子"，和试验队员一样，整天泡在厂房里，仔细观察队员们装配、测试、检验的各个环节。他既是指挥员，又是监督员，一串可疑的数据，一个不规范的动作，一次作风上的疲态，休想逃过他的锐利的目光。该批评就批评，不留情面，以观后效；该表扬就表扬，学有榜样，见贤看齐。而他那精干的身材、矍铄的眼神，严肃而又不失幽默的形象，给大家留下了深刻印象。全体研制人员也憋足一股劲，按照"两总"提出的要求，对达到新的质量目标表现出极强的信心。

说来也奇怪，第一发长二丁火箭发射成功后，同年，一院的长征二号丙火箭继续发射第一代返回式卫星也取得了成功。国内的两种二级火箭在戈壁滩同场竞技，展开了一场暗暗的竞赛和博弈。而酒泉发射基地对长二丁火箭和研制队伍的评价更高，尤其在产品质量方面和队伍作风方面，上海航天有了更加明显的进步，赢得了基地和国防科工委的高度赞赏。

1994年7月3日，第二枚长二丁火箭发射返回式卫星又准确入轨，圆满成功，这次真正达到了开箱合格率百分之百的质量目标，在发射场没有出现一个质量问题，没有更换一台设备，创造了一项在发射场最好的质量记录。为此白拜尔十分高兴，当即指示长二丁队伍立即总结经验，并准备通报航天系统。而这次成功的时机恰恰又是在长征二号捆绑火箭第二次发射澳星失败以后，因此长二丁火箭的成功被认为是第二次"龙抬头"。

正是在形势不利的背景下，上级领导亟须树立一个典型，以鼓舞士气、激励成功。于是，白拜尔要求上海航天人以最快的速度写出研制经验总结上报。长二丁试验队很快拟定了六条成功经验，其基本内涵为：一、严格按上级的规定办事；二、严格按照技术要求做；三、严格按照规定程序执行；四、严格地面试验；五、严格全过程的质量控制；六、严格搞好行政、技术两条指挥线的岗位责任制。

这就是上海航天运载系统一贯运用的"六严"。这个"六严"不仅是长征二号丁的经验，也是在长征三号、长征四号整个运载火箭研制工作中共同创造的成功经验。

"六严"经验，虽然字数不多，但内容覆盖面却很广。嘴上说说也许比较容易，制定一些规章制度也不难，但关键是要把各项工作真正做到位，每个岗位都做到一丝不苟，精益求精，严慎细实，达到完美的境界，追求卓越的效果，那就不是一桩轻而易举的事了。

航天部立即将长征二号丁的成功经验通报到整个航天系统。航天部在通报中，将"六严"提到航天型号发射成功与失败的高度，认为其根本就是有一支具有严格的思想作风和工作作风的研制队伍。这是一条千真万确的基本经验，"一严"管"六严"，严才能立于不败之地。

不久，国防科工委领导在得知长二丁的"六严"经验后，认为这一经验在国防军工领域具有一定的普遍意义，值得大力推广。于是国防科工委很快把"六严"经验通报到全国国防科研系统，要求用"六严"经验管科研生产，管产品质量，管队伍建设，以追求成功为己任，在新军事变革中发挥广大军工人的主力军作用，为打赢未来一场局部战争做好武器装备的科研、批产和列装工作。长二丁的"六严"经验，为配合当时的形势起到了较好的示范和带动作用。

施金苗深情地回忆，回想上海运载火箭成长的过程真让人感慨万分。多年来，上海航天一直"夹着尾巴做人"，在夹缝中求生存，几乎每次都是在背水一战的不利形势下求得成功，可谓在严格中见真功，在成功中求发展、求成长。一句话，没有严格就没有出路，没有严格就没有成功。说到底，上海航天的运载型号就是在当年风暴一号火箭的一次次失败中、在血与泪的辛酸和苦难中成长起来的。

就拿"严格按照规定程序执行"来说，上海航天人对于新设计的总体、分系统及部分新研制产品，严格按照研制程序完成了火箭可行性论证及初样、试样研制，严格按照各个不同研制阶段的要求，组织设计、生产和试验。上一阶段应该做的工作，决不推延到下一阶段；上一阶段技术指标未达到要求的，决不贸然进入下一阶段。如对于小平台的启用，就是在事先经过三轮严格的地面试验，同时要求小平台在典试中不能带有任何一点问题，每次必须一次通过，直到达到满意的试验数据后才正式使用。为此，该研制单位先后研制出三套典试小平台，并进行了为期3个月的综合试验，用装箭小平台进行了为期两个月的综合试验，在综合试验中解决了小平台与控制系统及其他产品的匹配性，与发控系统的协调性。其间还进行了性能参数稳定性试验、故障模拟试验、各配套单机互换性试验等，同时还进行了基地平台单元测试过程模拟和小平台粗、精瞄准方法模拟等。正是通过上述大量而又繁琐的充分试验，并保证每一次试验都不出任何问题，最后才决定了首次上小平台。

执行"六严"，关键在于认真、较真，不和稀泥，不随大流，不糊里糊涂，坚持既定的原则不放松。如在长二丁首发火箭进行总装时，新中华厂的火箭总装工人在总装二级发动机，对发动机进行例行的多余物检查时，在转动期间，有几个人听到该发动机涡轮泵集气环到蒸发器输入端处似乎有极其微弱的声音。因为声音时有时无，一时也吃不准里面到底有没有多余物。但他们决不放过这一"疑似病例"，决定一追到底，决不放过。于是，他们马上去电将发动机研制单位西安067基地的同志请来，接着大家又一起在总装现场对可疑发动机前后共翻滚了39次，仍然没有发现异常声音。照理，工作做到这个分上，应该说是非常认真、非常严格的了。但他们还是没有轻易放过这一疑似现象，经过协商，他们又请来了上海交通大学、上海电器科学研究所的有关专家，用测量振动信号、声学信号等科学方法进行精细检测，然后再用相关函数进行仔细比对分析。正是经过这样数道严格的检测排查程序，最后才正式排除了发动机内存在多余物的可能性。

确实，世界上怕就怕"认真"二字，我们航天人就最讲认真。认真之师、严格之师才能临危不惧，胸有成竹，每战必胜，百战百胜。

航天部和国防科工委的通报给了上海航天人以极大的鼓舞，而"六严"成为运载火箭研制战线中取得成功的要诀，不断渗透到研制人员的研制过程和行为规范中。

记得当年在运载发射市场严重受挫的不利形势下，航天工业总公司在工作会上把唯一的一块"优质火箭"奖牌颁发给了上海航天局，这块奖牌的含金量是非常高的，曾经一直挂在漕溪路航天大厦局长楼面的过道上。这是对上海航天人的最大肯定和最高奖赏。

长二丁01批3发火箭发射成功后，20世纪末，面对新一代返回式卫星发射任务，一开始争取任务的形势对上海航天十分不利。好在总装备部（原国防科工委）对长二丁情有独钟，三次"龙抬头"令他们印象深刻，所以他们始终看好长二丁火箭。这次总装备部的操作很规范，分别向长征二号丙和长征二号丁火箭发出了招标书，以显示竞争平台的公开公正公平。评标结果喜忧参半，尽管上海航天以11:3的悬殊比分取得大胜，但上级机关总想把一碗水端平，最后采取"硬劈柴"方式，硬是把任务分作两半，由北京和上海的两个型号分别承担两种返回式卫星的发射。

虽然任务变数多，结局无法掌控，但不变的是长二丁严格要求和追求成功的那股精气神。他们不负众望，不辱使命，以昂扬的精神状态进入第二个研制发射高峰期，让发发成功成为无可匹敌的优势。在02批中，上海航天人对长二丁进行了很大的技术改进，使其性能始终保持同类火箭中的最先进水平。长二丁火箭在总指挥兼总设计师马佳的指挥下，又进行了多次成功的发射。长二丁两种火箭用发发成功的佳绩，不断延续新的辉煌。

长二丁火箭的"六严"成功经验至今虽然已经过去了许多年，但它依然闪闪发光，照耀着后续火箭的成功之路。

少帅领军，又创奇迹

2003年，长征二号丁02批第一发（遥4火箭）非常了不起，因为它创造了一个当时国内航天领域时间最短的新纪录，即用短短28天实际工作日，将一颗3吨多重的返回式科学与技术试验卫星发射升空。

长二丁火箭试验队于10月1日抵达酒泉基地，那天正好是国庆54周年。抵达当天，大家顾不上休息，在基地指战员的大力配合下，立即投入了紧张的卸车、各系统产品箱就位等工作。虽说是大漠秋天，但依然烈日当头。大家不顾暴晒，以最快的速度卸完了车，晚上就进行单元测试间的技安检查。第二天起，又开始了各系统单元测试的准备，地面测试设备的恢复，测试间进行供配电技安检查，各系统单机单元测试，箭体交接，公路车跑车试验，塔吊运行检查等工作。

此次长二丁发射的返回式卫星是2003年国家确定的重点大型发射任务。它的发射成功，对适应国际新军事变革态势，加快国防科技建设都具有重大意义。大家充分认清形势，决心继承和发扬优良传统，保持昂扬斗志，以再获成功的佳绩报效祖国。

　　就长二丁遥 4 火箭来说，它有几个新的特点：一是队伍新。这是一支以年轻的科技人员为主、中老年科技人员为辅的研制队伍。许多年轻同志虽然在研制实践中经过摸爬滚打成为技术骨干，但毕竟未经历过火箭发射的实战磨炼；二是火箭新。02 批首飞火箭经过了较大的技术改进后，与 01 批有很大的区别。如箭体二级加长了 1.8 米，采用了推进剂利用系统，增加了尾翼等；三是这次火箭发射采用的是酒泉基地的新发射工位，也是第一次使用；四是地面"三化"设备第一次进行实战考核。

　　这次发射还有一些意想不到的因素，如为了确保神舟五号载人飞船的发射，其他在基地的型号都必须为之让路。就拿试验队员入住的地方来说，是基地准备废弃的一排旧营房，各方面条件均很差，生活后勤保障难以到位。但顾全大局的试验队员一点也不计较，按部就班地做好发射前的各项准备工作。

　　10 月 15 日—16 日，神舟五号载人飞船首飞成功并顺利返回。记得全体试验队员都情绪饱满地到发射现场观看飞船发射。载人航天的首飞成功，让大家激动万分。在发射现场，只见队长马佳将右臂奋力一挥，充满信心地说："下一步就看我们的啦！"

　　马佳，虽然是位 39 岁的年轻人，但已将火箭"两总"一肩挑，被称为航天少帅。1991 年，马佳毕业于西北工大导弹总体设计专业，分配到新中华厂 805 所一室，曾参加过我国载人航天工程先期方案的论证工作。一年后，转到运载型号线上，从事火箭总体设计。1994 年，年仅 29 岁的他就担任了 805 所运载火箭总体室主任，其间参加过长征四号乙、长征二号丁等火箭型号的设计工作。1997 年起，先后担任长征四号乙副总设计师、805 所副所长、长征二号丁总设计师、总指挥、院长助理、副院长。2002 年获得航天奖，2003 年获得上海市"十佳"杰出青年称号。

马佳给人的第一感觉是挺斯文、很内秀，性格沉静，含而不露，连说话也是轻声慢语，不急不躁。但了解他的人都知道，他性格刚毅、反应敏捷、处事果断，尤其是进行决断时，决不拖泥带水。

他从小就喜欢航天，少年时就被加加林的飞天壮举和阿姆斯特朗的勇敢登月激励过，立志长大后要做一个航天人，建功航天事业，塑造美好人生。于是在高中毕业填写大学志愿时，他毫不犹豫地选择了西北工大。在读期间，他是该校学子中的佼佼者。

他在进单位不久，就因努力工作，刻苦钻研，用所学知识与科研实践紧密结合，而受到航天老专家的充分肯定。那时航天产业正处于低谷，科研人员的收入不高。因此与他一起进来的小青年不少人纷纷跳槽，奔着外企和高薪而去。

马佳没有失落。他认为既然选择了航天，就应该无怨无悔，盯着前方目标，咬定"航天"不放松。

正因为他的执着坚定，有志有为，以及在型号设计中不断取得成绩，作为年轻一代接班人，他很快就被提到领导岗位，并成为年轻的火箭"老总"。

在马佳的率领下，试验队以"六严"作风为己任，制定了一系列质量措施，确定了各阶段工作目标，同时结合质量信得过达标活动，组织开展"双想"活动，使全员牢固树立质量第一的思想。为把质量管理的工作落到实处，试验队进场前就制定了软件工作要求、接插件工作要求、归零工作要求等各类质量管理规范，并编入《长征二号丁运载火箭发射场工作手册》，分发到每位队员手中，做到人人皆知。

　　进基地后，试验队在首次质量会议上就明确提出，必须保持质量信息传递网络的畅通和互通有无。对状态恢复阶段、单元测试阶段、火箭转场、分系统通电前等节点，试验队提出了每个阶段性质量控制目标。不求快，只求细，不放过任何可疑数据，质量问题上报不过夜，成为一条准则。严格的质量管理带来了明显成效，在此次发射全过程中，没有发生任何质量事故和人为操作失误，产品开箱合格率达到100%。为节省时间，他们决定取消技术阵地的水平测试项目，为创造最短发射纪录打下了基础。

　　2003年11月3日下午3点20分，随着一声点火令下，长二丁02批首发箭喷出烈焰，将科学实验卫星稳稳地托起，昂首飞向蓝天，飞向苍穹。

　　一二级分离，星箭分离，卫星准确入轨。喜讯传来，试验队员相互庆贺，尽情欢呼，整个发射队沉浸在成功的喜悦之中。

　　而到了今天，28天发射一枚火箭的纪录又被17天的最短纪录所打破。据现任长二丁火箭总指挥谈学军介绍，长二丁火箭这支队伍长期以来一直秉承"六严"作风，尽管这些年来新老更替速度很快，队伍也越来越年轻化，如火箭总装队伍几乎是清一色的青年人。他们朝气蓬勃，刻苦钻研，继承和发扬老同志的优良传统，总装出来的每一发火箭都是高质量的，为连续成功立下了汗马功劳。

　　随着中国航天事业的快速发展，长二丁火箭的发射任务已从原先纯粹发射返回式卫星转变为军用、民用、商业和国内外各种类型的卫星并举，以及发射在轨出口卫星等，是一种名副其实的多用途运载工具。该火箭成为国内用二级火箭率先发射一箭四星的首枚火箭。2012年长二丁发射的土耳其卫星，也是国内首次从国际发射市场，在公开招标形式中争得的第一颗卫星。

目前长二丁火箭发射量已从原来的几年一发变成了一年数发、十余发，呈现几何级增长。如在 2017 年 1 月至 2018 年 3 月的 15 个月内，长二丁火箭总装团队经过全力拼搏，创纪录地完成了 8 发火箭的总装任务，以及 7 发火箭的发射任务。而在发射高峰时期，他们在 60 天内完成了酒泉和太原两地 3 发火箭的发射任务，最短的时候，他们在 17 个有效工作日内发射成功一发火箭。

火箭新时代，高密度发射已成新常态。但对于长二丁火箭这支久经沙场的总装团队来说，只要任务需要，无论严寒酷暑，也无论转战多地，这一切都不成问题。全力以赴，迎接挑战，夺取全胜，是他们的坚定信念。

总装团队，不辱使命

巍峨矗立的塔架，直刺云霄的火箭。责任与使命，把总装团队与火箭紧紧地捆绑在一起。

火箭这一庞然大物，是由几十个舱段、上百台单机、上百根导管、上百束电缆、上千个螺钉和上万个标准件组装而成的。在总装过程中，149 厂长二丁火箭总装团队经过几千个连接点的定力安装，几百个电连接器的插接，以及一丝不苟地精心操作，才将一发庞大的火箭组装出来，并让它傲然竖立在发射场的塔架上。

从一个个舱段，到一台台单机；从一根根导管，到一束束电缆。在总装系统性工艺方案和诸多总装工人的精细化操作中，方能完成一发完整合格的运载火箭的总装任务。多年来，总装团队人员虽然换了一茬又一茬，但始终坚守"六严"作风，坚持"零差错、零失误"操作标准，保证任何环节不出任何差错，决不让"千里之堤，溃于蚁穴"。由该总装团队承担的 50 多发长二丁火箭总装任务，至今没有出现过一起因操作失误而引发的质量问题。

随着航天形势的蓬勃发展，航天人面临着高密度发射的新状态、新挑战。而高密发射任务的圆满完成，靠的是团队精神和文化传承，靠的是一群用心付出的总装人。他们或顶烈日，或迎寒冬，甚至在前所未有的 60 天内转战两个基地赢得五战五捷，整个团队均按计划节点无差错地完成了被认为几乎不可能完成的任务，而完成这些巨量工作的总装团队只有 20 人，他们分别承担着工艺技术、总装操作和质量检验等岗位职能，且绝大多数为85 后、90 后，平均年龄不到 32 岁。

火箭总装是一个既需要个人技术，又需要团队合作的系统性工程项目，首先技术人员要将工艺文件细化到一滴油膏、一个垫片、一个动作；其次操作人员在有限的空间里，要像猴子一样灵敏、要像机器人一样精准实施每一项操作；最后检验人员则像啄木鸟一样细致，像老鹰一样敏锐地检测复查。在繁重而又烦琐的工作中，大力协同、同甘共苦是总装团队的价值认同；同岗位之间的互相配合，不同岗位之间的互相补台，一直是他们遵循的职业操守。

总装工艺方案的改进，则是他们用心的体现，因而每个人都成为推进工艺方案改进的参与者和践行者。他们通过分析总装过程中的并行环节，充分挖掘潜在能力。如在一次发动机二级主导管装配过程中，总装人员提出，为什么要反复调整贮箱姿态，而不是将最终的姿态变成第一个姿态呢？

也许这只是随口一说，却激发了现场工艺人员的发散思路。通过几种方案的对比，工艺人员最终确定了改变贮箱的停放基准，从而优化了装配流程。在此方案中，他们打破固有思路，将原有45°的象限基准与地面成水平状态，从而减少了贮箱的状态变化。如此一来，不仅在该环节就提高了30%的总装效率，而且，产品的质量可靠性也得到大幅度提升，从而让质量管理贯穿于总装的每一个细小环节。

又如，在伺服机构调零装置的改进中，伺服机构与发动机的机电零件调整匹配工作是每发火箭的常规工作，原工艺方案采用2台设备和2根4个分束的连接电缆进行操作。总装操作工根据经验向工艺人员提出改进设想，工艺人员结合专业知识形成具体的改进方案。实践证明，该方案使操作过程更为简便可靠，于是投入应用并取得了专利受理。

长二丁火箭总装团队始终在前辈传承下来的文化中成长，让"以老带新、经验传承；以身作则、榜样力量"成为传统。每年入职的总装新人，在总装团队文化氛围的熏陶下，明确了责任，传承了技艺，培养了良好习惯，均在较短的时间内成长起来。总装团队中的顾伟跃师傅，40多年来始终奋战在总装第一线，具有丰富的总装经验，是长二丁总装当之无愧的"元老"。对于"传帮带"，他认为最重要的是做到言传身教。记得当年他的60大寿也是在酒泉基地度过的。照理说，男同志到60岁，是他正式退休、回家享受的日子，而为航天事业工作了一辈子的顾伟跃师傅，奉献航天的最后时光依然奋战在火箭岗位上，让周围的同事非常感动。他培养的几个徒弟目前已成为团队的核心力量。徒弟们不仅传承了他的优良作风，而且培养的第三代新人也承担起高密度发射重任。

在 2019 年 9 月 25 日，长二丁火箭成功地将云海一号 02 星送入预定轨道。这一火箭从 1992 年第一次首飞至今，已经成功发射了 44 次，将 92 颗卫星送入了预定轨道，成功率为 100%。

她是运载型号发射现场少有的女中豪杰，不仅仅承担了型号任务的管理和生产工作，还作为总装团队中的唯一一名女队长参与了发射任务。她文雅中不缺坚韧，开朗中不失沉稳，柔美中不乏果断。她就是长二丁火箭总装团队的分队长马璎。

9 月 25 日，当长二丁遥 43 运载火箭在大家的期待和注目中昂然升空，当测控大厅宣布"长二丁 Y43 火箭发射云海一号 02 星取得圆满成功"的时候，大家欢声雷动，欢笑和泪水交织在一起。

此刻，马璎流下的喜悦泪水中包含着伤感。喜悦的是通过大家的努力任务圆满完成，伤感的是她在老母亲弥留之际未能见上最后一面，这份遗憾让一直坚强的她难以释怀。原来在火箭发射前夜，马璎的母亲去世了。得知消息的她，以坚忍的意志强忍悲痛，始终坚守在岗位上。149 厂分队的各项工作，在马璎的指挥下，有条不紊，井然有序。

149 厂总装团队在每一次发射任务中，还须承担火箭的千里押运和装卸工作。从上海到酒泉基地，专列一般需运行 5 天 6 夜。专列车厢是现在铁路上难得一见的绿皮火车，硬件设施与新车型无法相比。尽管条件非常艰苦，但在整个产品押运过程中，总装人员除了每天两次对产品运输状态进行例行检查外，还不能随意下车，仅依靠在车厢里的来回走动来缓解长时间乘车带来的疲劳和不适。寒冬季节滴水成冰，炎炎夏季酷暑难耐，但无论何时，哪怕碰上春节和国庆假日，总装人员始终按照规定程序和严格制度，按时检查产品状态，确保火箭的运输安全。

临危不惧，一等功臣

奋战高密度，建功新时代。

2018 年，是中国运载火箭发射数量最多的年份，达到 39 发，并首次超过美国，位列世界第一。正是在这样的高密度发射中，中国航天人转战南北，克服各种困难，奔忙于各个发射场。其间，涌现出许多可歌可泣的感人事迹。149 厂长二丁火箭总装团队中的徐超，就是其中让人感动的人物。

2019 年初，在上海航天局局长颁布的年度嘉奖令一等功臣中，长二丁火箭总装团队成员徐超名列其中。一个普通的总装工人能获得一等功，实属不易。火箭总指挥谈学军夸赞说，徐超这小伙子，在 2018 年 12 月份长二丁 Y48 火箭发射沙特阿拉伯卫星中，不仅冒着低温严寒，而且承担着巨大的风险，更换了一台火箭上的"惯组"部件。他是立下大功的。为他申报一等功，是我们"两总"的一致意见，也得到了院评审组的认可。

事情的原委是这样的：那次长二丁 Y48 火箭已经矗立在发射架上，火箭顶部的卫星已安装就位，整流罩也已扣罩，火箭发射已经进入临射阶段。而就在发射之前万事俱备之际，忽然发生了光纤陀螺惯导组合数据超差的问题。光纤陀螺惯导组合这一部件处于火箭与卫星级段之间，如果按照正规的拆卸途径，必须将整流罩和卫星分别吊卸下来，才能对"惯组"进行更换。但这样一来，就属于动"大手术"了，需花费数天时间。而这次发射的是外星，耽误了外星的发射时间，则又涉及外交方面等复杂问题。面对窘境，焦急的谈学军与 149 厂总装工人徐超协商，问他能否利用整流罩上 450 毫米 ×450 毫米这样一个很小的方形窗口，钻进去实施操作？老实说，徐超虽然承担过多发火箭的总装和发射任务，但像这样的"躬身"操作方式，他还从来没有干过。他也曾担心，如果他出于好心，勇敢地挑起这一重担，但万一在拆卸过程中出现失手，那不仅完不成任务，而且反而会添乱，带来更加不利的后果。因此，他完全可以拒绝这一非常冒险的操作。但经过一番激烈的思想斗争，最终他还是以一个航天人的责任和使命意识，毅然揽下了这一"分外事"。

徐超清晰地记得，那天是 12 月 26 日的深夜 11 点，酒泉基地的气温在零下 20 摄氏度左右。为了"瘦身"，他不能穿臃肿的滑雪衫，只能穿一件单薄的衣衫，以他灵巧的身体，钻进整流罩的那个小方洞。

徐超回忆说，那天他不仅冻得浑身发抖，而且由于操作空间非常狭小，他只能以"三点支撑"的原理，即采取跪姿，再用一只手支撑，甚至用下巴顶着平台借力。而在整个操作过程中，他必须全神贯注，集中精力，轻手轻脚。如果万一失手，将手中的工具丢落，那将会带来很大的麻烦。其间，他用另一只手缓慢地、小心翼翼地使用专用工具，十分费劲地将"惯组"拆卸下来。那只"惯组"足有 20 多斤重，一只手根本搬不动，于是他又借用肘部支撑，才将"惯组"小心地平移托出，交给舱口的传递人员。接着，他再通过逆向操作，将一台质量完好的"惯组"依照原样安装复位。等圆满完成这一"惯组"的拆卸和安装工作，徐超爬出舱口时，人简直快冻僵了。

此刻，待在发射现场的谈学军，同样冒着严寒，守候着那次艰难而又充满风险的操作。当徐超完成更换操作全过程，他终于松了一口气，为徐超的敢于担当非常感动，也为有这样高素质的总装员工而感到高兴。他说，徐超就是年轻一代长二丁"六严"作风的传承者和弘扬者。可以说，他为Y48火箭的成功立下了头功。

正是有了这样优秀的总装团队和优秀的总装工人，才能不断为长二丁火箭铸就新的辉煌。也正是有了这群可爱的总装人，才能不断托举着共和国的大国重器，继续谱写中国航天"龙抬头"的新篇章。

特殊时期，西昌首发

2020年春节期间，是中国人民遇到的一个特殊而又艰难的时期。由于武汉出现了新型冠状病毒肺炎的传染性疫情，并向全国各地蔓延，让防疫和管控形势一下子变得紧张起来。

疫情就是命令，防控就是责任。面对重大灾难所发生的诸多变故及疫情管控带来的严峻考验，上海航天的火箭人没有停止遥望星空、探索宇宙的步伐。正是在疫情暴发时期，2月20日5时07分，长征二号丁运载火箭首次在西昌卫星发射中心刺破夜空，飞向苍穹，以"一箭四星"方式将四颗新技术试验卫星送入预定轨道。特殊时期的成功，来得太及时了，极大地鼓舞了全国人民抗击新冠病毒的士气。媒体舆论对此次长二丁火箭发射成功给予的评价是："病毒阻挡不了中国航天前进的步伐，阴霾也无法笼罩中国人民仰望星空的目光。""负重前行，点亮黎明。""非常时期，非常提气！"

长二丁火箭发射的新技术试验卫星C、D、E、F，主要用于在轨开展星间链路组网及新型对地观测技术试验，其中C、D星由上海航天抓总研制，E、F星分别由哈尔滨工业大学和中国空间技术研究院抓总研制。

值得一提的是，本次发射的长二丁火箭是首次在西昌卫星发射中心执行任务。此次长二丁还实现了"两个首次"新突破。一是首次使用新型"测发控"一体化设备。对于长二丁而言，首次进入陌生的西昌基地发射，意味着要对自身做出改变，以快速适应新的发射环境。据149厂一位火箭人描述：这次发射采用了一套新型地面一体化测发控设备，不仅是因为新基地需要一套新的设备，还为了借此机会实现长二丁和长征四号系列运载火箭地面设备的通用化。地面一体化测发控系统是关乎运载火箭发射的重要系统，集成箭上控制、遥测、外测安全等电气系统及动力系统，具备自动测试、控制和发射等功能，同时还有应急控制功能。其间，长二丁研制团队充分利用前期成果，与长征四号团队进行充分沟通，最终，设备规模由原来16个机柜缩减为10个，软件配置项目数由31项减少到15项，终于实现了90%的运载火箭通用化率。通用化率的提升，为后续的火箭生产、发射等任务带来极大便利，并大大节约火箭的发射成本。

二是首次实施"四星串并联"发射布局。"两舱串联+上层并联"的"四星串并联"构型，是在以往"双星串联"和"双星并联"的基础上首次提出的创新做法，即通过在整流罩和箭体之间增加一个过渡舱，以放置最重最大的一颗卫星。由于过渡舱的增加，全箭高度增至46.7米，比常规状态多出近6米。火箭的增高，对火箭整体和各系统来说，都带来了一定风险的挑战。

即便安置好1颗大卫星，其余3颗也不容小觑。为了使3颗卫星尽可能互不影响，又要使重量偏置较小，在149厂强大制造力的支撑下，火箭设计和总装创造了"三星并联支承舱"，并为每颗卫星制作了专用"座椅"——转接环，让卫星能够稳定地立在支承舱上。据149厂长二丁火箭总装主任工艺师乔学锋介绍，对于运载火箭而言，无论是15种结构件、40件阀门产品、50件单机产品，还是上百束电缆和百余根导管，它们的基本状态是一致的，只是有效载荷的不同会带来"七十二变"。此次为了能够让4颗卫星安稳地藏在"大脑袋"里，149厂运载团队做起了一次"脑科医生"。他们根据3颗卫星并联布局的结构，分别设计生产了三种不同高度和外形的连接环，先后讨论了几套方案，最终决定采用18道工序进行加工。

乔学锋提到的连接环，指的是用于连接安放卫星的适配器和运载火箭二级顶端的支承舱之间的重要部件，是让卫星安稳就座的"座椅"。由于此次设计的连接环结构较为特殊——一侧端面是由两个不同半径的半圆组成，在内侧斜面还增加了许多加强筋，这就让产品结构产生了偏心，无法通过常规的数控立车来加工。为此，他专门找来攻克长征五号助推模块斜头锥关键技术的机加工工艺员王良帮忙助阵。

不愧为"老法师"，王良一看到设计模型心中便有了底。"这次的连接结构偏心设计和长五斜头锥主承力板的设计方式很相似，借鉴之前的经验，重新设计工艺方案，必能做出来。"王良信心满满。他说完就开始梳理产品的结构特征，评估加工难度，并与805所设计师进行论证，决定采用数控立车和高精度五轴加工中心等设备分18道工序进行加工。加工中，为保证零件在加工完成后不发生变形，他们制定了粗加工、半精加工和精加工三个阶段。在粗加工阶段，王良采用高效的"大切深、小切宽"的加工方法，缩短了加工周期。在精加工阶段，为了保证零件内外曲面与设计结构相一致，他们采用了五轴联动底齿加工方法，再加上使用加长刀杆配合主轴摆头对零件内侧区域加工，最终完成了产品的生产。产品交付后，经过振动试验和静力试验，均满足设计要求。一系列"智造"为"大脑袋"的穿云裂帛提供了坚强技术支撑。

发射前，149厂总装团队还对"大脑袋"进行了精心呵护。面对卫星十分苛刻的环境要求，149厂总装团队将清洁工作落实到每一个细节。他们对支撑舱、倒锥组合体等多个舱段的每一处舱体均进行细致的表面灰尘吸除，再用酒精擦拭，就像爱护自己的孩子一样。

而当卫星在各个"座椅"上坐稳后，对"大脑袋"实施扣罩的过程同样充满各种风险，由于3颗并联的卫星直径过大，留给整流罩到它们之间的安全间隙非常小，所以在扣罩时必须特别小心翼翼。徐超和龚佳乐师出同门，是一对配合默契的老搭档了，于是由他们两人担当扣罩大任。扣罩时，他们反复确认吊装位置，让扣罩定位精确到毫厘之间。经过他们的精准指挥，"大脑袋"缓慢下落，最后稳稳地落在组合体上。太棒了，分毫不差！高超的总装技术赢得了在场人员的一致喝彩。

长二丁试验队此次发射周期横跨整个春节，同时又碰上全国上下全力抗击新冠病毒肺炎的关键时期。航天科技集团公司党组书记、董事长吴燕生亲临西昌基地指导发射工作。他指示说，党中央、国务院对疫情防控作了重大战略部署，长二丁发射的意义不同一般，必须要以成功来全面落实习近平总书记重要指示精神。航天科技集团公司党组副书记、总经理袁洁也前往北京航天飞行控制中心观看发射情景。为了一枚火箭的发射，集团公司两个主要领导亲自出场实不多见，充分说明在疫情防控特殊时期，此次长二丁火箭发射的重要性。

"兵马未动,粮草先行。"为了确保试验队防疫物资的供应,春节留守在西昌的褚贵祥和朱东平提前行动,加紧采购,以确保试验队员的健康排查、防疫物资下发等一系列保障工作。为了打好疫情防控阻击战和圆满完成发射任务"两场战役",试验队通过"两手抓",保证防御不缺位、人员不缺岗、进度不拖延。在整个发射任务期间,试验队专门成立了新冠病毒预防控制工作小组,按照科学防治、精准施策要求,制定了各项严格的管控措施,积极应对疫情防控,保证发射工作的正常推进和试验队员的身心健康,做到守土有责和勇于担责,确保了发射任务的圆满完成。

2021年1月6日,上海航天召开庆祝长二丁50发发射成功座谈会。院长张宏俊指出,长二丁研制队伍将首发成功作为安身立命的前提,将发发成功作为持之以恒的奋斗目标,至今已经成功实施发射了51发火箭,将111颗各类卫星成功送入预定轨道。火箭发射频率从几年1发到一年8发,发射能力从1箭1星到1箭12星,发射基地覆盖酒泉、太原、西昌三大基地,火箭的可靠性、安全性、任务适用性、发射成功率和入轨精度不断提升,都达到国际一流水平。长二丁作为"金牌火箭"成功发射50发,是上海航天发展历史上的一个重要的里程碑。

没有岁月静好,唯有开疆拓土。面对疫情雾霾,长二丁不负众望,再一次用西昌首发的成功,赢得了聚焦的目光。

运载火箭新一代
开创航天新时代

　　上海航天目前承担的新一代运载火箭有两款,一款为长征六号运载火箭;一款为芯级直径5米的长征五号大型运载火箭(上海航天承担4个助推器的研制)。

　　长征六号火箭属于快速响应型火箭。作为先行者,它首次使用液氧煤油,使其成为国内首款使用无污染燃料的新型火箭。长征六号是目前国内独家使用"三平测发"模式的液体火箭。"三平"即火箭在水平状态下在厂房里进行水平测试,进行星罩组合体与箭体的水平对接,对接完之后经由发射车从厂房转场到发射区域,转场过程依然是水平状态。

　　长征五号火箭被业内称为"胖五",整箭高57米,重800多吨。把这么重的"大家伙"打上天的,靠的就是4个力大无比的助推器。它承担了全箭90%的起飞推力。其底部安装的8台120吨液氧煤油发动机,可产生最高压强达500个大气压,相当于可把黄浦江的水打到5000米高的青藏高原上。

十年磨箭功始成，风鹏正举惊九天。

新一代运载火箭是中国航天为了替换老旧的长征二号、长征三号和长征四号等系列火箭，着力提升航天运载能力而于2006年开始研制的新型火箭系列。

中国新一代运载火箭由芯级直径5米的长征五号系列大型运载火箭、芯级直径3.35米长征七号系列中型运载火箭和长征六号小型运载火箭组成。新一代运载火箭采用无毒无污染的液氧、液氢、煤油作为主要推进剂，运载能力将覆盖近地轨道1.5—25吨，地球同步轨道1.5—14吨。

中国长征系列满足了中国在20世纪90年代和21世纪初的发射需求，是国家重要航天工程中所规划的一系列具备各种载重能力的航天运载工具。这一时期，长征系列发射了大量的遥感卫星、科学实验卫星、返回式卫星、通信卫星、气象卫星、北斗导航等，构建了比较完善的卫星网络，使中国拥有200多颗在轨卫星，同时还完成了载人航天工程和"嫦娥探月"工程等任务。但中国航天计划在2022年左右完成空间站建设任务，其中包括发射首颗火星探测器、月球无人采样返回和大型通信卫星等航天计划，这无疑对火箭的运载能力提出更高要求。由于载人航天与探月工程在中国航天工程中具有十分重要的地位，使得该需求显得非常迫切，且与新一代运载火箭密切相关。

新一代运载火箭的研制可以归纳为"一个系列、两种发动机、三个模块"的总体发展思路。运载火箭技术是航天发展的基础，"航天要发展，动力须先行"，所以新一代运载火箭基本上采用了全新的发动机。"两种发动机"指的是新一代运载火箭的主动力，新型的120吨级推力液氧煤油发动机YF-100和50吨级推力液氢液氧发动机YF-77。"三个模块"指的是使用氢氧推进剂的5米直径模块、使用液氧煤油推进剂的3.35米模块和2.25米模块，其中5米模块采用2台YF-77发动机、3.35米模块采用2台YF-100发动机、2.25米模块采用1台YF-100发动机。

三个模块按照不同的方式组合起来，就形成了长征五号、长征六号和长征七号三种新一代运载火箭。而航天业内在做顶层规

长征五号乙运载火箭点火升空

划设计时，将长征六号和长征七号视为长征五号的亚型，运载能力低于长征五号，即所谓的"一个系列"。这是因为长征五号用到了所有的3种模块，3.35米和2.25米模块既用作长征五号的助推器，又用作长征六号、长征七号的芯级或助推器，长征六号和长征七号在技术上实则是长征五号的衍生品。

新一代运载火箭中长征五号火箭芯级为5米直径火箭模块，使用2台YF-77氢氧发动机，加满推进剂后的质量约为175吨。由于芯级本身的推力小于自重无法独立使用，因此长征五号火箭必须捆绑4个助推器。而助推器有2种，包括采用1台YF-100发动机的2.25米模块和采用2台YF-100发动机的3.35米模块。长征五号在发射地球同步转移轨道卫星时，还需要采用二级半设计，增加了使用2台YF-75D发动机的上面级。

长征六号火箭的定位是快速响应型火箭，但与国内外绝大多数快速响应火箭不同的是，它采用液体燃料，而非固体燃料。作为先行者，它首次使用液氧煤油燃料，使其成为国内首款使用无污染燃料的新型火箭。

显而易见的是，液体燃料燃烧效率更高，可以提供较大的运载能力。更进一步讲，由它支撑起的更大直径的火箭芯级，允许火箭配备更大容量的整流罩，这意味着火箭可以发射更大重量、更大体积的卫星，也为多星发射提供了良好的平台。在卫星种类频出、发射需求扩张的时代，可以说，长征六号呼之欲出。

长征六号是国内首创且目前独家使用的"三平测发"模式的液体火箭。"三平"即火箭在水平状态下在厂房里进行水平测试，进行星罩组合体与箭体的水平对接，对接完之后经由发射车从厂房转场到发射区域，转场过程依然是水平状态。

"三平测发"让火箭发射场工作流程大大简化，进而具备快速响应能力。这正是长六"快"的秘诀——不是快在动力上，而是快在测发模式上。

而一个即将到来的变化是，长征六号还将对三级发动机实施二次启动能力，这对上海航天来说，是一项相对成熟的技术。二次启动可以让长征六号的运载能力和运载功能更强。

除此之外，长征六号去任务化工作也在同步推进。所谓去任务化，即加强火箭的通用性和适应性，将火箭中与卫星无关的部分先设计好，发射任务一来，即可以采用模块化方式，实现快速履约和快速承接任务。不同的星箭分离产品，可以满足不同的任务需求，给用户更多的选择。

据悉，长征六号的改进型也正处于紧锣密鼓的研制中。上海航天正在研制的长征六号改进型运载火箭采用两级半构型，液体芯级捆绑4枚固体助推器。改进型目前已经完成立项，命名为长征六号甲。长六甲除了捆绑4个2米直径的固体助推器之外，其芯一级液体发动机也将由原先的1台增加到2台，使其运载能力进一步增强。

长六甲将是我国首枚固液结合的新一代运载火箭，上一型固液结合的火箭，还是五十年前的长征系列火箭鼻祖——长征一号。长征一号于1970年4月24日成功发射我国第一颗东方红一号卫星。该火箭退役后，我国再未进行过固液结合模式的运载火箭的尝试。如今，固液体动力在新一代长征火箭中再次联手。相信这个新型组合，将使长六甲执行多种轨道发射任务的能力得到进一步拓展。而长六甲实现首飞，指日可待。

在上述三型新一代火箭中，上海航天及149厂承担了长征六号火箭总体研制和总装、长征五号火箭4个助推器研制和总装这两大科研任务。

长征六号：我国首飞成功的新一代运载火箭
创新技术，多重考验

2015 年 9 月 20 日清晨，我国新一代首枚运载火箭长征六号火箭在太原卫星发射中心腾空而起。研制人员紧盯着大屏幕上的飞行轨迹，其飞行轨迹和理论轨迹吻合得很好。这时传来西安测控中心的报告：星箭分离正常。顿时，大厅内响起了热烈的掌声。长征六号首飞成功，同时犹如天女散花一般，一下子将 20 颗卫星送入预定轨道，创造了我国一箭发射多星的一个新纪录。

这是上海航天时隔将近二十年，一个新型运载火箭的华丽现身和崭新开始。

长征六号于 2009 年正式批复立项，经过将近 7 年的研制攻关，记录了我国新一代运载火箭从无到有及首飞成功的全过程。

20 世纪 90 年代后，世界各国都开始投入新型运载火箭的研制，以便进一步提高火箭可靠性、降低发射成本、提升运载能力。而且从环境保护角度考虑，使用无毒无污染燃料，已成为新型火箭的发展趋势。与此同时，我国也提出了发展新一代运载火箭的设想。

2008 年 7 月，中国航天科技集团公司明确，由上海航天技术研究院抓总，组织开展新型快速发射液体运载火箭的研制工作。长征六号的研制由此拉开序幕。

对于上海航天而言，这无疑是一个令人振奋的消息——当时国内已近 20 年未开展新型火箭的研制，能从事一个全新型号的研制，是火箭人梦寐以求的事。但创新之路无坦途，新火箭的研制困难重重——长征六号与现有的长征系列火箭有着很大差异：全新的动力系统、更高的安全可靠性要求、低成本发射控制要求、短周期发射要求等。

总体人员在长征六号火箭立项论证方案设计阶段就开展了运载能力优化工作，以高可靠、低成本为原则，通过对长征六号各分系统功能和指标合理分配，在满足其功能的前提下，对动力系统、增压输送系统等关键系统开展了多方案比对及综合论证，最后确定了煤油箱、液氧箱前后位置和双层共底，并且共底前凸的二级共底贮箱方案。从集成化、总体布局、系统复杂度、响应性和气动影响等方面考虑，提出了二三级辅助动力系统合一的方案等，还将二级共底贮箱前短壳和二三级级间段合并成一个舱段，将一级煤油箱后短壳和一级后过渡段合并成一个舱段来简化构型等。

长征六号运载火箭在发射基地

长征六号总体方案共确定了以 12 项重大关键技术为代表的 90 项关键技术，其中，"三平"测发模式（水平星箭对接、水平整体测试、水平整体运输起竖）；高比冲、大推力、无毒液氧煤油发动机的选用。PMI 泡沫作为夹层的二级大温差共底贮箱；采用球形金属膜片贮箱。实现推进剂存贮与管理；冯·卡门外形、具备全向透波能力的复合材料夹层结构卫星整流罩方案等，都是国内运载领域首次运用，而含有一定杂质的氧箱自生增压技术更是国内外首次使用。这些都需要在后续的型号研制中一一得到突破。

参照国际运载火箭的发展方向和最新技术，长征六号选用了新研制的高比冲、大推力、无毒液氧煤油发动机作为主要动力。为保证火箭的运载能力和可靠性，优化总体构型，必须尽量简化系统，突破传统火箭的研制框架。

综合各种因素，研制团队提出，在发动机增压输送系统中采用含有一定杂质的氧箱自生增压技术，来实现发动机氧箱的内部增压。这个方案一经提出，就面临来自各方的重大分歧。有专家建议采用氦气加温增压方案，但团队则坚持采用更具创新性、技术性和经济性的自生增压方案。相对而言，自生增压方案可取消一整套氦气增压系统，优化火箭总装方案，同时有效提升火箭的运载能力。但是由于自生增压气体中含有微量杂质气体，可能对阀门和发动机造成一定影响，而且这在目前国内外尚无可借鉴的成功案例，这就使得自生增压方案面临着重重困难。

面对诸多质疑，研制团队坚定这一方案的先进性和科学性而毫不动摇，并迅速组织队伍开展自生增压技术攻关，详细分析杂质气体对增压输送系统的影响，同时开展消除措施的有效性验证。随后根据发动机试车数据及总体参数，进行自增压方案论证、增压计算、对比分析，最终排除了各方干扰，确定了设计方案。

2012年11月，火箭迎来研制历程中最关键的一个考验——一子级热试车。这不仅要考核火箭的增压输送系统和发动机，还包括控制系统、测量系统和附加系统，对火箭而言具有里程碑意义。伴随着震耳欲聋的声响和发动机尾焰蒸腾出的滚滚水汽，短短170秒，增压输送系统全程增压正常，控制系统按预定程序发出控制指令，伺服机构双向摆角1.6度，燃气滚控按预定程序完成6次打开关闭。这标志着北京101试车台20年来首次热试车获得圆满成功。

随后，2013年4月，二子级热试车试验成功；2013年7月，三子级热试车试验成功。三次热试车的圆满完成，为长征六号首飞奠定了扎实的基础，也充分验证了具有创新性的自增压技术的可行性。

从寒冷冬天北京702所的模态塔，到炎炎夏日149厂六车间旁边临时搭建的火箭低温试验塔，以及在太原发射场合练近两个月的时间里，149厂的技术人员、总装员工与研制团队一起，以坚韧不拔的毅力和攻坚克难的勇气，一路相随，患难与共，见证了长征六号一子级、二子级、三子级热试车试验的一次次圆满成功。

神箭腾飞，紧张一幕

2013年9月，火箭正式转入试样研制阶段。与此同时，研制团队进驻太原卫星发射中心，开展整箭发射场合练，为最后的发射做准备。

发射场合练，就是按照火箭发射的流程进行一次完整的实地演练。这也是长征六号在基地的首次亮相。新型号、新工位、新设备、新队伍、新流程、新状态、新技术，一切都是新的，一切必须从头开始，一切必须细细磨合。

推进剂加注，是发射场合练试验中最主要的考核项目之一。虽说基地在常规推进剂加注方面已经有了成熟的经验，但液氧煤油加注系统却是首次实施。每一个过程都要经过再三论证，每一步都要小心翼翼，甚至为了一个小小的细节，大家都要争得面红耳赤。当然，这种争执和碰撞，其目标都是一致的。有观点、有想法、有创意都可以提出来，为了确保每一个流程、每一个环节万无一失，大家通过摆事实、讲道理，甚至固执己见，最终达成共识。

2013年12月，合练任务圆满完成，同时为长征六号的发射固化了流程，并积累了一整套完备的数据。

2015年7月，长征六号首箭正式出厂奔赴太原基地，即将以崭新的姿态腾飞。而在9月19日发射前，却遇到了惊心动魄的一幕。根据149厂总装工艺秦伟的回忆，那天早晨紧张而突变的情景历历在目：发射前的工作演练充分，一切都按照原定计划有条不紊地进行。随着临射时间越来越近，最后一批撤离人员已在发射场前端场坪上集合，等待完成最后一个指令动作后集体撤离。看着远方初升的太阳，一夜没有合眼的试验队员无比兴奋。在焦急的等待中，原定撤离的时间已经到了，但发动机抽真空的操作人员和动力方舱的人员仍没有出来。这时805所地面主任设计师沈超跑过来紧张地说，发动机真空度达不到设计指标要求，要求149厂抢险队员立刻上去检查地面管路状况。听到这个指令，犹如晴天霹雳，所有人的神经马上紧张起来。秦伟和在场坪上的抢险人员不假思索，以百米冲刺的速度跑到发射台。这时导流槽盖板已经打开、所有的防护措施已经撤收，调度通信系统也已经切断。试验队周遇仁副总、149厂4名抢险队员和25基地的领导部队一岗操作等，冒着生命危险，在只有不到1米宽的发射台边上，对与火箭尾部连接的30余根地面管路一一排查。由于防热材料的包覆和操作位置受限，大家凭着记忆分头对管路的各个接头部位用手反复排摸并逐一紧固确认及增加涂抹真空泥。几个人的手上都是一道道被钢丝划破的口子，短短几分钟便完成了再确认工作。由于当时已没有通信设备，只有通过人传人的方法将发射台的情况和地下二层的抽真空设备间人员进行沟通、进行指令的传达。但再次启动抽真空设备后，真空度数值仍没有变化。这时现场鸦雀无声。几位老总经过简单交流后，当机立断，立即更换金属软管。149厂的抢险队员立刻拿着备份产品再次来到发射台边上，所有人分工明确，配合到位，在短短两分钟内便完成了管路的更换和产品的防热包缚。时间飞逝，离发射窗口的上限时间已经不多了。再次启动抽真空设备后，在场所有的人都屏住呼吸，看着真空度数值发生变化达到指标要求后，所有人立刻按照原定流程确认状态并迅速撤离。就在大家奔赴到场坪上准备坐车撤离时，基地陈志敏总师传达了基地指挥部的决定，说指挥部决定取消当天的发射计划，待问题归零后，再组织实施发射。这一消息犹如"噩耗"一般，让在场的所有人员一时不能接受。周遇仁副总顿时号啕大哭起来，让现场的人感到无比心酸。面对挫折，不少试验队员也忍不住流下了委屈的泪水。

型号两总决定当天上午完成推迟发射预案中规定的推进剂泄出、各箭地接口重新连接、各保护措施实施、防雨等工作，同时要求当天完成归零工作，并重新组织第二天的发射准备。当大部分试验队员回去休息时，149厂人员和805所人员还需开展归零工作和报告的编写。特殊时期，大家分工明确，一夜未睡的试验队员心中憋着一口气，打起十二分精神。一群80后、90后的小伙子们并不是不知道推迟发射后各项恢复工作的危险性，但他们毫无怨言，为了心中的理想和信念，他们一丝不苟地完成所有规定项目，归零工作也在当天下午顺利通过了评审，指挥部同意第二天重新进行发射。

9月20日凌晨发射前，张卫东总师来到每一位试验队员身边，亲切安慰，再三叮嘱，为大家释压。已经30多个小时没有休息的试验队员们各司其职、坚守岗位。9月19日的每个场景如在眼前，仿佛是一次预演，也是一次严峻的考验，让所有试验队员经受了前所未有的"逆袭"。

当最后15分钟所有人员撤离时，大家站在16号阵地场坪上，遥看着晨曦中竖立的长征六号火箭，通体雪白，格外美丽。在指定撤离地点，离发射时间不到10分钟，大家静静地等待那激动人心的时刻，看着连接器脱落、起竖抱臂后倒，伴随着一声巨响和明亮的火焰，长征六号火箭直插云霄。在众人的瞩目下，巨龙腾飞，威震四海，火箭携带20颗卫星傲然飞向苍穹。此时掌声四起，经久不息，大家彼此握手拥抱，觉得一切付出都是值得的，每一个试验队员都会为此次经历曲折的发射而终身为傲。

901秒后第一颗卫星分离，精确地进入目标轨道，实测轨道半长轴偏差25米，偏心率偏差0.000078，比卫星方的要求提高了整整一个量级。

这简直是"穿进针眼"的入轨精度！用户给予长征六号的发射精度如此高的评价，也是对他们六年艰辛攻关的高度肯定，让长征六号研制团队心里都像吃了蜂蜜一样甜。

长征六号的成功发射意义重大。它用快速响应和机动发射模式有效地克服了原有长征系列运载火箭的弊端。它采用了与长征五号、长征七号基本相同的动力系统和电气系统，为新一代火箭的系列化、标准化作出了表率。它率先采用无毒无污染推进剂，让航天环保的理念得到了发扬光大。

踔厉奋发，担当大任

在新一代运载火箭长征六号研制任务中，149厂主要承担卫星整流罩、适配器、多星分配器及二、三级箭体结构，增压输送系统阀门、导管，总装直属件，电气系统电气组件、电缆网、低温传感器，地面连接器、架车、全箭运输起竖系统等产品的生产研制以及全箭的总装。同时，负责动力系统循环预冷试验、冷流试验等任务的产品配套及试验任务，负责分离试验、静力试验、振动试验的部分产品配套。从型号立项至火箭首飞的六年中，149厂长征六号团队虽然经历了专业管理到项目管理的转变，但型号团队把"严慎细实，保首飞成功"的共同理念贯穿始终。伴随着型号模样——初样——试样的成长，型号团队攻克了四大技术难点，掌握了四项主要关键技术，摸索出一套针对新型号管理的具有149厂特色的管理模式，培养出一支技术过硬的总装操作队伍。

攻克四大技术难点。一是大温差非金属夹层共底贮箱制造技术。团队提出了复杂三维曲线焊缝的搅拌摩擦焊装配焊接技术，解决了煤油口平法兰熔焊过程因热数量大导致的残余应力和残余变形较大并不利于后续装配焊接的难题，达到降低焊缝残余应力和残余应变及贮箱箱底组件车装焊一体化集成制造的效果。针对刚性复杂型面夹层结构胶接技术，团队通过夹层结构承载性能分析，大尺寸复杂面型结构件非接触直接测量与模型重建技术研究，上、下面板及 PMI 泡沫装配型面匹配与位姿优化技术研究，刚性、复杂曲面夹层结构胶接技术研究，解决了 PMI 泡沫五轴联动数控仿形加工难度大、面板与 PMI 泡沫的型面匹配控制难、刚性复杂型面夹层结构胶接不稳定的问题，达到面板与 PMI 泡沫高质量胶接装配的效果。又如针对运载火箭大型低温贮箱绝热层自动化制造技术，团队通过大型贮箱外表面绝热层自动化喷涂、打磨技术工艺研究，解决了贮箱绝热结构表观质量差、重量超重问题，达到绝热结构外观质量、重量可控的效果。

二是低温阀门制造技术。团队提出"金属—非金属元件整体成形复合加工""密封件在高温差条件下的热胀冷缩程度一致性"工艺技术，开发了一种适应大温差条件的启闭密封结构，解决了低温阀门在 0.1—1 MPa 压力、液氮和 33 g 大量级振动叠加的工作环境下密封难题，达到正常使用寿命 10 倍以上的高可靠启闭动作效果。对"分步式破裂膜片精密冲压成形""感压用 0.05 毫米超薄波纹膜片精密成形""激光散斑高精度无损检测"等全方位生产流程控制技术，团队通过集智攻关，解决了膜片严格满足破裂压差以及形位公差要求的难题，实现了一套完整的膜片精密冲压成形及检测工艺方法，使得膜片的制造合格率提高了 10 倍。对其中的"多功能全角度高精度检测"和"大温差无霜检测"技术，团队开发了低温阀门及低温管路精确检测试验装置，解决了大温差条件下因结霜导致泄漏误判的测试难题，达到了低温阀门精密装配及低温管路的低温泄漏精确检测要求。还有一种"低温脉动压力循环寿命试验"测试方法，他们研制了一套金属弹性组件低温循环寿命试验设备，解决了低温液体火箭蓄能组件的测试难题，达到了模拟真实发射工况的测试效果。

三是全透波冯·卡门外形复合材料卫星整流罩制造技术。在全透波冯·卡门外形复合材料卫星整流罩的研制过程中主要提出了球头、曲线段、筒段纸蜂窝芯夹层结构一体成形技术，解决了成形零件多、机械连接多导致的减重效果差的难题，达到减轻重量约23.5公斤，比同尺寸铝合金整流罩减重25%，达到整流罩复合材料构件重量100±5公斤的效果。全透波冯·卡门外形复合材料卫星整流罩的成功研制，突破了新一代运载火箭轻量化的关键技术，成为国内第一个掌握冯·卡门外形玻璃钢蒙皮/纸蜂窝芯材夹层结构卫星整流罩一体化的制造技术。这一技术为我国后续新一代运载火箭的研制奠定了基础，不仅提升了我国航天技术水平，提高了国际综合竞争力，更增强了民族自信心和凝聚力，其经济效益与社会效益巨大。针对大型高精度曲面复合材料构件用工装联合制造技术，他们研制了大型高精度曲面复合材料构件成形工装和胶接工装，解决了大型高精度曲面复合材料构件制造难题，达到大型复合材料构件形面公差≤0.5毫米、圆柱度≤2.0毫米的效果；而夹层结构复合材料构件分步共固化技术，解决了夹层结构复合材料构件变形、厚度不均的问题，达到了蜂窝夹层区厚度20.0—21.0毫米、实芯区边缘厚度8.0—8.5毫米、圆柱度≤2.0毫米的效果。

四是低温传感器制造及测试技术。团队研制的分节电容式技术，传感器由单个内电极和多个外电极组成两个环形电容器，解决了单节电容式传感器测量精度差、测量范围小的难题，达到了测量误差小于±2毫米、测量范围2000毫米以上的效果。针对传感器内电极、内端头，他们通过改制螺钉压紧外电极，外端头通过防晃筒向外拉内端头，从而释放内端头的压紧力，解决了结构件容易受力不均匀、容易变形等难题，达到传感器结构稳定、可靠的效果，解决了外拉内压防破坏技术。如对 pF 级微弱电容信号三端测量技术，他们解决了传输线上分布电容、漏感、温度漂移、环境电磁信号等容易对原始电容信号产生干扰的难题，达到了电容信号在低信噪比、高增益情况下，线性转换成电压信号的效果。

而对于新研型号，149 厂长征六号团队意识到，要完善过程问题的闭环管理，必须在前期做好产品研制过程问题的记录管理及后续的跟踪闭环管理，这样可让后续改进工作更有效。比如阀门产品在初样研制过程中部分零件超差的情况，149 厂阀门装配车间专门有一本"现场信息反馈单"，将装配过程中遇到的问题都登记在案，同时设计师有明确的处理意见并签字，让后续改进更有针对性，最终完成改进闭环，从而提高了后续产品质量。

由于长征六号新设计方案多，在模样初样阶段会签图纸时缺乏经验或不够仔细，让团队走了不少弯路。如何提高设计图纸会签的有效性、加强图纸的会签质量，对设计的工艺性严格把关，对保障产品后续生产有着重大意义。

夹层共底、膜片成形、三级动力舱装配、绝热包缚等产品，研制难度大，且为全箭制造技术关键点。在型号研制初期，149 厂就成立了专题攻关小组，由事业部型号工艺师牵头与车间专业工艺一起开展相关攻关工作，达到了预期成果。

火箭总装是一项综合性很强的工作，培养总装操作"多面手"显得尤为重要。令人可喜的是，这支总装队伍经历了数枚火箭的总装历练，正在茁壮成长。他们深深体会到，队伍的成长要靠传帮带。由于长征六号是新型号，在型号热试车阶段，总装工艺和操作对许多人来说，都是第一次。但是，就是这支平均年龄不到30岁的年轻总装队伍，毅然挑起了总装大梁。为了提高总装队伍，尤其是总装新人的业务素质，149厂事业部会同车间，首先对总装人员进行了一轮培训，让现役型号的总装师傅们向他们传授总装技巧和实践经验。为了让他们尽快上手，质量人员搜集了现役型号、卫星型号总装过程中出现过的质量问题，向他们进行逐一剖析，加深了操作人员的质量意识。另外，让长征六号的总装操作人员在型号任务间隙，参与现役型号总装，跟班学习和实践，积累跨型号经验，让这支总装队伍快速成长起来，成为一支优秀团队。目前该团队中有3人已成为某火箭的总装负责人。许多人已成为总装多面手，可独当一面地适应各个型号的总装任务。

奋战共底，攻克低温

根据物理性质原理，氧气须在 $-183\,^{\circ}\mathrm{C}$ 的温度下才能成为液态。长征六号火箭采用液氧煤油作为推进剂，也就要求贮存液氧的贮箱能够提供低温保温的环境。正因为此，有了液氧贮箱绝热层的要求。

而二级共底贮箱作为长征六号火箭结构的重大创新设计，是我国首个采用的大尺寸大温差隔热复合结构件。为了将共底贮箱分割成液氧、煤油两个独立的系统，使两者独立有效地工作，并提供有效绝热，使低温推进剂的热损失降至最小。由此，贮箱夹层共底应运而生。

"149厂一定要自主掌握低温贮箱制造的关键技术，是硬骨头也要啃，厂领导将全力支持该项工作，三分厂一定要组织好人员，加强攻关，确保顺利完成新一代运载火箭液氧贮箱绝热包覆工作。"这是在2013年2月18日，149厂何文松厂长在现场办公会上给三分厂下达的"军令状"。由此，长征六号一、二级液氧贮箱绝热包覆工作从外协研制转到厂内自主研制生产。其间，他们创造了13天完成长征六号一级液氧贮箱绝热包覆的佳话。

据三分厂技术负责人南博华介绍，绝热包缚需要用DW-3胶、DW-1胶、泡沫、底涂，以及聚脲等材料对贮箱依次进行五层操作，每一层操作后都需要相应的固化时间，为了确保原先外协20天的工作要在13天内完成，他们选择了最具有攻关"潜

长征六号运载火箭

质"的泡沫喷涂和修平环节。

泡沫喷涂是绝热的关键一层，操作的工作量也最大。喷涂泡沫采用的是两种原材料在瞬间化学反应后形成多孔固体的原理，在喷涂过程中，设备稍有停顿，在喷枪管路里就会有固体残留，并导致喷枪堵塞。贮箱绝热层生产团队为了确保调试好的喷枪能够连续正常工作，避免因人员休息导致设备中断工作引起喷枪堵塞等异常现象，他们不得不采取几个人交替工作 8 个小时，确保设备工作不间断。

喷涂后的修平泡沫工作也是整个绝热包覆工作中操作环境最差、劳动强度最大、最辛苦的一个环节。打磨的时候，粉尘满天飞舞，而且这些粉尘都是有毒有害的。操作人员工作时必须穿上密不透风的防护服，戴上口罩。先用角磨机进行粗打磨，再用抛光机、平板砂光机进行精打磨，这些设备都是手持型的，在修平打磨的七天时间里，正值三月天气转暖，防护服密不透风，半天下来，他们已经汗流浃背，浑身湿透。就这样，他们不分昼夜不停歇地干，一个个都是"拼命三郎"。

用 13 天的生产时间，完成了首次自主生产长征六号一级液氧贮箱绝热层的紧急生产任务，他们创造了 149 厂独立生产新一代运载火箭液氧贮箱绝热层的历史，彰显了在绝热层生产上的非凡能力，为该厂掌握低温工程技术能力打下了坚实的基础。

夹层共底作为共底贮箱的关键，其两年的研制历程让他们非常纠结。夹层共底由层铝合金面板及填充在中间的泡沫塑料组合而成。乍听起来，夹层共底组合的结构并不复杂，但要完美实现它的设计功能却不是易事。据南博华介绍，夹层共底的上下两块铝合金面板与中间的泡沫塑料需要很好地贴合并胶接，但毕竟是金属与泡沫的结合，为确保两者完全贴合，在生产过程中，他们采用激光扫描和仿形加工技术，首先对上下面板与泡沫胶接面进行激光扫描并建模，然后按照面板的扫描模型对泡沫塑料分别进行机加工成形。

2012年8月，首个胶接成的夹层共底焊接到整箱上，整箱顺利通过了常温打压。看似"天衣无缝"的加工，但到了低温打压，夹层共底却以液氮泄漏、褶皱等问题结束试验。

解剖开来，胶和泡沫塑料界面损坏了。对夹层共底结构进行调整，重新研制、试验，夹层共底还是有起皱，再改进、研制、试验……整个团队似乎进入了无解的循环。

每一次更改，他们恨不得把"十八般武艺"都用上，尽快解决起皱问题。但第二次、第三次试验，还是"毫不留情"地以起皱收场。

到了第四次试验，他们感觉不能再这样"坐以待毙"，为了更好地观察增压过程中箱内共底面板的动态变化情况，决定在煤油箱增加三个水下摄像机和水下照明灯，实时观测箱内的面板变化情况。但要在12米高的脚手架上安装和调试摄像机不易操作，而且特别危险。149厂的操作师傅想了各种方法，最后，他们通过架设动滑轮组和增加安全带的方法，将人员安排在吊装箱内半空中安装调试摄像机，悬在空中安装设备。

虽然有惊无险，保证了试验要求，但像这样高难度的高空作业，回头想想还是心有余悸。遗憾的是试验结果仍然令人沮丧，起皱问题仍旧挥之不去。

2013年6月，厂里请来了某材料研究所的专家，让他们帮忙一起对夹层共底进行攻关，并对研制方案进行梳理和改进。根据专家意见，两块金属面板之间的泡沫从原先的7块升级细分到65块。同样是激光扫描加仿形加工，但中间的泡沫塑料分成了

65 块，胶接过程中在块与块之间增加了玻璃布用作补强，很好地形成一个整体的夹层共底。

2013 年 11 月初，"升级"后的共底贮箱再次进行试验。这也是该厂研制共底贮箱以来的第六次低温打压试验。试验流程中增加了 9 次常温反复充压、泄压过程，同时仍然采用两次低温打压试验，其中第二次低温打压要求充压直至箱体破裂为止。

由于箱内充满了 −196 ℃的液氮，如果箱体在打压过程中破裂，必然导致低温液氮的飞溅，容易伤及人员和物品。为了保证试验的安全，试验采取了大量保护措施：增加沙袋的高度、增加泻出排放水坑的容积、增加脚手架上铝合金挡板、增加安全撤离通道，所有参试人员退到房间内，确保试验过程万无一失。最终，当确认共底贮箱圆满通过低温打压试验，箱体正常爆破，共底无任何起皱破裂时，整个团队喜极而泣。

他们共研制了 22 个贮箱，进行了 6 次试验。一次次的失败，一次次的坚持。他们深知，失败乃成功之母。从不灰心，保持定力，守望相助，最后，他们终于挥别压抑了 16 个月的阴霾，迎来了成功的晴天。

黑色两月，书写神话

长征六号火箭采用无毒无污染的液氧作为氧化剂，相比现役运载火箭，作为新的氧化剂 −183 ℃液氧，注定了动力系统中很多产品都得打上"低温"标签，阀门产品也不例外。

低温与常温，看起来是一字之差，但对于低温阀门来说，却是工况要求从常温的 −40 ℃—50 ℃变为低温的 −196 ℃—50 ℃的区别，温差跨度相差 156℃。而 -196℃—50℃的工况要求，给低温阀门带来了从原材料到零件机加工精度，再到膜盒焊接、阀门装配、试验、交付总装后等一系列的变化。

常温用的是普通铝合金、不锈钢，需要换成高温合金、钛合金，密封用的非金属材料也从聚四氟乙烯换成"高端"的聚三氟氯乙烯。换材料也许是最简单的改变。但 149 厂阀门副主任工艺师孟金龙说："从常温到低温，如果只是换换材料并不难，关键是材料更换后，加工和装配方法，试验要求等大为不同，这些都是新课题，需要一个个攻克。"

工作环境的温差变化容易造成阀门产品的收缩、膨胀变形，从而影响气密性。为了将温度变化下的变形减到最小，低温阀门的配合间隙必须要尽量小。零件生产的精度要比常温阀门高出 10 倍，如阀门零件的精度，一般常温阀门控制在 0.01 毫米—0.05 毫米，而低温阀门则要控制在 0.001 毫米—0.005 毫米。

长征六号低温阀门共有 40 多种、90 余件，经过操作人员的精心加工，每一件都在装配、调试中不断琢磨规律，掌握经验。就这样，他们一遍又一遍地不厌其烦，直到调试合格为止。一般一种阀门都要经历四五次的反复拆装和重新调试，才能过关。

八分厂（阀门分厂）副厂长孟金龙说："这种反复还算好的。到了试验阶段，一个批次的阀门只要有一个阀门出现一个指标未达标，所有阀门都必须重新来过。就这样，经历了几年的研制历程，大家都完全适应了。"他还说，低温阀门除了要通过常温阀门规定的一些试验外，新增的补充大量级超低温振动试验、多次动作寿命试验、长时间液氮流动试验，都是低温阀门面临的一次次"大考"。一批阀门，只要有一个"掉队"，这批阀门都得重头来过。

所谓好的阀门就是要漏率为 0，即确保完全密封。纵然工况不一样，但低温阀门与常温阀门一样要面对密封的要求，说起这些，孟金龙像如数家珍，低温静密封、低温动密封、低温起闭密封。每个低温阀门，有的只有一种密封要求，有的则需两种密封要求，更复杂的需有三种密封要求。

孟金龙坦言，这三种密封中最难实现的是低温起闭密封，该类阀门典试件需通过 4000 次的起闭试验考核。通常，该类常温阀门密封件是将加工完成的非金属密封环与金属密封槽通过简单的机械固定连接而成，而低温阀门则需要金属与非金属材料粘接在一起。

简单的"粘接"两个字，当时厂里并没有开展过相关工艺攻关。2011—2012 年间，经过北京、西安等研究院所的调研，孟金龙确定了热压成形的加工模式能够"勉强"达到低温阀门起闭密封的要求。为了长征六号初样阀门产品研制节点，厂里事业一部找到了西安六院的某研究所，并决定将该类产品拿去外协生产。

从此，上海、西安；西安、上海。一年十五六次的西安之行，少则一二天，多则十几天。很多时候，孟金龙背起产品，说走就走。说到这些，孟金龙有些心痛。"其实，该所对这项技术也是刚刚入门，新近应用。一个产品要加工 3 个月，而且只有20% 的成功率。为了确保整个型号节点，我们不得不投五保一。有些机加工好的零件亮得都可以'照镜子'，但因为热压成形不好只得报废，看着这些精密产品成为废品，真的让人很痛心。"

长加工周期、低合格率，逼着厂里必须自己研究热压成形工艺方法。孟金龙在西安跟班生产时，每天与一线工人待在一起，西安车间工人工作到半夜，他也跟着到半夜。回厂后，继续进行工艺攻关。

2014 年的 10 月、11 月，被 149 厂八分厂戏称为"黑色两月"。在八分厂阀门装试组，为了确保长征六号首发箭的总装任务顺利实施，他们在 2014 年的 10 月和 11 月两个月的时间里完成了该火箭 42 种共计 660 多套阀门装配及试验任务。而这些任务生产周期计划是六个月。

六个月的工作量要在两个月内完成，其工作强度可想而知。阀门装调组的组长洪城月加班时间达到 140.5 小时，其余组员加班时间人均超过 80 小时／月。那两个月，从 10 月 1 日到 11 月 30 日，没有周末，没有 8 小时，"5+2"和"白＋黑"是他们的新常态。

孟金龙清楚地记得 10 月 6 日这一天，正在加班的他突然接到家里打来的电话，说怀孕的老婆在家羊水破了。而就在那当口，该型号的破裂膜片活门在试验过程中膜片破了。两难中，他作出艰难的抉择，先回家陪护了老婆两天两夜，然后放下老婆以及在还在暖箱里的新生儿子匆忙赶回厂里，与同事一起继续阀门膜片的攻关试验。在老婆、儿子出院那天，他还是被车间领导"骂"着回去接母子。

小组这么忙，在基地出差的老师傅侯建强也没有闲着。他经常打电话回来"指挥"一些复杂的阀门装配及试验。

一面是火箭总装开装迫在眉睫，一面是电磁阀门由于设计原因出现问题。他们就为该阀门以小时作为节点排计划，整整 17 小时不眠不休。最后，操作工周军顺利地完成了该阀门的装试任务。型号老总不禁为他们的顽强战斗力竖起了大拇指。

如今，说起"黑色两月"，他们只是一笑而过。后来获得

149厂2014年度一等功的孟金龙说了句实在话："苦是苦的，但节点摆在面前，我们没有退路。狭路相逢勇者胜。只要低温阀门攻关成功，即使再苦再累也值得。"

精兵强将，迎难而上

新一代火箭长征六号相比现役型号的总装工作有着技术状态新、装配难度大的显著特点。特别是一二级采用液氧、煤油作为推进剂，一级导管总数是现役长征四号火箭一级导管的3倍，其复杂程度可想而知。

选择精兵强将，方能担当大任。型号事业部通过排摸分析后，锁定了以瞿德超为首的7名操作工。这7人中，除了瞿德超是1973年出生的，其余都是"88后"，还有两个是1990年出生的。虽说这几个年轻人都是进厂三至六年的"新人"，但却已经是总装操作中的"老手"，有着头脑灵活、理解能力强、操作技能过硬等诸多优点，其中5人已经能够担任整发运载火箭的项目负责人，完成总装任务不在话下。

长征六号虽然体积看起来比长征四号要小一些，但装配难度却大大增加。按照目前二维总装图纸，较难清晰反映管路走向及电缆敷设方向，而且在操作过程中，操作工人看二维总装图纸，进行管路协调、电缆敷设效率很慢。

为此，149厂在该型号总装过程中引入了三维数字化装配的新方法，购买新的数字样机、导入805所三维数字化模型，对操作人员进行相应培训……"新型号配上了'新武器'，感觉不错，虽说火箭总装是个体力偏重的工作，但加上'现代化'手段，则如虎添翼。"总装负责人瞿德超感慨地说。

瞿德超是个有着 17 年航龄的总装工，早已习惯了在舱体内"猫"进"猫"出，但面对长征六号火箭，他竟觉得有着下不了"脚"的时候。

由于长征六号火箭一二级采用的是液氧、煤油推进剂，它的伺服机构不同于现役火箭型号，显得比较笨重。而让总装操作头疼的是为了让火箭整体减重，在箱体内安装了笨重的伺服机构，没有以往可供安装时踩踏的"横梁"，下不了"脚"必然没法下手。

瞿德超与团队成员想到了万能"工装"，操作工倪飞做起了设计师，为安装伺服机构量身定做了一套 4 块木头"疙瘩"。"别小看这 4 块木头，可是很好用的。安装时有了着力的地方，方便多了。"看着这几块简易工装，团队成员不禁娓娓道来，赞叹不已。

长征六号由于推进剂的改变，对其相应的产品安装也有了新的要求。特别是对液氧系统管路，安装要求很高。液氧系统管理内不得有油脂，否则在加注后会发生爆炸，除了在安装前要用脱脂剂对导管进行除油脱脂外，整个安装过程操作需要佩戴一次性医用橡胶检查手套。"其实，虽然在运载总装戴上橡胶手套干活是首次，除了不透气，总的还算习惯。但导管完全没有润滑油脂，安装难度却大了很多。"瞿德超不禁倒起了"苦水"。

没有润滑，导管拧紧就是不锈钢与不锈钢的"硬"碰"硬"的连接，要拧紧的时候拧不紧，想拆了重新拧却又拧不下来，就这样一次次的"咬死"，让人进退两难。"总不能老拿产品做试验，我们就在地面试验中验证，寻求突破，但这个真的只能用手感来感觉，没有任何规章可循，拧得多了，也就有了感觉。"通过一年多的攻关摸索，在经历了拧坏 10 根试验管之后，总装操作工徐雪华、倪飞算是找到了窍门，就凭着这样练出来的手感，他们在首发箭液氧系统导管安装中没有发生一次"咬死"现象。

新型号，新征程，路并不好走。累，似乎是总装团队对这个型号最深的印象。为了合练试验的圆满成功，他们在零下 30 ℃的太原坚守了 60 天；为了首发火箭的圆满成功，他们七个人中有五个人因为长期站立或者"猫"舱段内，腰不好；为了首发火箭按节点交付测试，他们一起经历了 4 个月每天 10 到 12 个小时的工作时间……

追求成功，英雄本色

2013 年 7 月，长征六号的研制工作到了关键时期，所有的零部件和外协件已经生产和采购完毕，接下来也是最重要的工作，就是进行地面系统的组装和相关试验指标的考核。这次设计方案的期中考试结果将直接影响整个地面系统的研制进度和研制效率。为了达到预期的目标，这支队伍冒严寒、迎酷暑，开始了没日没夜的攻关工作，进行大量的地面试验。

加注供配气设备的装配和试验皆为全新的工艺方案，突发问题较多，需要工艺及操作人员快速响应，及时准确地定位问题、解决问题。根据总体最新要求，需要将方案阶段定的手动脱落模式更改为初样后自动脱落模式。由于无自动脱落的方案样机，需要初样阶段重新开展研制，装配与试验工作十分艰巨。从 2013 年 7 月开始，工艺员于文凯从生产到装配、试验密切跟产，对产品状态严格把关，带领操作人员武小勇、康超君经过多轮细致试验，发现问题，改进工艺，反馈设计，再试验迭代，确保了煤油加泄连接器的研制成功。在可靠性试验中，锁紧杆、防护机构保护套、浮动衬套在可靠性试验进行到 130 次左右时，发现锁紧钢球接触的部位出现挤压变形情况，从而导致脱落失败。于文凯和武小勇加班加点一起分析原因，将问题定位于零件材料硬度不够，后反馈设计对材料进行更改，并淬火至 HRC58 以上。重新投产并数次清零后，达到了 310 次，终于通过了可靠性试验考核。

宝剑锋从磨砺出，梅花香自苦寒来。伴随着压力和煎熬，地面系统人员攻克了一道又一道试验难关，逐渐实现了一个又一个设计指标，为长征六号顺利发射打下地面设备的基础。

2013 年 9 月，在 149 厂进行的一场各单位间的大协作开始了，目标是完成整体运输起竖、连接器自动脱落和手动对接测试、动力测发控模拟增压及时序动作测试等多个项目，来验证箭地接口和部分关键指标。

9 月 19 日，离原定整箭上车的时间仅 1 天，突然自行式全箭运输车无法启动，气路调试也发现问题，现场笼罩着紧张的氛围。沧海横流，方显英雄本色。夏日的深夜，操作空间狭小、光线昏暗，工具保障设备缺乏，但地面人员在徐耀钟的带领下，在工艺员堵同亮的配合下，他们不顾这天是举家团圆的中秋节，连续工作 24 小时，将问题定位、零部件拆卸、排故、问题复现，最终赶在时间节点前解决了自行式全箭运输车问题。

9 月 22 日，总装厂房熄灯后，徐耀钟、堵同亮带领的地面系统工作才刚刚开始，他们深夜默默陪着运输车转回试验场地。为了第二天的试验，大家都在聚精会神地安装、检测、调试，全然忘却周遭的一切。刚从车底盘下钻出，又要爬上 20 多米的高空……这一夜直到凌晨2点，地面调试人员才拖着疲惫的身子回家。高温困不住信仰，困难成不了拦路虎，149厂地面人员用实际行动诠释着"四个特别"航天精神。次日清晨，天边刚泛起点点红色，自行式全箭运输车载箭又缓缓从站台驶出，向试验场地行进。转场、定位、推装、起竖、上台。一切都那么完美。长征六号整体运输起竖系统展现了一次向天的挺举，不负众望地完成了90°的华丽转身和箭指蓝天。垂调、瞄准、增压、连接器脱落、空载后倒、带箭回倒，所有试验一气呵成。

"干了一辈子航天，做了一辈子运载，还是第一次看到火箭竖起来的样子。不能去基地看发射，在厂里看到发射架起竖也圆梦了。"机加工马伟明老师傅眼中噙着泪水，幸福地述说着他的梦想。是的，149厂地面人员开创了全国首例在总装厂竖立火箭的先河，圆了许多老航天人的航天梦，弥补了他们不能去基地观看发射的遗憾。

8天、140小时，是五年研制过程的缩影，几十次方案的更改，几百轮试验的验证，长征六号地面发射支持系统的全体研制人员，在没有任何现成经验可循的情况下，凭着一股韧性，摸索前进，将一块块"绊脚石"搬掉，终于全力竖起了长征六号的发射标杆。

2013年10月8日，距离合练试验出发仅剩2天，装箱工作都已准备到位，等待装车。然而，一场百年一遇的大雨将整个试验队的产品和设备在一夜之间淹没在了雨水中。于是，堵同亮带领着进场参试人员王超、孙杰，抢险、烘干、复测，一切工作都在加班加点中进行。

试验前期种种不顺的阴影，不断拷问着每一个试验队员，梦想能实现吗？随着汽笛的一声长鸣，承载着希望的专列驶离了

149厂航天站台，在各级领导的高度关注中，长征六号合练箭进场了。

2013年12月2日，长征六号在太原基地开始进行最关键也是从未考核过的试验项目——液氧、煤油燃料加注及连接器自动脱落。那天气温是−20℃，满地雪花。在这样的低温下，地面加注供配气人员冒着严寒，忙着检查连接器对接状态、连接器支架和气缸行程复查等，为确保煤油加注及第二天的液氧加注成功做最后的检查确认工作。当加注成功、连接器顺利自动脱落时，设计卿子友蹦起来抱着工艺员堵同亮大声说："小堵，我们成功了！"

影片《士兵突击》中有"钢七连"，长征六号队伍中也有"钢地面"。805所的沈超、孟长健、袁菲、徐华、卿子友，149厂的黄诚、徐耀钟、堵同亮、王超、孙杰，创造了十个人的奇迹。

是的，在149厂火箭人的身后，是更多的航天人，他们砥砺前行，勇攀技术高峰。他们用高度的责任、坚强的意志，成就了祖国的梦想。每一次的火箭升空，绽放的是民族的自信、中华的荣光。

五大改变，再立新功

长征六号第2发火箭于2017年发射成功后，沉寂了近两年。2019年10月，长征六号经过厉兵秣马，第3发火箭再次踏上了飞天征程。

一共3次发射，每次相隔两年，但这次变化最大。此次发射，长征六号火箭需将 5 颗卫星一次性送到了不同于以往的低倾角圆轨道上。而在前两次发射中，长征六号都是把卫星送到太阳同步轨道上。正因为发射需求和载荷功效的不同，决定了要对这发火箭做出多项改变。

首先从轨道倾角来看，这次发射的轨道高度高于前两次，且是长征六号火箭首次征战低倾角。要发射这样一个轨道倾角，火箭必须朝着东南方向飞行。鉴于此，长征六号做出第一个改变：增加一个起飞滚转功能。

长征六号采用的是快速发射模式，简易的发射台与一部大型平板车连接在一起。传统的发射塔架，状似楼宇，功能复杂，可以帮助火箭实现发射角度的滚转。而长征六号仅仅依靠一个简易发射架，不能帮助其实现滚转。因此，必须从火箭本身来寻求突破。于是设计师赋予其新的功能，让它起飞后自己来完成这一难度很大的转身。改进后的飞行过程证明，长征六号仅用 32 秒钟就完成了一个颇大角度的漂亮转身。

火箭往东南方向飞是东部沿海，一子级有可能落到这片人口密集的繁华区域。为了落区的安全，航天人又做出第二个改变：让火箭的二子级减少 2 吨推进剂。二子级重量的减轻，火箭一子级可以将上边部分推得更远，也就意味着，火箭可以飞出东部沿海人口密集区，其预定落区为黄海海域，从而避免事故的发生。

为了进一步缩小一子级的落区范围，长征六号又做出第三个改变：首先是增加了一子级的横向导引功能。这与国内多型火箭目前正在尝试的栅格舵殊途同归，横向导引可以让火箭更精准地飞向预先设定的轨道，可以减小一子级的落区偏差。其次是这次发射的 5 颗卫星总重较大，且与前两发的不同，一是轨道高了，二是推进剂少了，二子级减少了 2 吨。

长征六号的第四个改变：研发了新型复合材料发射筒。以前的发射筒多为铝合金等金属材料，分量重。而现在由 149 厂下属的复材公司攻克新工艺研发出的复合材料，比起金属材料强度一点也不缩水，重量却减轻了 50%。这等于为有效载荷减负，综合效益明显。

长征六号的第五个变化是：发射筒造型更高级了，被称之为"双层壁挂式"发射筒。因为发射筒即多星适配器，以前的发射筒是一节台子，卫星端坐在上边，星箭分离时，卫星沿着火箭前进的方向被一一推出。而现在，5 颗卫星像猴子一样分别挂在两层台子的侧边，底层台子挂 3 颗，上层台子挂 2 颗，分离时，卫星沿着火箭飞行 90 度角的方向弹出去。

就这样，航天人大胆想象，小心求证，用很超前很科幻的创新思维，解决了五大难题。

登顶天梯，扶危渡厄

长征六号第 3 发火箭又一次竖立在太原发射场，进入发射状态。

"电测产品异常。"从指挥大厅里传出的"口令"不由让现场工作人员感到非常吃惊。设计团队仔细判读每一个数据："遥测系统正常""外安系统正常"……"线路绝缘阻值异常"。

初步判断很有可能涉及与火工品相关的线路。而"火工品"这三个字就意味着潜在的风险，对于已经起竖待发的火箭而言，火工品全部安装到位后再出现问题，就很棘手。如果排故不当，后果将不堪设想。

据149厂长征六号项目执行经理黄诚介绍，当火箭出现异常现象后，指挥部决定推迟加注前的评审，并要求箭体恢复到水平状态，返回测试厂房查明原因，一个月后再组织发射。航天科技集团公司领导也已同意了该推迟方案。这令上海航天人感到十分尴尬。因为他们清楚，此次发射一旦推迟一个月，一百多号人泡在基地，不仅造成经济上的很大损失，而且影响后面的计划任务，并对上海航天产生一定的负面影响。

此时，805所设计人员和总装团队快速确认火箭状态，并围绕异常现象进行全面分析。经过试验队与发射中心反复协商，发射中心同意边排故边进行发射前准备工作的方案。如何确定故障部位？在场人员将目光全部聚焦到了149厂总装队员袁雅俊的身上，因为他是长征六号设备电缆主操作手，从型号研制到现场发射，他都一直陪伴着长征六号。可以说，他对长征六号内的设备电缆部位了如指掌。

袁雅俊毫不犹豫地乘上操作升降车，攀上30多米高的箭体顶端，按照程序取下防雨措施，打开舱体，探入半个身子到卫星整流罩内。经初步检查，二级火工品电缆、单机等都没有问题。袁雅俊知道，在进行每一次检查前，大家都希望这个地方就是要找的问题，但事实却没有那么简单。结果经过两天两次的全箭检查后，凭借对业务的熟悉，袁雅俊觉得问题有可能在不可触及的三级仪器圆盘上的火工品电缆和单机内。尽管设计人员认为可操作性为零，而心有不甘的袁雅俊却注意到卫星整流罩倒锥处有个空调回风口，可利用这一突破口。当袁雅俊打开回风口，只见一个大约12厘米的小孔，通过该孔则可触及三级的单机和电缆产品。最后，他凭着娴熟的技术，终于在"盲操"状态下，找到了问题的根源。

找到故障部位是第一步，紧接着是排故阶段。接到赴基地排故的紧急指令，149厂的电装专家刘双宝和电装工王立江都没来得及准备御寒衣服，就匆匆赶往太原发射中心。到了现场，实际情况比他们想象的还要恶劣，他们穿戴好了防静电服、防静电手环、防跌落手环、防跌落保护措施等装束，乘坐升降车到高空进行排故。11月份的太原，天气已经相当寒冷，他们处在高处不胜寒的高空，呼呼的寒风更是增加了排故的难度。但他们知道，上了"天梯"，就没有回头路。

按照常规，排除这样的故障在地面操作只需一个半小时即可，然而在恶劣的高空环境中，光把故障点搞清楚就花了2小时。尽管如此，刘双宝的心情仍一下子舒畅起来，因为他心里对排除故障已经有了底气。时间一分分地过去，寒冷一步步地侵袭，他们心中只有一个信念，就是一定要把工作做细做扎实，确保返修排故一次成功。事后刘双宝回忆说："那时我们俩简直到了忘我的地步，早已把恐高症抛到了九霄云外。其间，我们没有喝过一口水，也没有休息片刻时间，一双手虽然冻僵，但却始终没有停下来。我们心系火箭，全神贯注，配合默契，决心全力打好这场返修排故仗，为149厂争光。"

就这样，在众目睽睽下，他们为149厂而战，为长征六号而战。经过整整6个小时的让人揪心的高空操作，终于使故障返修化险为夷。故障点经过测试，各项指标完全满足要求。149厂为长征六号的成功又建奇功。

火箭发射仅比原计划推迟一天。11月13日，伴随着指挥员的发射口令，巨型的白色箭体傲然升空，长征六号火箭发射再一次获得圆满成功。望着巨龙升腾飞天的身影，试验队员们百感交集。正如《真心英雄》歌中所唱的："把握生命里的每一分钟，全力以赴我们心中的梦。不经历风雨，怎么现彩虹，没有人能随随便便成功！"

历经磨难、来之不易的成功，更让人刻骨铭心。

长征六号发射成功不久，另一个喜讯接踵而来：经地面测控团队判读，卫星在第一圈入境后的自转角速度小于0.01度每秒。据专家解释，就常规发射而言，火箭将卫星推到一定高度，卫星被抛出去后，自旋转的角速度可容许的范围是数度每秒。而长征六号在这次发射中，由于火箭发射精度高，卫星数值的0.01度每秒，意味着卫星不用再转圈圈了，马上就可以对日定向并开展工作。而一般情况下星箭分离后，卫星被抛出后由于受力的旋转，必须等其稳定下来才能对日定向，继而太阳翼帆板开始蓄电工作。

这次卫星自转角速度小于0.01度每秒的突出成绩，堪称完美，在航天发射中十分难得。

长征五号：149厂助推实现"大火箭"之梦

胖五比肩五指山，九天揽月强国梦。

2016年11月3日20时43分，海南文昌发射场，随着地动山摇的震颤，我国新一代大运载长征五号火箭喷射出耀眼的红色尾焰，拔地而起，扶摇直上，冲向云霄。集合在现场观看发射实况的149厂试验队员按捺住内心的激动，紧盯着直播大屏幕。183秒，01指挥宣布助推成功分离，队员们终于释怀，紧紧地拥抱在一起。他们负责长征五号火箭上的4个助推模块终于成功地完成了重要使命。1821秒，载荷组合体与火箭成功分离，进入预定轨道，宣告长征五号运载火箭首次发射任务取得圆满成功。测控大厅、发射场观看台上顿时掌声雷动，欢呼声尖叫声此起彼伏。

这一刻来之不易。十年磨一箭，岁月砺意志。为了共和国的"大火箭"早日升空，为了早日实现航天强国之梦，他们潜心铸箭，苦心孤诣，志在必得。今天，他们终于盼望到了长征五号首飞箭成功的一天。

力拔山兮，点赞胖五

长征五号火箭被业内称为大火箭。长征五号火箭的大，首先体现在体积重量大。长征五号火箭芯级直径5米，助推器直径3.35米，整箭高57米，重800多吨，是个名副其实的大力士。若论推力，长征五号一口气就将我国火箭近地轨道运载能力从8吨级提升到25吨级，是迄今为止我国最大推力的运载火箭，运载能力比现役长征二号F火箭高出约2倍。它的起飞质量879吨，比长征二号F的498吨高出76%还多。从外形上看，粗壮的长征五号要比瘦削的长征二号F和长征三号B火箭"肥硕"得多，长征五号由此收获"胖五"的爱称。胖五浑身上下超过90%都是新技术，是一枚全新设计的新材料、新结构火箭。

把这么重的"大家伙"打上天的，是8台全新研制的120吨液氧煤油发动机，它们被装配在4个助推器上，可产生最高压强达500个大气压，相当于可把黄浦江的水打到5000米高的青藏高原上。液氢也是首次应用，被作为火箭推进剂。

长征五号火箭作为我国十年磨一箭的重量级运载工具，绝非徒有其表，它使用了高效的推进剂组合和高性能的火箭发动机，让其运载能力有了大大提高。大火箭的大字，还体现在其运载能力的大上。长征五号的地球同步转移轨道运力为约 14 吨，近地轨道运载能力约为 25 吨，是当之无愧的大型运载火箭，这两个指标比我国上一代运载火箭的纪录保持者长征三号 B 和长征二号 F 都提高了两倍多。另外，长征五号 4 个助推器上安装 8 台全新研制的 120 吨液氧煤油发动机，在一级和二级火箭上也各装配两台全新研制的氢氧发动机，极大地提高了火箭的推力，使得长征五号起飞时的总推力达到 1060 吨。

除了大推力之外，与原有火箭相比，新一代大火箭还有许多其他优势。一是采用液氧煤油或者液氢液氧发动机，填补了我国大推力无毒无污染液体火箭发动机的空白，实现了绿色环保的研制理念；二是模块化设计，能够满足不同重量有效载荷的发射需要，增加了选择性和发射的灵活性；三是提高了可靠性，能够大幅度提高火箭发射的成功率。

长征五号对比国际大型运载火箭也是相当出色的。长征五号系列火箭的运载能力高于俄罗斯质子号火箭和安加拉火箭，也优于欧空局的阿里安 5 系列火箭，对比美国的宇宙神 5 火箭和日本的 H-IIB 火箭更是有过之而无不及。它的运载能力仅次于美国现役的重型德尔塔 4 火箭。长征五号总体技术指标不仅达到世界先进水平，而且还突破了大直径箭体结构、大型低温捆绑火箭耦合振动抑制等 12 大类 247 项新技术，开展了火箭动力系统试车、模态试验、助推器分离、整流罩分离、发射场合练等多项大型地面试验，创下我国液体运载火箭研制规模之最。若长征五号再搭载远征二号上面级，可将大型通信卫星直接送入静止轨道。

长征五号是我国目前运载能力最大的新一代运载火箭，是实现"航天强国梦"的实力象征，因为它集成了多项最新的航天技术，如首次采用5米直径箭体结构，首次使用无毒无污染的液氢液氧与液氧煤油发动机组合起飞方案。它的首飞成功对我国运载火箭发展具有升级换代的里程碑意义，对我国探月工程三期、载人空间站、首次火星探测等国家重大科技任务起着重要支撑作用，标志着中国航天进入了大运载时代，使得我国在中国梦航天梦的伟大征程上又迈出了坚实的一步。

长征五号是我国以航天为代表的高技术产业的大力推进，不仅对发展航天本身，而且对我国整个工业体系和各个产业都有着很好的牵引带动作用。如5米直径大型箭体结构为我国运载火箭首次采用，是火箭实现运载能力重大跨越的基础，设计、制造、试验难度很大。为此，研制人员依靠国内相关工业企业的支撑和协助，成功研制生产了我国最大的贮箱高精度全自动大型焊接设备，实现了搅拌摩擦焊技术在大型贮箱生产中的首次应用，制造出我国运载火箭结构最大尺寸的贮箱，采用我国火箭史上首创的新型工艺，大大提高了贮箱的可制造性，采用液氮进行低温贮箱的地面内压试验，大幅度减轻结构重量，突破了前捆绑传力的结构设计技术，使我国掌握了捆绑火箭有效提高运载能力的技术手段。

长征五号突破的12项重大关键技术和247项关键技术，代表着我国科技创新与工业制造的最高水平，不仅使整个火箭技术能力达到国际先进行列，同时带动了国内工艺、工业制造能力的有力提升。

"为者常成，行者常至。"一路跨越，一路辉煌。对中国航天来说，每一个新高度都是新起点，每一个新起点都意味着新出发。可以自豪地说，随着不断拓展的空间实验任务的顺利推进，随着载人航天"第三步走"空间站建造的实施，中国将在人类太空之旅中出现更多、更活跃的身影，并拥有更多的太空话语权。

长征五号的首飞成功，标志着我国已经跨入世界大吨位火箭发射行列，将显著提升我国进入空间的能力和在世界航天领域的重要地位，推动航天综合能力实现历史性跨越，为我国由航天大国向航天强国迈进奠定重要基石。

新箭再难，攻坚克难

在长征五号任务中，149厂承担了4个3350助推模块的研制和总装任务，是长征五号最主要的承制单位之一。而这4个巨型助推器，却承担着全箭90%的起飞推力。

与传统捆绑火箭主要依靠芯级来支撑的方式不同，长征五号的整箭载荷质量全部集中在4个助推上，要满足"撑得住、点得着、分得开"三大要求。这增加了助推器结构系统的研制难度。在总装周期异常紧张的情况下，全厂各车间发扬特别能战斗、特别能吃苦的航天精神，克服了零部件生产、总装过程的种种困难，确保了长征五号遥一火箭研制的顺利完成。

自2015年11月初第一个助推模块开始总装，到2016年11月3日首飞成功，整整一年时间，149厂派出人员60多人次，跨越上海、天津、文昌三地，历经繁重的装卸车任务、紧张的总装恢复阶段工作、严格的防热修复补强工作、全箭综合测试、苛刻的靶场产品交接、复杂的伺服机构安装、动力全系统气检、"四两拨千斤"的尾翼安装、临射前应急抢险等工作，以高度的责任感和使命感，全身心地投入到长征五号发射中，涌现出一批"能担当、能攻关，能吃苦、能战斗、能奉献"的航天总厂人。

走进新一代运载火箭总装厂房的长征五号助推模块总装区域，墙上"坚定总装后墙不倒，誓夺长五首飞成功"的醒目横幅映入眼帘，不禁让人觉得这支队伍士气正旺，充满了必胜的坚强决心。

长征五号总装总负责人金卫健表示："4个助推模块所有总装工作要在2016年2月底前完成，而第一个模块是从2015年11月16日才正式开始进入总装。由于助推模块涉及导管协调生产需要35天，是整个50天总装周期的一半还多，而这段时间是不可压缩的，所以整个任务时间非常紧。但节点不能破，后墙不能倒。这是我们149厂总装的坚定信念。"

三个半月内完成4个助推模块的全部总装工作，简单的串行总装肯定不可能完成，必须采用并行滚动生产。一个助推模块由一个项目团队负责，1个项目负责人，再加8个总装操作。

说起项目负责制，这是总装分厂有效保证全箭总装质量的得意之作。最近几年，149厂承担的运载总装、发射等任务每年都有30%的增幅，但总装操作人员总数基本保持在38人。为了巩固多年总装质量提升的成果，同时进一步适应和满足高密度发射需求，加强对核心操作人员的培养，他们实施项目负责制，并与长效机制挂钩。

采取项目制的任务分工模式，为骨干人员提供了锻炼平台，加快其成长；明确项目负责人的选拔任命、责任与权力、考评奖励等，形成对每一项宇航总装任务全面考核评定的平台和机制，使得多方面的"保成功"措施得到持续推进。

安装在助推模块顶端的斜头锥，功能类似于现役火箭的整流罩，但每个助推模块需要承载 250 吨偏置载荷的高要求，铸就了其在运载火箭系统最为复杂的结构。

用 47000 多个标准将 3000 多个零件用铆接的方式连接成一个斜头锥，其复杂程度可想而知。一般的整流罩主要以钣金件为主，而该斜头锥的很多大的零部件，如轴承支座、大端框等则是用大型锻件机加工而成。就拿轴承支座来说，它是用 1 吨多的高硬度钢材在数控机床上加工到 100 多公斤，超过 90% 的切削率，乍听起来感觉有点"浪费"，但这个零件却是 149 厂一分厂从 2011 年到 2013 年，攻关了 3 年才完成的。

长征五号研制之初，轴承支座曾委托西安四院加工，加工周期为 6 个月。后来他们考虑到加工周期太长，同时企业也需要掌握这一核心工艺技术。于是在西安期间，149 厂加强与协作单位的沟通交流，逐步掌握和吃透技术。这一协作过程为期 3 年，马伟明感慨地说，"目前轴承支座我们在 3 个月内就能高质量地加工完成，这 3 年的学费值得。"

斜头锥的总成在四分厂铆接组，是一个用"血汗"拼出来的大型结构件。一般的铆接舱段，蒙皮加框环加行条总厚度在 8 毫米之内，而斜头锥一般的连接厚度都在 15—20 毫米。6 个操作工，3 内 3 外搭档，下面还需要二三个辅助工。它的一个平面圆周上的孔大小不一、厚薄不均，操作工在铆接过程中需要不停地更换工具，一圈几十个孔就需要换几十次工具。

斜头锥铆接主管工艺郜阳说："第一个斜头锥的完成是'吵'出来的。设计、工艺、操作工都是第一次做，复杂的结构让工艺员摸不着头脑，让操作工也下不了手。"就这样大家吵着争着，工艺文件终于固化下来了，3 个月的最快总成周期也定了下来。

一般的运载贮箱焊接完成通过试验就可以了，但长征五号助推模块的贮箱焊接还要考虑"偏心"。整个助推模块的偏置结构同样赋予了贮箱的偏心结构。149厂承担的长征五号助推模块液氧贮箱作为该厂研制的最大贮箱，其长度有11米多。4个助推模块4个低温液氧贮箱，不仅要确保贮箱通过液压、气密试验，关键还要确保前后短壳对接面Ⅰ、Ⅲ象限基准在10多米距离上偏扭小于1.46毫米，这就要求五分厂在贮箱焊接过程中必须考虑贮箱的"偏心"问题。

据贮箱焊接工艺人员徐奎介绍，偏心结构的低温液氧贮箱圆周壁厚不是均匀等厚的，在焊接过程中为保持焊接速度的均匀一致，需要对贮箱实时加、减配重，这在149厂的贮箱生产中还是首次。

为预防象限基准偏扭超差，除了实时调节配重焊接，实践出真知让他们掌握了技术要领。一位主任工艺师神秘地透露："我们掌握了预偏扭技术，是根据多年的贮箱研制经验并进行理论分析，预计到贮箱焊接后会发生基准左偏，所以在装配过程中进行往右'超差'装配，而且屡试不爽。"

为了实现全搅拌摩擦焊液氧贮箱能在长征五号首飞中成功应用，五分厂在该贮箱的全搅拌摩擦研制中铆足了劲。除了完成正常的贮箱投产任务外，他们额外研制了一个全搅拌摩擦焊的低温液氧贮箱试验箱，该贮箱除了要完成常温状态下的液压、气密试验外，还要进行低温静力爆破试验。

单发液氧箱共有60多条总长近200米的箱底、壳段、筒段、总对接环缝等Ⅰ级焊缝，还有数百条的支架、角片等Ⅱ级焊缝需保质保量地完成。一个贮箱，从组件到总对接，再到内部的角片、支座等焊接，再到最后的多余物清理，一干就是近5个月。贮箱的整体结构装焊完成后，贮箱内部还需开展角片、支架，防漩防晃装置的装焊。而在闷热的环境里，为了焊接角片、装配防旋防晃装置，操作人员蔡爱军、方瑜等人一趴就是几个小时。

贮箱整箱装焊、试验生产完成后，进行多余物清理则是让人"崩溃"的环节，偌大的一个贮箱，仅有上下两个透气孔，操作人员需要在深筋网格结构的贮箱内操作，整箱内不能存在体积大于 0.05 毫米 ×0.05 毫米 ×0.05 毫米大小的多余物，陈翠琴、姜文涛等操作人员需要反复敲打贮箱，在贮箱内用吸尘器吸，用透明胶带粘。枯燥的工作单调乏味，但他们毫无怨言，一干就是一个多月。

长征五号作为新一代运载火箭，总装过程中采用的是三维数字化、人机仿真等都为"新"字加码。总装主管工艺张游介绍说，助推模块部分导管走向、电缆敷设等安装用二维图纸不能形象直观地表述其复杂的安装关系，借助三维图纸、数字化仿真技术，在操作师傅装配前心中就有一个立体的感知，给总装工艺和操作人员带来的不仅是"图纸"看得清，更多的是提高了装配效率。

发动机伺服机构是在试验基地安装的"骄子"，安装这个近2米长、约170公斤的庞然大物，要从 430 毫米 ×430 毫米的人孔内吊入，并在仅能站立两人、周围遍布电缆和导管的狭小空间内操作，可见其难度之大。从产品的重要性及安装难度考虑，六分厂引入了人机仿真工程，技术人员先在电脑上对操作工人与产品之间的空间关系、操作可行性进行预演，提前预判安装路线和顺序，同时利用新技术，让伺服机构的安装一次成功。

除了三维、仿真成为助推模块的总装热门"新宠"外，对硕大的双机并联发动机，他们还研制了"六自由度多功能发动机对接设备"辅助其安装。有了这个设备，使重达5吨、两个并联形成240吨推力的发动机在类似"笼子"的吊具辅助下变得很轻盈，可以实现上下、左右、前后，及上下旋转、左右旋转、前后旋转等六个维度的姿态调节，不仅确保了发动机安装的效率和精度，而且发动机的安全性更有保障。

为了确保4个助推模块按时交付天津，半年时间里，该型号6个人的总装团队一直马不停蹄，总装计划排到每一天，一环紧扣一环。为此，"新郎倌"张游经常被老婆奚落："你怎么结婚了态度就改变了？结婚前还有时间陪陪我，结婚后倒反而没日没夜地加班，把我晾在了一边。"张游只得笑脸相陪，好言相劝。

一位总装操作工佩戴的小米手环上显示的1万多步，记录了他一天的工作量。他开玩笑说，这1万多步达到了时下流行的每天步行锻炼瘦身的目标。但他们的1万步却是在舱内、舱外、箭上、地面等有限的工作范围内。这样的1万多步，虽然范围仅几个平方米，且枯燥乏味，但他们却干得有滋有味。

都是新的技术。新一代运载火箭液氧贮箱的保温层制作、共底贮箱的研制，特别是长征五号斜头锥等贴软木任务，都是从零开始，摸索着去做，确实费了不少劲。2015年9月，在三分厂的胶接厂房，几个操作者正在忙着给长征五号助推模块的斜头锥、过渡段和尾端"穿衣服"。这"穿衣服"并不容易，因为在斜头锥、尾端、过渡段外面布满了密密麻麻的铆钉、螺钉，数量超过1万个，要对这些产品"穿衣服"，就是要在其外面贴上两层软木再进行油漆。为了保证外观平整美观，软木被裁剪成一块块，小的只有巴掌大小，大的也不过A4纸那么大，而且在给产品贴第一层软木时需要根据每个铆钉、螺钉等位置给软木打孔，其巨大的工作量可想而知。现场操作工人坦言，这样的"穿衣服"方式虽然是第一次操作，但他们表示，工作量再大、操作再难，也要把它贴好。

功夫不负有心人，长征五号型号老总在三分厂查看产品时，看着已经完成"穿衣"的斜头锥上半部分，不由给他们点了一个"大大的赞"。

优秀团队，敢打硬仗

4 个助推模块在垂直停放阶段承担着整个长征五号的重量，而在飞行过程中由"助力"变"主力"，提供全箭 90% 的起飞推力。因此，从结构到动力系统都大大增加助推模块的研制、生产难度。149 厂承担研制的以斜头锥、液氧贮箱、低温阀门为代表的关键单机成为助推器技术指标最高、攻关难度最大、质量要求最高的"三高"产品。十年来，面对以技术难度大、零部件众多、协调关系复杂、技术状态更改频繁著称的助推模块，技术团队敢啃硬骨头，将所有难关一一攻克，练就一批技术过硬、持续创新、团结协作的人才队伍。

长征五号 3350 助推模块是全新的型号，技术难点多。为了保证型号研制的顺利进行，团队从十年前预研阶段就开始了艰苦的技术攻关。多年来，团队组织实施各级工艺攻关、工艺改进活动，完成了院级、厂级各类课题 20 余项，攻克了包括低温密封、大型结构件加工、斜头锥铆接、贮箱绝热喷涂、高压水喷淋多余物清理、锌镁特表面处理、阀瓣成形、膜盒焊接等各个技术难题，使长征五号助推模块的质量得到提高和稳定，为首飞成功打下了坚实的技术基础。

发射当天，团队与工艺人员一起作为后方技术支持时刻关注着发射情况。-7 小时前方传来氧排气管泄露的消息，于是赶紧组织技术人员复查装配原始记录、导管生产记录、原材料复验记录，给前方决策提供有效信息，在问题未定位前他们就拿出了应急预案。

华寅淞，助推模块主任工艺师，主管液氧贮箱、增压输送系统、总装、地面、电器等多个专业，自分离试验箭开始，经历过热试车箭试验成功，合练箭靶场试验，遥一箭生产及总装，参与过型号全部全箭大型试验。年轻的他有一股拼劲，已经能在型号工作中独当一面。在遥一箭总装中，由于设计更改，氧增压组件法兰焊接后变形导致关键零件膜片组合件无法正常安装，若不及时解决，变形后的膜片会导致氧箱增压管路泄露，最终将使飞行过程中的氧箱增压能力不足，甚至导致发射失败。面对难题，他迅速反应，立马组织五分厂及一分厂进行工艺攻关，确定两种方案，一种是抑制焊接变形的方案，一种是焊接后重新加工密封面的方案。通过 3 天的加班加点，采用后者方案，终于克服了机加工过程中 V 形槽加工等多重难题，有效地控制法兰变形，保障了氧增压组件及时交付总装。

助推模块出厂后，全箭总体为确保助推安全分离，提出更改分离电缆分支长度，造成已安装并精测过的头锥拉锁支架须重新返修。拉锁支架与头锥是配孔安装，在结构发生较大变化后会导致孔位偏差，不锈钢材料产品使孔的修配困难加大，加之在外场操作，型号领导要求务必一次安装成功。面对压力，华寅淞再次挺身而出，牵头一分厂及四分厂，反复研究吃透总体要求，对现有产品进行深入分析，确定了变形最小的加工方案。设计师对这一工艺方案非常满意。出厂前零件经过精密测量，得出前后变形的数据对比，华寅淞又根据实测数据提出"交叉安装法"，确保了装配的一次成功。

在天津动力系统气检时，发现氧排气管破裂并确定要更换导管，这一问题引起了领导的高度重视，专门委托华寅淞全面负责。他又干起了总装老本行，第一时间在后方编制导管更换方案。更换氧排气管对已经进入动力气检的助推模块来说是一台大手术，制定方案要考虑头锥与氧箱间的所有电缆断开，分离头锥与氧箱对接面，而且在拆除原有导管的过程中对多处波纹管进行测量，分析出现破裂的原因。华寅淞带着反复细化的工艺方案连夜飞赴天津投入到更换工作中，现场又一次与操作人员对更换方案进行交底，对每一步操作进行确认，搜集拆除和安装过程的数据，并成功定位问题的原因。最终，安装后的导管一次性通过气密检查。一次次的"救火"考验，使得华寅淞面对技术难题从容不迫，率领团队冷静地扫清各种障碍，确保149厂的总装声誉。

液氧贮箱是149厂的拳头产品，拥有各项关键技术的自主知识产权，从循环预冷贮箱到分离箭、模态箭、静力箭、热试车箭、合练箭、首飞箭，自长五立项阶段开始，徐奎从一线班组接触长五型号直至主管工艺员，先后历经十余发液氧箱的全程生产。吸取前辈的经验，使VPPA、FSW两项技术从无到有，从弱到强，实现了在长征五号助推模块氧箱上的成功应用，尤其FSW技术在首飞箭整箱环缝总对接中的应用，使得焊缝缺陷数量降低90%以上，填补了国内空白。在这风雨历程中，通过各项工艺改进、流程优化，使得整箱产品的生产周期缩短1/3以上，同时针对产品焊接特性提出的型材框加厚、筒段焊接边缘周长放大的方式，保证了整箱容积数据的一致性。通过对贮箱强度、气密、容积测量试验设备的改造及调试工作，149厂具备了大型贮箱整箱试验的能力，长征五号贮箱整箱试验周期由以往的20天缩短至7天。

郜阳，助推模块铆接、钣金工艺员，他的工作经历与型号攻关之路密不可分。斜头锥装配是技术攻关的第一大难题，90%的起飞推力由助推承担，头锥承担着将力由单点即与主芯捆绑点分散为均布载荷的重任。初样阶段首次头锥静力试验失败后，他和设计师、操作工人一起在痛苦中咬牙前行，全新的图纸、全新的结构，3个月的时间节点是一场极端挑战。当四分厂新加入长征五号型号队伍的雷湘衡利用高超的框环拉弯技术，实现了1个月时间新的框环从图纸会签到产品加工完成。当一分厂马伟明、王亮、白鹰几位师傅用极大的努力完成精准的捆绑支座、大梁、大端框组合加工之后，装配的挑战摆在他面前。从第一天装配开始，铆接组杨介强师傅组织他和田治国、殷智慧开了一个短会，内容很简单："工艺每天到现场，直接传达工艺要点，有问题当天解决。"那3个月，每天都是在快速地思考、快速地工作，迎难而上。他们终于迎来了头锥静力试验的成功。

贮箱壁板是技术攻关的另一个重要零件。机铣网格壁板的成形工序较普通板材复杂，成形尺寸精度控制极难，为了保证贮箱容积，郜阳在合练箭贮箱容积超差问题分析会上受到鲍国苗总师的启发，于是调整工艺参数，创造性地解决了贮箱容积超差这个困扰型号的难题。

当技术攻关成了长五技术团队的家常便饭，经过打磨和锤炼，这支队伍已经从最初的懵懂稚嫩，变得干练稳健。他们面对一场场硬仗，毫不畏惧。

防热补强，日夜兼程

长征五号火箭在停放和飞行过程中，犹如处在"水深火热"

里。由于发射塔架的半开放性，箭体转场到发射区要经历海南无常的雨水洗礼。箭体的飞行过程中要经受发动机喷射出 2000 多度火焰的冲刷，所以防雨与防热成为靶场工作的重要组成部分。

4 个助推模块在天津参加综合联试时，设计师根据热烧蚀试验结果，提出了后过渡段、尾段现有的防热措施不能满足火箭飞行中发动机火焰烧蚀的问题，认为需在箭体表面新增防热材料。而所有人都觉得助推模块已经在和芯级进行联合测试，到处都是电缆、设备单机、地面导管，出厂时间在即，再进行如此大的动作，诸多风险难以控制。最终大家统一了思想，为了型号的可靠性，再难也要上。于是在陆海滨副厂长的亲自协调下，团队在尾段上反复试验验证陶瓷纤维布铺设方案。方案的工艺可行性最终确定了，实施时间却成了问题，虽然总体同意在总测期间提供 5 天时间用于助推模块防热补强，但是 4 个助推模块 5 天时间，连常规胶水固化都非常紧张，更别说铺设纤维布了。面对几乎不可能完成的任务，三分厂果断作出决策，暂停车间非紧急任务，调用 20 余人奔赴天津。为了不对芯级和测试间造成污染，必须将 4 个助推模块分别转运在天津 57 车间转载间进行防热实施，进行箭体和现场防护工作。助推每一个开口都被封堵，整个发动机被完全包围，连箭体停放的轨道车都被包裹得严严实实，地面被铺了两层保护布，两侧也拉起高高的屏风。三分厂 20 个人、六分厂 8 人分成四班，两个助推同时开展，昼夜 24 小时轮班，三分厂陶瓷纤维布铺设完成，六分厂人员马上安装加固螺钉，不敢有一丝放松。冯冠祥喷涂箭体标记，南博华亲自刷胶，于淼铺设纤维布，胶接工艺员何腾峰在纤维布上开口、封边，总装工艺员张游拧螺钉，每一个操作人员都分工有序，配合完美。由于纤维布会产生细小的纤维，让人感到搔痒。而每个人穿着不透气的防护服，戴防护口罩，更增加了工作的难度。当人们在凌晨两点多看到149厂的10多名同志围绕两个箭体上上下下，井然有序、干劲十足的场面无不让人感动。正是凭着对航天事业的无限热爱，对长五火箭成功的把握，大家心甘情愿，吃大苦耐大劳。就这样，5天4夜，冯冠祥带领149厂团队，硬是将不可能变成了可能，出色完成防热补强工作。

为进一步提升箭体防热的可靠性，助推模块到达文昌基地水平厂房的第一天，尾部防热再补强是必须要做的第一项工作。严格的措施和巨大的工作量又给三分厂的同志带来了不小的挑战。所谓"补强"，就是要给本身已经进行过防热处理的结构再涂上一层防热胶。涂胶工作，听听很简单，但实际操作起来很麻烦。TL-5是一种新型防热胶水，就像一个调皮的孩子不听管束，你调得稠了它马上固化，你调得稀了流动性太强。工艺员何腾峰按照使用说明书结合操作实际，对调胶比进行反复试验，从中摸索规律。经过不断实践，终于找到了恰到好处的调胶配比。

防热操作的对象主要包括火箭底部具有防热功能的软木块，尾段凸起桁条上的螺钉螺母，所有尾段、后过渡段上的舱门盖，尾翼安装后的边缘。为不影响发射基地的主线工作，防热补强不能单独安排胶接时间，需与其他工作并行开展，做到"见缝插针"。白天没时间他们晚上干，中午别人吃饭他们穿插抓紧干。尾段底部褐色的软木块圆圆的形状酷似奥利奥饼干，每个火箭助推器底部有近200块"饼干"需要涂胶。每个助推的尾部凸起桁条上的100多个螺钉头和螺母、压板缝隙都需要抹上一层防热涂层胶，算下来4个助推器需要涂胶的地方大约有1200处，而且多处涂胶需要登高作业，使得操作效率大大降低。他们戴着橡胶手套操作涂胶，发觉表面不平整且大量胶水会黏在手套上。

操作师傅为了提高效率，就直接用手指将防热胶进行均匀涂抹。几天下来，他们的指甲缝里全是难以清理的胶剂，手指上的味道也难以散去。就这样，三分厂的操作人员历经四天三晚连续加班作战，不畏艰苦，终于圆满完成艰难的防热工作。

尾翼安装后的防热可谓是技能与效率的完美结合，也是三分厂与六分厂的精诚团结之作。由于芯级加泄连接器出现了多余物质量问题，为了不影响转场时间，他们将原本计划两天的尾翼安装时间压缩到一天，这对于三、六分厂又是一个很大的挑战。尾翼与尾段对接面边缘有约5毫米宽、共4米长的防热空白区，必须在尾翼安装后半个小时内全部完成，仅有的尾翼安装平台要天衣无缝地交接。三分厂的同志时刻盯着六分厂的每一步进展，把握好时机开始调胶，待最后一个尾翼螺栓安装完成后，何腾峰、黄新伟便冲上去开始做防热工作，刘建恒在地面负责调胶，六分厂的同志帮忙传递。现场没有任何声音，只有几个人忙碌有序的身影。6个小时完成3个尾翼的安装及防热工作后，队员们累得坐在地上。周围的基地领导、一院领导及型号两总对149厂的高效率和吃苦耐劳精神不由交口称赞："149厂的队员真是好样的！"

还有黄诚，作为149厂的分队长，曾经带领团队取得长征六号的首飞成功。这次，他又以分队长身份参加长征五号的首飞任务，被誉为"双首飞"队长。凭着在运载领域多年积累的技术、管理经验，他处理事情沉着冷静，关键时刻能担当、敢负责。黄诚当队长，不仅能力强，而且具有人格魅力，大家服气。

在天津进行助推模块状态恢复期间，主要为完善箭体外观需修复头锥、尾段软木结构。但由于在客场作战，各方面都不如在厂里方便。为排除三分厂的后顾之忧，抢抓总装进度，黄诚亲自赴天津协调57车间提供的场地、气源等资源，每天坚守在外观修复现场，给队员们以很大鼓励。但在外观修复后与57车间进行对外接口检查时发现有疑似多余物，总装工艺员张游着急地向黄诚汇报。他冷静地安抚说，不要害怕出问题，要想办法沟通处理，只要产品没影响，天大的事由我担着。张游经过认真分析，发现多余物是在外观修复打磨箭体表面时由细小粉尘引起的。问题查清后，黄诚迅速组织总装人员对箭体九处对外接口使用内窥镜设备进行检查，并对多余物进行彻底清理，对箭体表面浮尘进行了擦拭。经过一个晚上的通宵作战，第二天复检全部通过。

试验队员说，只要黄队长在旁边站着，哪怕他不说一句话，我们做起事情来也特别踏实。确实，黄诚平时话不多，但碰到问题时表现出来的沉着冷静令人敬佩。如蓄压器气密测试前，对充气台进行自检时发现一路金属软管无法保压，使用涂肥皂泡法也找不到漏点，一岗正准备把它当作质量问题上报。黄诚启发说，是否试试酒精浸泡法。这一提示一下子使队员豁然开朗。于是他将保压后的导管放到盛满酒精的容器中，漏点马上找到。在气体连接器底座防热操作空间狭小到只能伸进一只手的困难面前，他提出了"在地面演练，箭上盲操"的方法，成功解决了距离尾段舱壁仅30毫米间隙内操作的难题。

年轻总装，个个好样

149厂有这样一群年轻的总装人，他们或是负责火箭总装工艺，严格控制产品技术状态；或是负责火箭的装配与测试，没有一丝一毫疏漏；或是负责把关火箭的质量安全，决定火箭能否出厂、能否飞天。他们平均年龄不到30岁，以高质量、高效率著称，为保长征五号首飞成功，用他们青春的活力和顽强的斗志，奋战在航天宇航型号最前线。

张游，28岁，助推模块总装工艺员，他踏上工作岗位就与长征五号相伴，首飞箭从总装至成功发射他在外出差共170多天，可以说一年中他与长五相处的时间比老婆在一起的时间还多。四年来的磨炼已经让他对总装产品和技术状态了如指掌。他参与总装了合练箭、遥一箭共8个助推模块，编制工艺文件上百本，设计工艺装备40多套，几乎参与了每一个舱段的对接、每一个阀门的安装、每一次动力系统的气检、每一根电缆的敷设、每一个传感器的安装。在首飞任务中，他对技术状态的掌握让设计人员都感到吃惊：箭体动力系统综合气检中伺服机构有两个高低压软管密封面需进行涂泡检漏，凭借对设计和工艺文件的熟知，他马上向设计反馈：该分工与805所动力系统设计文件的输入不一致。设计人员立即对文件进行复核，发现技术文件中规定由伺服机构方执行，正是由于他对技术状态和操作程序的熟悉，才敢大胆提出质疑，避免了双方都认为是对方负责的错觉，从而导致不该发生的事故。

长征五号助推模块采用了很多新技术新状态，可借鉴的工艺方法较少，在天津总装恢复及到基地临时技术状态变化是常有的事。而对于已经完成总装的火箭，只要设计改变一丁点，工艺实施就要改变一大块。面对类似的问题，张游已经可以从最初的焦虑到现在从容应对。如遥一箭相对于合练箭增加了一路后处理导管，该导管正好位于伺服机构安装吊梁吊绳的正下方，如果使用合练箭演练过的方法，必然导致吊葫芦与导管发生纠葛。于是他将原有的工装推翻重新设计，最终采用"三角吊装法"，成功地避开了正下方的导管，保证了安装的安全性和可靠性。又如尾翼安装是基地的一项重大工作，单片尾翼重达250公斤，操作平台空间有限，不能使用大型的自动化安装设备。而尾翼安装螺栓与尾段接头孔的间隙仅为单边0.5毫米，单纯采用吊装安装的方法是无法微动调节如此小的间隙，并会导致螺栓无法安装。张游从伺服机构安装中找到灵感，于是采用吊挂葫芦微动调节法，在连接尾翼与行车的吊绳中间增加两个吊挂葫芦，实现了小间隙调节。一院专家、基地总师在安装现场看到张游熟练的操作，对此工艺方法赞不绝口："本来以为尾翼这个大家伙装起来肯定很复杂，没想到用两个吊挂葫芦就能四两拨千斤，一下子就解决了大问题。小伙子，聪明绝顶！"

武晨鹏，28岁，长五合练箭的时候他刚完婚就赴靶场参加试验4个多月。首飞箭进基地的时候，儿子刚出生，而他那次出差达3个多月。为长五，他付出太多。武晨鹏一直负责长五设备、电缆安装，他对助推模块毛细血管似的电缆、多如星辰的设备传感器，如同对自己的身体一样了解。每个电缆插头的插接他都谨小慎微，每根电缆的固定他都紧了又紧，每个设备的安装他都认真确认方向。

在天津，助推模块1、2已经完成全部电缆敷设，而设计状态出现变化，要求将上箭控制电缆进行防热包覆，这使得武晨鹏及同伴们将近两周的工作白做，每个助推需将13束20多个分支的电缆下箭，并重新包覆绝热材料。每根电缆要半迭代包覆两层高温绝热带、两层镀铝薄膜，外层缠绕不锈钢丝，再重新上箭敷设，而交付总测节点临近，工作量巨大，全部电缆包覆只能手工操作。面对如此超大工作量的反复，武晨鹏和其他3名操作人员没有怨言，一刻不停地抓紧时间操作。高温绝热带质地硬，为保证电缆包覆的紧实可靠，需要手上用大力气，一天工作下来大拇指酸痛无比，连筷子都拿不稳，需用热水泡泡才能缓解。而这样的重体力活，一天仅能完成3—4束电缆的包覆，武晨鹏和同伴们累了就再忍一忍，苦了就再扛一扛，持续奋战两周，终于完成4个助推控制系统电缆的包覆，没有耽误一天。特别能吃苦、特别能战斗的精神，在武晨鹏他们身上体现得淋漓尽致。

武晨鹏在基地里被称为"舱内小王子"。只要有进舱的工作，他必然在里面。在基地，设备电缆安装占了主要工作量的一半，由于防雨措施特别严格，各个舱段就像一个个闷罐子，空气不流通，舱内胶水散发出刺鼻的味道，而且要穿密不透气的进舱服，佩戴口罩，工作环境的恶劣可想而知。安装伺服机构时，他在发动机机架上安装吊挂横梁、操作吊挂葫芦一干就是数小时。控制系统电缆敷设，千头万绪要一一对应，在狭小的空间坐也不舒服，趴也不舒服。武晨鹏笑称："还好我身材瘦小，换个大个子非得抽筋不可。"导爆索安装固定，决定助推模块分离的成败，其弯曲半径、伸出舱外的长度需要与舱外侧推火箭反复协调。这样舱外操作多长时间，他就要在舱内待多长时间。头锥、后过渡段共10根导爆索，4个助推，一个过程下来，他真的成了舱内城堡的"小王子"。

徐雪华，28岁，在首飞任务中，他凭借对动力系统的熟知，复杂地面供气设备的娴熟操作，用出色的技能水平，赢得了领导和同事的认可，被称为"动力系统小工匠"。在靶场水平总装车间，一次需提前对蓄压器进行运输后气密检查，充气压力要精确到0.01MPa。凭着对蓄压器充气台长期操作经验的积累，他完全依靠手感调节手动开关将充气精度控制在0.005MPa内；在气体连接器防火插销安装过程中，他充分展示了过人的"盲操"技能。箭体刚刚垂直竖起，徐雪华、瞿德超便带着防火插销进舱进行演练。在仅有30毫米的狭小空间内只能一人一侧、一人一手，共同密切配合才能完成。瞿德超与徐雪华配合默契，每人一只手仿佛合为一体，历经4个小时，终于完成插销的"盲操"。

余小波，28岁，这个小伙子参加靶场试验前刚刚荣升"奶爸"。或许是儿子的出生让他更懂得责任和担当的重要性，在长五首飞任务中他表现得格外积极。他的岗位职责是动力系统操作和吊装指挥，但是在厂房里处处能看到他忙碌的身影。助推模块在水平厂房进行尾部防热加固压板安装，需要在煤油箱后短壳打孔，为避免舱内出现多余物，他一人钻在尾段内粘贴保护布，外面打孔操作时要一直观察，避免出现孔位打偏将产生的金属屑落入舱体内。他穿着厚厚的防护服，一待就是两个多小时，出来时已浑身湿透。在尾翼安装过程中，需要指挥行车起吊控制尾翼空中姿态缓缓向箭体靠近，稍有判断失误就可能发生箭体磕碰。作为现场吊装指挥，安装前余小波与基地行车操作工进行充分沟通，了解行车的行驶特性，并要求在口令下达后留有缓冲余量。这样，在指挥尾翼与箭体靠近时距离精确到停留在10毫米以内，有效地保证尾翼的顺利安装。

顾明君，26岁，大家都称他为总装组的大力士。他身材高大，肌肉发达，头脑灵活，做起事情有股拼劲。伺服机构安装需将重达100公斤的大家伙从450毫米×450毫米的舱门口送进去，而且只能靠人抬。小顾与其余3人在舱外先将伺服机构抬起，送入舱门将近一半时，操作空间只允许一人抬着。于是重担就压在了小顾身上，他必须挺住持续地往里送入，并调整进入姿态。顾明君凭着力大无比和胆大心细，硬是用一己之力搞定伺服机构与吊挂工装的成功连接。

钱昌，27岁，长征五号专职检验员，他伴随着长五走过热试车箭、模态箭、合练箭、遥一箭，同事跟他开玩笑说：原来你一直在跟胖五"谈恋爱"。正由于有着一腔热爱，才让年轻的他坚持下来。长五检验员的工作量用庞杂来形容一点也不为过：一个助推有

200多处导管密封面要进行检查并拍照记录，气密试验要涂肥皂泡，400多个电连接器接插件要一一检验，保险完成后要拍照，防热完成后要拍照，60多处防雨点要一一确认。整个助推模块总装过程共拍照7000多张，几乎全部由钱昌一人完成。在靶场，他更是将装前检查、装时监察、装后复查落实到极致。每一个操作动作他都陪伴在操作人员身边，进舱体、钻小空间、登高作业，他无所不能。本着对产品负责、对首飞负责的态度，他每道程序都是检查检查再检查，确认确认再确认，守好最后的质量底线。

正因为有了这群年轻而敬业的总装工匠，让长五一切的"苦难"和"折腾"，都化为成功的辉煌。

临危排险，舍命进舱

也许人们对长征五号首飞现场直播的壮丽场景依然记忆犹新。但对于长五临射前-7小时内发生的惊心动魄的"内幕"却鲜为人知。面对令人揪心，甚至冒着生死考验"逆行"抢险的149厂总装车间高级技师瞿德超来说，那种超级紧张而又压力巨大的场面，令他永远难忘。

-7.5小时，液氧大流量加注，总装人员在休息室等待-7小时指令，准备进行最后的防雨防热和舱门打保险工作。突然，检验员和部队一岗战士冲进房间，向队长报告助推1头锥内排水孔有白烟冒出。当时黄诚脑子里的第一反应是，不会是头锥内哪个氧系统导管泄漏了吧？头锥内涉及氧系统的密封面有上行增压管、测压管、穿舱法兰、氧排气阀、安全阀和氧排气管，除了氧排气管外，其他几处泄漏抢修工作将异常艰难，如果任零下200

多摄氏度的液氧泄漏，头锥内温度会急剧降低，最低耐受温度为零下 40 摄氏度，势必对传感器、电缆、导爆索产生不利影响。而目前火箭正在进行大流量加注，如果问题无法定位得不到解决，必然会导致燃料泄出，推迟发射，甚至取消发射任务。

-7 小时，房间内的空气像被液氧冷冻了一样，大家都盯着队长。沉思几秒钟后，黄诚镇定地说："瞿德超和张游过去看看，得到指挥开舱口令后观察一下头锥内情况，注意安全，其他人原地待命。"像战士得到指令，两个人快步冲向头锥，使用测试仪从排水口测量排出气体的氧浓度，仪器刚刚靠近便发出"滴滴"的警报声，显示氧浓度 36.2%，严重超标。此情况反馈到指挥后端，得到开舱检查的指令。于是瞿德超双手握紧防爆螺丝刀打开了舱门盖，瞬间舱段内狂躁的吹除声让他猝不及防。由于舱门盖打开，舱内压力被释放，原来排水口的白烟变小，再次使用测试仪测量舱内氧浓度还是超标。瞿德超初步判断某个氧系统管路出现泄漏。他用手电筒仔细寻找舱内泄漏点，由于空间有限，无法看到上行增压管、测压管、穿舱法兰、氧排气阀、安全阀完整的密封面，仅发现氧排气管一处绝热软泡发生了破裂，但没有找到明显的泄漏点。显然舱外的观察无法给后端指挥提供可靠信息。事后瞿德超回忆说，当时已经有了进舱检查的冲动，想法极其简单，就是为了找到真正原因。

-6.5 小时，时间越来越紧迫，一岗人员将舱外观察的情况向队长和后端指挥报告后，大概过了 5 分钟，指令下达：进舱检查。在场的每个人都知道这个口令意味着什么，液氧还在大流量加注，头锥内氧浓度严重超标，即使有进舱供氧设备，假如设备失灵，假如泄漏点变成大液氧流出，假如没有找到泄漏点……每一个后果都不堪设想。但是明知山有虎，偏往山里行，这是 149

厂总装人的责任和使命。面对型号故障，必须要有人排故。焦点聚集在了149厂总装人的身上，因为助推模块是从他们手中装配出来的，他们责无旁贷、义不容辞。正当大家在考虑谁进舱的时候，瞿德超已经开始寻找进舱服了。张游颤抖地拉着他说："你做好冒险的心理准备了？"瞿德超说了一句让现场每个人都肃然起敬的话："他们都还年轻，我上！"余小波也被他这种大义凛然的精神所感动，主动请缨作为二岗随时准备进舱。黄诚拍着两位跟他一起在长六首飞中参加抢险的老战友肩膀说："好。哥们，注意安全！"

-6小时20分，地面供氧设备准备完毕，调试供气流量，瞿德超和余小波分别戴上氧气面罩。前者进舱，一旦发生意外，后者将进行紧急抢救。顾明君则在舱外配合。此时，张游对着瞿德超的耳朵边大声喊："重点检查上行增压管、测压管、阀门与贮箱密封面、排气管有没有泄漏，赶紧出来。"只见瞿德超瘦小的身体拖着氧气管，整个头部被面罩包裹着，舱内空间太狭小，他艰难地在氧箱球形前底上挪动，还得顾及不触碰其他设备。他认真检查了每一个跟氧系统有关的连接面，这时头锥内温度已经是0℃左右，加上舱段内管路吹除不停地供应0.5MPa空气，趴在舱门口都感受到阵阵寒风吹来，而瞿德超仅穿一件薄薄的防静电服。

-6小时10分，大约在头锥内待了2分钟，反复检查后他来到舱门口，停留了几秒钟，又返回到氧排气管处再一次检查了排气管，一股冷气吹进他的衣袖，仿佛要冻僵他的胳膊。随后，他向舱外人员摆出一个"OK"的手势，示意准备出舱。大家知道他找到原因了。事后问起他再一次返回的细节。他说："第一次进舱他已经发现了问题，再次返回是为了确认。因为这么糟糕的环境一定要谨慎，一定要提供准确的信息。"

149厂的总装人就是这样胆大细心，可敬可爱。

瞿德超出舱后缓慢摘下氧气面罩，只见他满脸通红，大口地喘着粗气。也许是供气设备不通畅，也许是他真的太紧张了，他一句话没说径直走向休息室，在第一时间向队长报告了自己观察到的情况。基地毛副总、型号总师李东紧紧跟在后面。在房间里所有人的目光都聚集在瞿德超身上。他还在喘着气，只见他的喉咙在不停地吞咽。毛副总关切地说："小伙子别紧张，休息一下再告诉我们你看到的情况。"瞿德超深吸了一口气说："上行增压管、测压管、阀门与贮箱密封面都没有问题，氧排气管一处波纹管有裂纹，氧气就是从那里漏出来的。"

真相大白。型号总师、设计人员迅速组织决策。决策会上基地的一位司令员激动地说："149厂的瞿德超冒着生命危险提供的信息非常珍贵，这位同志的表现实在太棒了！"

-6小时，型号两总，基地领导、设计工艺人员展开激烈的讨论，并请来专家判断液氧泄漏是否对导爆索、设备传感器产生影响。分析认为，目前氧排气口压力不会造成导管继续破裂，其破裂程度不至于液氧大量泄出，加之舱段内热空气吹除，头锥温度不会降至0℃以下，不会对箭上导爆索、设备传感器等造成破坏。排气管仅在液氧加注中使用，加注后氧排气阀关闭排气管不再工作，飞行过程中排气管也不起作用。综合各方面因素，型号决策者决定对出现泄漏的管子不做处理，重新开始-7小时准备工作，发射窗口推迟1小时。真的是不幸中的万幸，这个决定让在场的每一个人都重重地舒了一口气。此时坐在休息间里的瞿德超仍惊魂未定，因为他还没有意识到，正是他冒着生命危险进舱的2分半钟，给型号两总、基地领导的正确决策提供了宝贵的信息，挽救了长五的首飞任务。

长五发射成功后，回想当时的情景，瞿德超还是心有余悸。他说："当时只想着发现问题、解决问题，舱段里的恶劣环境等出来后才真切体会到。现在想想真有点后怕。"

这就是可爱的149厂总装人。也许他们并不高大上，也不会喊什么时髦的口号。但他们实实在在，心里装的全部是工作，全部是责任，全部是担当。平时他们从容淡定，埋头苦干，默默无闻。但在关键时刻，却敢于挺身而出，脚踏惊涛骇浪，肩扛万钧重担，甚至不畏付出生命的代价。

"胖五"瘦身，托举新船

2020年5月5日18时，长征五号B运载火箭首飞成功，把近22吨重的新一代载人飞船试验船送入太空，标志着我国载人航天"第三步"——建造空间站的工程拉开了序幕。

点火之前，人们看到，重约849吨的长征五号B静立于海南。而近看胖五火箭尾端，会发现其"芯级火箭"底部处于悬空状态，4个助推器的12个支撑点承担着整箭的全部重量，稳稳地矗立在发射台上。

火箭点火之后，上海航天承担的"胖五"4个助推器中的8台120吨级的液氧煤油发动机一齐发力，释放出全箭90%以上的起飞推力，与芯级火箭发动机一起将"胖五"推离地球。

值得一提的是，与之前的3发"胖五"相比，长征五号B火箭的4个助推器共减重700多公斤。其中，每个助推器的头锥结构减重约12%、近150公斤。这其中，作为火箭总装单位，149厂的贡献不容小觑。

　　由于飞行动力的需求，"胖五"家族助推模块的头锥和长征火箭家族中的其他兄弟有所不同，从侧面看上去呈现三角形状，正面看则像一只嘟囔着小嘴的萌萌的"企鹅"。据长征五号助推结构系统设计师介绍，由于长征五号系列火箭采用了前捆绑点主传力的结构，在助推器头锥的前捆绑点处，受到高达300多吨的偏置集中力。因此，要在斜头锥里运用增强强度的承力结构，其重量占到整个头锥的60%以上。经设计师团队分析，此处减重空间最大，并决定采用"拓扑优化技术"，对头锥传力路径进行优化。基于拓扑优化结果，助推研制团队对捆绑点下方集中承载和扩散结果开展工程化减重优化设计。于是他们展开攻坚，将原头锥捆绑点下方"多层放射筋壁板＋主承力桁条"的结构，优化为"主承力桁条＋主承力厚板"的新型结构形式，不仅结构更连续、承载效率更高，还能实现头锥结构减重，可谓一举多得。

　　同时，他们还注重从内部挖潜，为进一步减重下功夫。团队根据前几发"胖五"的飞行实际，认为煤油箱的增压气瓶余量较大。经过多次讨论和分析验证，最终，团队决定在长征五号B每个助推器中减少1个气瓶，这样至少可减重23公斤，然后再对管路进行优化处理。由此，每个助推器约减重189公斤，4个助推器共减重700多公斤。

　　减重成功后的4个助推器，每个身高27.7米、净重14.3吨、腰围3.35米，为长五B全箭提供主支撑作用。当火箭站立时，通过前后捆绑点把自身重量分摊到4个助推器上。每个助推底部都有3条腿，即所谓的支撑点。在火箭起飞阶段，助推器率先发力，将全箭90%以上的起飞推力揽于一身，为"胖五"和新一代载人飞船的腾飞立下卓越功劳。

大国工匠造神舟
天宫筑梦耀九天

1992年9月21日，我国载人航天工程（"921工程"）启动，并制定了"三步走"计划。工程关键是要突破三大技术：一是天地往返技术，二是出舱活动技术，三是交会对接技术。1999年11月20日，我国第一艘试验飞船神舟一号首发成功。2003年10月15日，我国第一位航天员杨利伟乘坐神舟五号飞船成功进入太空。接着，数艘神舟飞船演绎了多人多天、空间出舱、空间交会对接、太空加油等一场场载人航天大戏，表明载人航天重大技术均已突破。

迄今，我国共进行15次各类载人航天发射活动，将11位航天员共14人次送入太空。尤其是2016年10月，航天员景海鹏、陈冬进入天宫二号空间实验室，成功飞行了33天，创造了中国航天员在太空驻留最长时间纪录。自此，中国载人航天空间实验室任务全部完成。2021年4月29日，核心舱成功发射，标志着空间站时代的到来。

神舟天宫游苍穹，中国载人举世惊。

深邃的宇宙，蔚蓝的太空，永远是那么神秘，那么令人神往。璀璨的星空，朦胧的星河，梦幻的天籁，迷离的天象，古往今来，引得多少人做着飞天的梦想。

但是，上下五千年，无论是古老文明的东方，还是后来居上的西方，人类都在苦苦探寻，冒险实践，甚至付出了生命的代价，却一直未能寻到攀登太空的天梯、腾飞苍穹的翅膀。那道阻碍人类脱离地球引力、冲破大气层的羁绊，将人类一直束缚在包裹着厚厚大气层的地球摇篮里。多少次，人类仰望美丽的星空，产生了许多离奇幻想和神话故事。于是，无可奈何的人类，只能编撰出嫦娥奔月、牛郎织女鹊桥相会、阿波罗巡天这样的神奇故事，来满足飞天梦想的欲望和渴求。

苏联科学家、火箭飞行理论奠基人齐奥尔科夫斯基早在20世纪初就曾预言："地球是人类的摇篮，人类绝不会永远躺在这个摇篮里，而会不断探索新的天体和空间。开始他们小心翼翼地穿出大气层，然后便去征服整个太阳系。"

这是一个伟大的预言，人类的勃勃雄心不仅是进入太空，登上月球，而且要征服更加遥远的太阳系。经过多少年的不懈追求和大胆实践，目前人类完全能够自由地往返于地球与太空之间，并在月球上留下探寻的脚印，在火星上刻上火星车的车辙。

1961年4月12日，苏联航天员加加林带着人类共同的飞天梦想，终于冲出了地球引力的束缚和大气层的羁绊，向着神秘而令人渴望的太空，迈出了勇敢的一大步。这一壮举意味着人类真正突破了地球摇篮，使飞天之旅的美丽愿望终于变成了现实。加加林的飞天成功，为人类的航天史添上了非常了不起的一笔。

在世界载人航天发展史上，俄罗斯（包括苏联）一直是走在前列的，除了人类第一位航天员诞生在他们国度，人类第一位女航天员、第一座空间站也出自他们国家。而美国作为后来居上的航天大国，阿波罗飞船六次载人登上月球、航天飞机搭载355位航天员共135次遨游太空。

而让中国人感到自豪的是，中国的载人航天工程不输于俄、美，作为当今世界第三个实现载人飞天的国家，我们的神舟飞船、天宫实验室已经完美亮相，惊艳世界。空间站建设已经启动，中国将全面进入"空间站时代"。

载人航天，呼之欲出

中国载人航天工程总设计师周建平说："载人航天是人类进一步拓展自己的生存空间、探索发现新的科学知识、让人类社会发展和进步的一个必然的行动。人类的好奇心以及对发展自身、发展文明、寻求进步的强大动力，始终驱使我们要有冒险精神，有不惜牺牲自己、付出生命的精神，去探索新的目的地，造福后人。我们为什么要搞载人航天，这就是载人航天承载的使命。"

中国作为一个航天大国，不能没有载人航天。多少年来，老一代航天人一直为之奔走呼吁，并做了大量的铺垫工作。但由于综合国力不强，航天技术不济，人才队伍不足，再加上"文革"十年耽搁，使得载人航天一直处于"心有余而力不足"的无奈状态。

长征火箭，走向世界。载人航天，呼之欲出。而"863计划"，则是孕育中国载人航天工程的"摇篮"。

曾几何时，航天大国俱乐部里根本没有中国的席位，但几代中国航天人硬是凭着"不服输"的一股劲，咬定青山不放松，埋头苦干，不畏难、不信邪、不气馁，逢山开路，遇水架桥。从无到有，从小到大，从弱到强，几十年如一日地迎难而上、奋斗不止，使我国稳步迈入了航天大国的行列。

促成中国载人航天工程上马的"导火索"，是一封特别的建议书。1986年，邓小平同志对王大珩、王淦昌等4位中科院院士上书的"关于跟踪研究外国战略性高技术发展的建议"，作出了"此事宜速作出决断，不宜拖延"的批示，这一决策直接促成了中国载人航天事业的发展，并让863计划里列入了载人航天工程的"宣言"。

1986年3月，中国著名科学家王大珩、王淦昌、杨嘉墀、陈芳允联合提出了"关于跟踪研究外国战略性高技术发展的建议"。王大珩等4人在建议中主要提出了以下几个观点：一、真正的高技术是花钱买不来的；二、高科技研究取得的成果是要花力气和时间的；三、提高技术不仅可以集中现有的科研实力出成果，而且可以培养新一代高技术人才等。

这一计划的倡导者之一王大珩院士回忆说："1986年3月，陈芳允同志来找我商量，我又约了王淦昌同志和杨嘉墀同志，由我起草，提出了一个关于发展我国战略性高技术的报告。这个报告在3月3日送给了中央最高领导。"

3月5日，邓小平看到4位科学家的建议，马上作出批示：

这个建议十分重要，请找专家和有关负责同志，提出意见，以凭决策。此事宜速决断，不可拖延。

这是一个具有深远意义的伟大决策，从此，中国的高技术研究发展进入了一个新阶段。1986 年 4 月，中国数百名科学家汇集北京，讨论《国家高技术研究发展计划纲要》。在此后的半年时间里，中共中央、国务院组织 200 多位专家，研究部署高技术发展的战略，经过三轮极为严格的科学和技术论证后，中共中央、国务院批准了《高技术研究发展计划纲要》。由于《高技术研究发展计划纲要》是在 1986 年 3 月提出建议，并经邓小平亲自批复的，这个计划就以 "863 计划" 为代号。1986 年 10 月，中共中央政治局召开扩大会议，在批准 "863 计划" 的同时，决定拨出一大笔专款实施这一计划。

1988 年 10 月 24 日，邓小平在参观北京正负电子对撞机国家实验室时，对美籍华裔科学家李政道说："世界上一些国家都在制定高科技的发展计划，中国也制定了高科技发展计划，下一个世纪是高科技发展的世纪。有一位欧洲的朋友，是一位科学家，向我提了一个问题：你们目前经济并不发达，为什么要搞这个东西？我就回答他，这是从中国长远发展的利益着眼，不能只看到眼前。过去也好，今天也好，将来也好，中国必须发展自己的高科技，在世界高科技领域占有一席之地。如果 60 年代以来中国没有原子弹、氢弹，没有发射卫星，中国就不能叫有重要影响的大国，就没有现在这样的国际地位。这些东西反映了一个民族的能力，也是一个民族、一个国家兴旺发达的标志。"

邓小平还说："现在世界的发展，特别是高科技领域的发展一日千里，中国不能甘于落后，必须一开始就参与这个领域的发展。搞这个工程就是这个意思。还有其他一些重大项目，中国也不能不参与。因为你不参与、不加入发展行列，差距就会越来越大。现在我们有些方面落后，但不是一切都落后……总之，不仅这个工程，还有其他高科技领域，都不要失掉时机，都要开始接触，这个线不能断，要不然我们就很难赶上世界的发展。"

如今，邓小平当年的讲话已经成为经典。

"863 计划"的内容非常丰富，主要选取了生物技术、航天技术、信息技术、先进防御技术、自动化技术、能源技术和新材料等 7 个领域中的 15 个主题项目，目标是在其后的 15 年里，在选取的 7 个重要高技术领域，跟踪国际水平，缩小同国外的差距，并力争在我国有优势的领域有所突破。

"863 计划"的实施，使我国载人航天研究重新被列入了国家重点发展计划。航天技术领域是"863 计划"中的第二个重要的高技术领域，主题项目之一为大型运载火箭和天地往返运输系统主题，主要是研制能发射小型空间站的大型运载火箭和研究发展天地往返运输系统；另一个是空间站系统及其应用主题，主要研究发展规模较小、性能先进、模块式的空间站系统，并进行空间科学与技术研究，实现载人空间飞行。

中国工程院院士、神舟号飞船首任总设计师戚发轫曾在接受采访时说："'863 计划'开了个很好的头，提出了一个很好的计划，就是选择以载人飞船起步，先突破天地往返运输技术，再逐步建立空间实验室，最终建立大型的、长期有人照料的空间站。这种大系统工程，顶层设计一定要做好，拿出一个好的方案和技术途径特别重要。"

"863 计划"是中国载人航天事业的起跑线。事实证明，中国载人航天工程创业历程虽然艰难曲折，但步子迈得非常稳健，一步一个脚印，一次实现一个目标，整个过程几乎没有反复，所有重大的关键技术都得到了攻克。可以说，中国载人航天工程，是中国航天领域科技含量最高、影响力最大、成就最辉煌，也是最为成功的举国工程。

在这里，江泽民总书记对神舟飞船和149厂的关心值得一提。1999年9月25日上午，在中华人民共和国成立50周年大喜日子即将到来之时，也是我国第一艘无人飞船神舟一号即将发射的时候，江泽民又一次来到了149厂（上海航天设备制造总厂）。江泽民在上海市委书记黄菊、上海市市长徐匡迪、上海航天局局长金壮龙、局党委书记陆晓春等陪同下走进火箭总装厂房，他在参观和了解了导弹、火箭和气象卫星等航天产品有关情况后，便来到神舟飞船产品前察看。视察结束时，他挥毫题词，并作了讲话。

三大关键，全部突破

中国载人航天工程起步于20世纪90年代初。1992年9月21日，中央专委会讨论通过了我国的载人航天计划，并正式立项实施，由此，以"921"命名的中国载人航天工程步入实质性启动阶段，并制定了"三步走"计划。第一步：在2003年左右，发射2—4艘无人飞船和1艘载人飞船，建成初步配套的试验性载人飞船工程，同时开展相应的空间应用实验，以载人成功作为完成第一步的标志；第二步：在2010年左右，在第一艘载人飞船成功的基础上，进一步突破载人飞船和空间飞行器的交会对接技术，并利用载人飞船技术改装，发射一个8吨级的小型空间实验室（目标飞行器），解决有一定规模的、短期有人照料的空间站应用问题；第三步：在2020年左右，建造一个上百吨级的空间站，解决较大规模的、长期有人照料的空间站应用问题。

载人航天工程，关键是突破三大技术，一是天地往返技术，二是出舱活动技术，三是交会对接技术。值得自豪的是，中国载人航天工程经过近三十年的奋斗，在广大航天科技工作者的共同努力下，三大关键技术全部被突破，中华民族的飞天之梦一次次得到实现。让我们来回放几个精彩的瞬间：1999年11月20日，我国的第一艘无人飞船神舟一号升空，标志着我国载人航天工程已经基本掌握了飞船研制、发射和返回技术。2003年10月15日，我国第一位航天员杨利伟乘坐神舟五号飞船成功飞天，标志着我国完全有能力用自己研制的火箭和飞船，把自己培养的航天员送入了太空。2008年9月25日，神舟七号飞船乘载翟志刚、刘伯明、景海鹏三位航天员升空，其中翟志刚身穿"飞天"舱外航天服，出色地完成了出舱任务，太空漫步留影苍穹。这一壮举，标志着我国突破了关键的出舱技术。2011年11月1日，神舟八号无人飞船又一次进行了飞天之旅，这次飞天圆满完成了与天宫一号目标飞行器的两次交会对接任务。两个航天器在空间交会对接成功，标志着我国又突破了一项非常关键的载人航天技术。2016年10月，航天员景海鹏、陈冬进入天宫二号空间实验室，成功飞行了33天，创造了中国航天员太空驻留最长时间的纪录。同时验证了航天员在轨生活、工作、健康状态以及整个系统的维护、支持、保障等一系列技术，为后续更长时间的飞行和驻留奠定了基础。2017年4月23—27日，我国天舟一号货运飞船与天宫二号空间实验室成功完成了首次推进剂在轨补加试验。这一被誉为"太空加油"的顶级技术，是我国未来建立空间站必须突破的一项关键技术。

举世瞩目的中国的载人航天正在雄起。一艘艘神舟飞船天地

神舟十一号载人飞船在厂房内

往返，一位位航天英雄遨游太空，从神舟一号到神舟十一号，从天宫一号目标飞行器到天宫二号空间实验室，每一次的太空交会对接都取得成功。我国成功组织实施的15次飞行任务，共将14人次航天员送上太空并安全返回。中国用独立自主掌握的载人航天核心技术和一次次的载人成功向全世界证明，中国已经稳居当今世界载人航天第三把"交椅"，中国的航天大国地位已经得到了全世界的公认。中国载人航天工程向世界展示了我国追求国家强盛、民族复兴的决心和智慧，成为我国高技术领域举国关注、举世瞩目的具有标志性意义的重大科技工程。

至今，中国载人航天工程无一重大事故，做到了100%的成功率。如此的高成功率，连俄、美两个航天大国也很难做到。我们完全可以自豪地宣称：中国载人航天是最棒的！

目前，中国载人航天空间实验室阶段任务已全部完成，为后续我国建设较大规模的、长期有人照料的空间站打下了坚实基础。

加大投入，筑牢基石

自"921"项目立项后，149厂就开始在建设用于实施载人航天工程项目实施的场地和基本建设上下功夫。在总装备部、航天科技集团公司和上海航天局等上级领导的关心和支持下，自1994年起149厂在"921"一期工程中共进行了三次较大的投资改造，为顺利完成"921"一期工程的各项任务起到了关键保障作用。

自1995年以来，国防科工委、总装备部等先后下达了上亿元专项资金，用于149厂承担921项目的总装厂房改造、土建工程、工艺设备、精密加工检测厂房、921总装总测厂房、热控喷涂烘房、绝热包覆厂房等。为用好钱、把好关，在项目实施过程中，149厂成立了由厂长担任领导小组组长的921基建技改领导小组，全面负责全厂921工程基建技改工作。

149厂推进舱部装厂房建设工程于1996年8月1日在149厂正式开工，至1997年7月底竣工，工期历时一年，实际竣工面积为2499平方米。同年9月推进舱部装厂房投入使用后，为该厂完成神舟一号试验飞船推进舱的研制生产任务和全面完成各型号任务发挥了重要作用。总装厂房净化改造工程于1995年5月正式开工，同年12月竣工，1996年2月投入使用。改建的600平方米净化厂房的各项指标均为合格，满足了"921"推进舱总装总测温度必须控制在20±5℃、相对湿度＜50%、洁净度达10万级范围内等环境技术指标要求，保证了神舟一号试验飞船推进舱及太阳电池翼总装工作的顺利进行。

精密加工检测厂房建设项目于2004年5月开工建设，至2005年9月完成，并于2005年11月设备搬迁安装完毕正式投入使用。精密加工检测厂房的投入使用，为该厂的精密加工设备提供了必要的环境条件，对飞船系统零部件加工起到了切实的保障条件，并为921二期工程的研制创造了一定的保障条件。

同时，也使 149 厂的环境条件得到了极大的改善。精密加工检测厂房自投入使用以来，改变了 149 厂以往高精度设备分散、生产环境差的现状，新建厂房的恒温环境为飞船型号产品加工与检测精度提供保障，为设备维护提供了良好的环境。

随着载人航天工程的不断推进实施，149 厂原 921 工程产品的总装、总测因没有专门的总装、总测厂房，只能与运载火箭共处一个总装厂房，场地显得十分拥挤，无法满足 921 二期项目产品的研制。为此 149 厂规划建设了 921 总装总测厂房，专门用于 921 工程二期项目运输飞船推进舱、对接机构、目标飞行器资源舱的总装、总测场地，确保了产品总装的环境质量，解决了 149 厂 921 工程中大型工装、地面设备无法转载和存放等问题。

根据"921"三期项目初样阶段产品研制数量多、周期短、进度紧等特点，149 厂提前启动热控喷涂烘房等建设，同时与本项目统筹建设的绝热包覆厂房已于 2011 年 3 月开动建设。通过这些项目的建成交付，149 厂逐步形成了整器、大型结构件、空间运动机构、太阳电池翼、电子单机及电缆网的研制能力。目前，149 厂已具备整器总装年产 2 只舱体当量的总装能力；大型结构件具备年产 2 只舱体的生产能力；具备直径 2.8 米、长度 3.2 米的超大型舱体制造能力；空间运动机构具备年产 2 套对接机构及其他机构的生产能力；电子单机及电缆网具备生产 20 套单机结构件、交付 12 套单机；生产 2 套电缆网的能力。

艰难探索，情系飞船

在载人航天工程中，上海航天承担了神舟飞船（921—3）

一舱两个半系统的研制任务，是除了北京航天五院总体以外，承担飞船任务最多、工作量最大的单位。其中，149厂承担了飞船推进舱结构生产及总装、总测，太阳电池翼机构生产及总装任务。明确任务后，149厂马上组建了研制队伍，由张剑担任行政指挥，陈飞庭担任技术负责人。他们带领一批年轻的技术人员何文松、朱雪龙、张新运、郭立杰、朱平国、胡利坤等，开始了艰难的探索。他们查资料、做方案、着手设备技改，边学习、边实践、边改进，各车间也积极投身攻关研制。

据现任上海航天局副局长、原149厂厂长何文松撰文回忆："149厂飞船线上的同志通过一年多的努力，第一只'果实'终于成熟。1994年9月，149厂第一只模样推进舱顺利完成总装。当时大家心里都没有底，第一次搞飞船，第一次听到很多陌生名词，与厂里一直干的运载火箭根本不是一回事。正因为自己心里没底，那时厂里还要面对有些方面的质疑：你们149厂是搞火箭的，连卫星都没有搞过，而飞船技术含量要高于卫星，你们能行吗？人家是戴着有色眼镜和怀疑的眼光来看待149厂的，因为他们不相信149厂能干出飞船。"

"149厂的航天人是从来不服输的，他们默默地与外界的质疑较劲。不用表白，无需争辩，只有用你的实力拿出产品来，才能让人家服你。当内敛而低调的149厂人怀着忐忑不安的心情，把第一只模样推进舱运到北京501部模装车间时，只见501部的返回舱、轨道舱还在进行装配调试。看了他们的产品，149厂的同志心里踏实多了，因为我们的推进舱做得还是很挺括很精致的，并不比他们差。虽然这是模样推进舱，不是真实产品，也无性能和质量要求，但通过这件事给了大家很大的信心和力量：搞飞船，搞载人航天，我们149厂也行！"

一路走过来的事实证明，149 厂研制和总装出来的飞船产品无可置疑，绝对高质量。149 厂的飞船队伍也同样是最棒的！

自 1995 年开始，飞船转入初样研制。静力舱、结构船Ⅰ、结构船Ⅱ、热控船、电性船一齐上马，产品功能越来越多，技术要求也越来越高，研制难度越来越大，也越来越接近正样状态。而对 149 厂来说，新名词层出不穷，新技术、新工艺也越来越多，研制人员的压力与日俱增。

在压力中淬炼，在磨难中崛起。最困难时期，149 厂上下团结一心，工艺技术人员、检测人员、操作人员紧密结合。生产指挥线在朱琪达、孙建华等领导下，技术线在陈飞庭、何文松等带领下，群策群力，集思广益，克服了一个又一个技术难点和研制短线。现在回想起来，当时攻关和奋战的场面历历在目。

神舟飞船太阳帆板是当时国内太空飞行器中展开面积最大的。太空中的阴影区最低温度在零下摄氏 100 度以下。飞船升空后，太阳帆板能否准时打开锁定？这是涉及整个工程成败的大问题。太阳电池翼是飞船的关键部件之一，为飞船运行提供能源，平时收拢压紧在飞船两侧，飞船入轨后展开，将太阳能源源不断地转化为电能。太阳翼在轨道展不开是国外卫星及飞船发生率很高的故障之一。神舟飞船太阳翼是我国首次自行研制的大型太阳翼，面积大（共 36 平方米）、发电效率高、展开及压紧释放机构形式新颖，是一个非常精细、非常娇贵、非常复杂的机电一体化产品。

在研制过程中，149 厂不可避免地碰到了很多难题。首先是动作部件的高精度要求，如铰链、平面蜗卷弹簧、关节轴承等。当时 149 厂没有五轴加工中心、三坐标测量机、慢走丝线切割机等高精度设备，但大家有的是冲天干劲，有的是聪明才智。经过工艺、检测、操作"三结合"，历时近一年，终于把这些关键零件生产出来了。

最困难的是太阳翼的总装。记得第一翼真正具有展开功能的是结构船Ⅱ主电源左太阳翼。按照设计文件的要求，大家在一个月的时间内就组装出来了。但是一做试验，不是展不开，就是展开时偏向。问题究竟出在哪里？现场分析表明，理论计算结果存在较大差异。当时厂、所马上成立了联合攻关组，大家不分你我，一个因素一个因素地分析、试验。比如CCL钢索是影响展开同步性的问题，其张力理论计算值是120 N，通过不断试验逐步下降，最后确定为40 N；其直径从最初的2毫米，最终确定为1毫米。又如平面蜗卷弹簧是提供展开动力的，并影响展开时间，其力矩值通过大量试验最终得以稳定；吊挂力是影响展开的阻力，通过多次试验才摸索出计算方法及吊挂位置的确定。还有模拟墙的定位方式、展开装置的调整，等等。后来经过大家总结分析，认为各个因素虽然都很有条理，但当各种因素交织在一起，就没有人能够吃透其中的内因，也不知道是何种原因所导致的。但大家心里都清楚，只有依靠群策群力和众人智慧，只能依靠试验不断摸索，才能最终掌握研制规律。就这样，经过一个个参数的调整，并不厌其烦地重新装配、重新试验、分析试验结果、逐步摸索规律，当一个问题得到解决，大家的心情就很舒畅。等又冒出新的问题，大家再埋头苦想，奋力攻关。就这样，通过两个多月的日夜攻关，经过50多次展开试验，太阳翼的展开终于趋向稳定。

飞船检漏在149厂也是一项全新的工作，因为这关系到航天员在舱里所需氧气、氮气的供给，热控系统的有效运行以及最危险的推进剂泄漏。当时149厂运载火箭型号均用涂肥皂液的方法检漏。但飞船管路系统的检漏一下冒出了很多新名词，氦质谱检漏、单点检漏、系统检漏、吸枪法、非真空收集法、真空收集法、漏率标定等。管路的焊接点、螺接点及系统总漏率该选用何种方法，需要什么仪器、设备及工装，如何计算？带着一连串问题，大家找资料，请教卫星检漏专家，同时结合飞船实际情况进行分析，做方案、做试验比较。最终确定焊接点用真空吸枪法，螺接点采用非真空吸枪法，系统漏率采用非真空收集法。团队还研制了检漏工装，引进了氦质谱检漏仪等专用设备。通过初样几艘飞船的反复试验验证，解决了检漏过程中大量的实际问题，最终确保了神舟一号到神舟五号飞船推进舱热控分系统、环控／生保分系统、推进分系统管路工作的绝对可靠。

研制过程中还有大量的新技术、新工艺需要大家去探索、去掌握。比如热控总装，它是给整个飞船调节温度的。火箭只有机、电总装，而飞船是机、电、热总装，而且热控总装的内容非常丰富，也非常复杂。在初样研制中，149厂也是通过不断学习、不断钻研、不断实践、不断改进，最后才完全掌握了该项技术。还有GNC分系统各敏感器空间安装精度的测量、推进舱质量特性的高精度测量、铝合金导管的焊接攻关、仪器圆盘加工攻关、推进舱整体机加工等。每个课题、每项技术的掌握，每次试验、调试和总装的成功，无不凝聚着149厂职工为此付出的大量艰辛劳动。

严格管理，载人成功

在载人航天工程七大系统中，每个系统都严格要求实现零缺陷的质量标准。就拿飞船系统来说，共有十三个分系统，每个分系统又包含很多子系统，涉及结构、热控、通信、导航等几十个学科和领域。一艘飞船上所用的元器件有8.3万多个，电连接器接点8万多个，计算机软件重要语句70多万个。要保证每一个焊点、每一条语句、每一根导线不出问题，需要系统内几十个单位、数万人的密切合作，保证不出一个差错。

一连串的数字，说明了载人航天工程的难度，以及质量的重要性，而所有参与人员的责任感和使命感更是不可缺失。

149厂是一家具有光荣历史的企业，保持了百多发运载火箭的高成功率。飞船研制不仅继承了运载火箭研制的优良传统，吸收了卫星研制的优点，同时结合飞船高可靠性、高安全性、高技术的要求，做到了精雕细刻、管理更细、记录更全、要求更高，必须把控好产品质量这一重要关口。在飞船的研制历程中，严谨的作风、严格的要求，必须体现在每一个环节、每一个细节、每一个操作过程和每一项工作循环中。

149厂严格贯彻飞船"两总"制定的"步步为营、节节把关；上挂下连、吃透技术；前延后伸、跟踪质量"二十四字质量管理要求，"六清"的质量复查规范，"百想不厌，百问不倒"的双想要求，"六不准"的操作规范。大家严格做到：技术状态加严控制，衔接工序道道把关，异常现象决不放过，质量问题严格归零。

149厂还编制了《基地试验管理规范》《大型试验质量管理规范》《电连接器插拔规范》等专项规范及大量的表格化工艺文件和记录。

通过飞船的研制，149厂不仅在产品上取得了丰硕的成果，而且在所有研制的神舟一号到神舟十一号产品（包括两艘天宫号太空实验室）在基地飞行试验中未发生一起质量问题，技术上取得了很大的进步。更为可贵的是，造就了一支战斗力强的队伍，涌现出了大量可歌可泣、为飞船研制作出巨大贡献的职工，培养了一种严谨踏实的作风，形成了一套成功的型号管理方法。

最令人难忘的是神舟五号首次载人飞行。2002 年 12 月 24日，神舟五号推进舱冒着茫茫大雪从上海运抵北京航天试验中心。2003 年 7 月 16 日，149 厂神舟五号试验队从上海出发，他们带着一面由全厂职工签名的队旗，肩负神圣的使命。飞船在北京经过 7 个多月的全面测试，并模拟发射时的力学环境、太空中的温度及真空环境等，进行了一系列的体检合格后，于 2003年 8 月 5 日由两架伊尔一 76 运输机载着飞船安全抵达酒泉卫星发射中心。随机的 149 厂 5 名试验队员与先期到达的 18 名队员胜利会合。

在基地，飞船经过了总装恢复、安装太阳翼、检漏、精度测量、电测、加注推进剂，以及人、船、箭、地之间的综合测试。10 月 11 日，58 米高的长征二号 F 运载火箭托举着飞船，缓缓地从测试厂房垂直转运到发射塔架。此时此刻，整个基地笼罩在大战前的气氛中。全体参试队员的精力高度集中，神经绷得紧紧的。哪怕是一个小小的动作，都要反复准备，各级领导亲自过问，紧张的氛围让人喘不过气来。因为毕竟是我国载人航天工程首次进行载人飞行。但 149 厂的试验队员久经考验，技术过硬，面对"两总"和基地挑剔的目光，面对各级领导一次次的视察，面对众多的摄影镜头，他们不慌不忙，胸有成竹，一丝不苟地做好了各项准备工作。

10 月 15 日，决战决胜的时刻来到了。遍布全球的测量船、测控点，全国各地的测控站及整个基地，像一台复杂精密的机器，开始了有条不紊的运转。

时间在焦虑的等待中缓慢流动，空旷的发射场区只有指挥员坚定洪亮的指挥声不时响起。—3 小时，一个车队快速驶抵发射塔架下，我国的"加加林"——杨利伟来了。大家目送心中的飞天英雄杨利伟走进了塔架，走过了消毒通道。—2 小时 45 分，杨利伟进入飞船，关上了舱门。—38 分钟，149 厂 6 名队员在分队长钱纪红的带领下，完成塔架上的最后一个动作，便迅速撤离塔架。—30 分钟，"打开塔架！"长征二号 F 火箭是那样的洁白美丽、雄伟壮观。飞天英雄杨利伟就坐在神舟五号返回舱内。

"—15 分钟""—5 分钟""—1 分钟""—30 秒"，指挥员倒计时的间隔越来越短，大家的心都提到了嗓子口。"10、9、8、……点火！"只见火箭托起飞船缓缓升腾、升腾，直到变成一个小白点，消失在稠密的云层里。

"飞船准确入轨""太阳电池翼顺利展开！"我们成功了，我们胜利了！我们欢呼雀跃，笑容荡漾在每个试验队员的脸上。再焦急地等待了 21 小时，终于从内蒙古四子王旗落区传来了喜讯：飞船返回舱安全着陆，杨利伟平安回家。中华民族千百年来的飞天梦终于圆了。

总装风采，苍天可鉴

149 厂总装车间的 921 飞船总装组，主要承担"神舟"推进舱飞船、太阳帆板、和"天宫"资源舱以及对接机构等总装任务，另外还有长期在北京唐家岭整船试验及参加基地飞行试验任务。作为飞船型号别具特色的总装组，他们历经了十多艘神舟飞船和"天宫"的总装，接受了十多次发射飞行试验的磨炼，取得了发发成功的光辉业绩。

2010年的6月，正是"天宫一号"资源舱飞船、"神舟八号"推进舱飞船、太阳帆板等总装任务的关键阶段。时间紧、任务重。这对该小组来说是一次艰难的挑战。面对全新设计的二期工程的飞船，面对更加错综复杂的管路系统，面对更加庞大的太阳帆板，面对电缆设备更加密密麻麻的飞船舱体总装，他们毫不退缩，用实际行动战胜一切困难，让载人航天的精神又一次得到了延续和发扬。

曹毅作为921型号舱体总装负责人、太阳帆板的主要操作手，在两艘飞船同时总装期间，合理安排人力资源，团结一致，按时按节点地完成了各项飞船总装工作。他除了负责协调、分工好舱体的总装工作外，还用自己完美的操作完成了"天宫"资源舱飞船太阳帆板、"神八"推进舱飞船太阳帆板总装及试验任务，让"帆板王子"的称号增添亮色。而让人感动的是，2010年初的一个雨天，他一早在厂内开好班前会，布置好工作后，却在外出试验途中不幸受伤，右手、右脚同时骨折。虽然有伤在身，行动不便，但作为舱体总装项目负责人，他在家养伤期间仍然心神不定，无时无刻地惦记着飞船的总装和进度。而在飞船舱体出厂前需要进行质量特性试验时，飞船舱体要进行垂直起吊和翻转时，碰巧另一位大型起吊指挥出差在外，此时他作为一名起吊指挥，毅然拄着双拐绑着石膏来到了试验现场，忍着伤痛，从容而果断地进行现场指挥，以坚强的意志保证了飞船的按时顺利交付。而当他骨折伤痛稍好一点，在手上仍绑着石膏的情况下，总装现场又出现了他那忙碌的身影。

我们惊叹飞船穿着简约却不失美丽的外衣，而为飞船穿上

"美丽外衣"的是徐萍萍。飞船舱体的外衣就是制作的热控多层，给飞船制作热控多层并包覆完毕，只是整个飞船总装工作的第一步。此次面对两艘飞船舱体包覆的巨量工作，她毫不怠慢，每天加班加点抢进度。已不知有多少个夜晚，当小组其他组员都拖着疲惫的身体回家时，热控制作间的灯火却依然亮着。徐萍萍在小组成员的积极配合下，将两艘飞船舱体的热控包覆制作工作圆满完成。那翱翔在无垠太空中的飞船，它身上的"新衣"就是由149厂人制作的。

同样，飞船舱体管路的安装也是一项极为艰巨的任务。两艘舱体的大小管路加起来，可谓密密麻麻，看着都叫人眼花缭乱。钻在狭小的飞船舱体里进行管路安装，将这些管路全部正确安装到位，确保它们百分之百的密封性，并经得起振动试验和长途运输的考验，是一项十分艰苦的工作。沈蔚松作为导管取样、安装的负责人，他将每一根管子都安装到正确的位置，并给每一个管路接头涂上胶水然后定力拧紧。想想人在那么狭小的空间里操作，并严格按照用力的极限，该有多难。那段日子里，大家每天都看到沈蔚松从舱体里钻出来时，满头大汗，衣服湿透。那汗水里凝结的是一个149厂总装人的责任和使命。

飞船舱体从内到外遍布着大大小小的精密电子设备，它们控制着飞船在太空中的一切动作。因此，舱体内设备电缆的安装与敷设就成了一项极为重要且复杂的工作。每一根电缆的走位都很有讲究，要具有合理性，加上舱内大大小小的插头和插针加起来足有上千个，整副电缆网在没有敷设完成前就像一团乱麻。要将这一团乱麻理成整齐漂亮的网络需要极佳的耐心和丰富的经验。陈为和成大钢就是这样顶尖的操作人员。飞船舱体里既闷热空间又狭小，又在高亮度照明灯近距离的烘烤下，通常看到他们早上钻进舱体，直到下班才钻出来，他们往往都是满头大汗，疲惫的身影诠释了总装人的艰辛。

舱体总装过程，离不开检验的认真仔细和尽力尽责。在几个区域总装工作同时进行过程中，检验人员同样感到责任重大。为配合舱体总装的过程检验，他们保证做到有操作在就有检验在，做到不漏检、不错检，保证产品不带问题出厂。他们深深懂得，质量是航天的生命，任何产品都容不得半点闪失。

舱体出厂运到北京后，则交给北京唐家岭团队。149厂唐家岭团队长年出差在外，舍小家顾大家，远离妻儿子女。但为了载人航天的神圣和光荣，他们无私奉献、无怨无悔。

神舟系列飞船的每一发产品在总装交付出厂后，还需在北京唐家岭参加历时将近一年的整船测试、试验后，才能奔赴基地进行发射。从921一期工程开始，149厂就成立了专门试验队，负责外场试验相关工作，陪伴产品走过了岁岁年年。对北京试验队员最大的考验是在天宫资源舱、神八推进舱和神九推进舱三发正样产品，还有"天宫"电性器资源舱和"神八"电性船推进舱两发初样产品同时在北京参加整船试验。与一期工程相比，外场试验的工作量增加了4到5倍。对于每一发产品，149厂试验队有着人员的基本配置。然而由于厂里各项总装任务实在太忙，试验队无法配备足额的人员。在这样的情况下，试验队员们几乎没有休息日，加班加点已成常态。总装工艺员汪万桥，担任着149厂外场试验"大管家"的角色。除了要完成总装工艺的本职工作以外，他还要负责北京外场试验的一切日常事务。总体安排计划流程需要他去协调，总装操作现场需要他去确认，分系统产品的交付验收需要他去张罗，甚至试验队来了新队员还要他安排住宿、办理临时出入通行证。他在第一时间了解产品技术状态，深入分析操作可能存在的风险，采取得当的工艺防护措施，消除可能存在的操作失误和风险，确保产品质量。

荣获全国先进女职工暨上海市杰出女职工标兵的总装工乌雅琴，同样是总装工里的佼佼者。飞船内空间小，再加上人到中年的乌雅琴身体逐步发福，操作难度加大。特别是在更换电缆热控包缚时，需要钻进舱体和仪器的夹缝里操作。由于操作部位电缆极多，稍不小心，就有可能碰坏其他电缆或设备。乌雅琴深深知道总装工作的重要性，她克服了种种困难，弯腰钻进舱内，慎之又慎地细心操作。尤其是数传复接器在北京试验中心已经拆装了十多次，给连接器的拔插带来了难度。因为经过多次拔插，会给插针造成一定的损伤，可能引起严重后果。在实践中，她总结出了精心、专心、细心、小心"四心"操作法，每次都以百分之百的合格率完成总装操作，受到领导和工友的赞扬。而在缝接热控多层时，工作量十分大，乌雅琴发挥其女性擅长针线的优势，一个人出色地完成了这一艰巨任务。

总装检验吉生原，从神舟一号开始就担任推进舱的总装检验工作，平均每年参加外场试验的时间均超过半年。一次，在"天宫"振动试验改装期间，当大家干完振动改装操作工作时，已经是凌晨1点半了，接下来还有环控分系统气瓶充气的工作。这项工作需要3个小时，并需要总装操作工配合。吉师傅主动要求留下，坚守自己的岗位，等到各项工作全部完成已经是凌晨4点钟了。因为第二天还要对接太阳帆板等操作，吉师傅回宿舍稍微眯了一会，第二天又正常上班，一直工作到晚上9点多。正是吉师傅一次次舍小我顾大家的奉献精神，才确保了产品按时保质的完成测试工作。吉生原作为一名党员试验队员，从不计较个人得失。有一次厂里对试验队员家访，吉生原的一个邻居说，我们和吉师傅家做邻居好多年了，一年中很少看到吉师傅在家。他从来也不告诉我们在哪个单位工作。于是我们就猜想他可能在远洋轮船上做，是一个经常跑海外赚大钱的国际海员。家访人员不由笑了，但也不便多解释。吉师傅一贯低调，兢兢业业，埋头苦干，从不叫一声苦。记得唐家岭"神六"试验任务结束前，需要对所装的集装箱进行涂漆。偌大的集装箱，喷漆工具又小，他带头冒着火辣辣的太阳进行操作，一天工作下来，人几乎要晕倒，但他硬是挺了过来，被大家誉为真正的"老黄牛"。

外场试验的总装操作具有工作时间紧，工作量大、配合性强的特点。某一天，在北京参加测试的飞船舱内有一个电缆插头需要紧急返修，同时还不能影响第二天的测试任务。149厂接到通知，立即安排总装工陈为连夜飞赴北京。陈为赶到操作现场时已是晚上10点多，当时正在进行整船的精测工作，需耐心等待。这一等竟等到凌晨4点多。因为厂里的另一艘飞船正准备总装出厂，很多工作已经安排好，等着陈为来完成。陈为完成返修工作后，一夜未合眼的他，第二天上午又赶紧飞回上海，直接赶到厂里完成相关工作。

众人拾柴火焰高。据物资部业务员王俊霞回忆："在'神舟八号'总装时，机身上的每颗螺钉必须粘上一种牌号为MS的防松胶，才能保证螺钉在各项试验中不会脱落。而MS防松胶是由中科院化学研究所研制的。当时由于原料出了问题，本应在一个月内交货的化学研究所却迟迟未交。这下可把我可急坏了，眼看着厂里为确保'神舟八号'和'天宫一号'的交付进度而全力以赴，万万不能因为缺了胶水而使产品不能按时出厂。于是我数次前往化研所协调，并向该所负责人说明了载人航天工程的重要性，要求他们尽快供应MS防松胶。后来我又从负责人口中隐隐约约得知，他们还要供给五院同一类型的 MS 防松胶，而五院那边也等了半年之久。我赶紧抓住这个重要信息，和那位负责人'讨价还价'，经过几个回合的'软磨硬泡'，那位负责人终于抵挡不住，答应从提供给五院的 MS 防松胶中匀出 1 公斤给我们厂，以解燃眉之急。而幸好有了这 1 公斤 MS 防松胶的'及时雨'，才使得'神八'总装按正常节点完成。"

感人的事例不胜枚举，敬业的精神让人折服。在 149 厂，只要是参与型号任务的员工，或多或少都有着传奇故事。

对接机构，交会梦想

2011 年 11 月 3 日 1 点 35 分，"天宫一号"目标飞行器与"神舟八号"飞船，这两个 8 吨多重的"大家伙"在距离地面 343 公里的太空轨道上交会对接成功。

这是由上海航天科技人员自主研制的对接机构实施的首次太空交会对接。而技术难度极大、研制难度极高的对接机构，就是由 149 厂历时 16 年独立自主研制总装成功的。该对接机构历经在天宫一号、天宫二号上实施多次交会对接，进一步验证了该技术和设施的可靠性。而通过多次"实战演练"，不仅使得交会对接技术更加成熟，更使得 149 厂在国内独一无二的对接机构地位愈加巩固。

所谓空间交会对接，是指两个航天器在空间微重力环境下进行的轨道交会，而完成对接任务主要依靠执行结构，即对接机构。空间交会与对接是两个航天器之间的运动行为，通常称在轨运行的航天器为目标航天器，前去与目标航天器进行交会对接的航天器为追踪航天器。两个航天器进行空间交会，追踪航天器必须通过复杂的控制程序，经过多次变轨，机动飞行到目标航天器附近，然后小心翼翼地按两个航天器接触的初始条件与目标航天器接触，追踪航天器的上述飞行过程称之为交会机动飞行，称为交会。交会的目的是为两个航天器对接提供合适的初始条件，交会任务由追踪航天器上的 GNC 系统来完成。交会控制从追踪航天器入轨开始，通常划分为远程导引段、近程导引段、绕飞段、最后为平移段和靠拢段等五个阶段。掌握交会对接技术，是载人航天工程中的关键技术之一。

我国实施的对接机构主要分为两部分，被动部分安装在天宫号实验室上，主动部分安装在神舟号飞船上，天宫号作为目标器，而神舟飞船则以尾追方式与目标器进行交会对接。

在交会控制和对接过程中，必须完成缓冲、捕获、校正、碰撞、连接等一系列十分复杂的程序。缓冲的目的是为捕获目标做好充分准备，同时消耗两个航天器接触撞击后产生的一部分能量，保证其撞得上，但又不能撞坏，以形成柔性连接。捕获成功是完成对接的前提，校正的目的是使两个航天器的姿态符合对接要求。两个航天器对接成功后，还要确保对接面的拉紧与密封，并保持刚性连接。对接成功后则在两个航天器之间形成与真空环境完全隔离的通道，以确保航天员的生命安全。对接成功后还要实施电、气、液等连接，以保证空间站和飞船内各项设施的正常运行。另外，对接后的两个航天器还需根据飞行任务要求，一直保持良好的对接状态，短则几天，长则几个月。待在轨任务结束后，再对两个飞行器实施分离。

当今世界，掌握空间交会对接技术的只有俄罗斯和美国两个国家，而能够独立研制对接机构的只有俄罗斯，美国航天飞机上用于与空间站交会对接的对接机构，也都是向俄罗斯采购的。因此，俄罗斯垄断了这一核心部件的资源和市场。

早在中国载人航天工程起步阶段，工程决策层就已经将交会对接提到了议事日程，并就这一关键技术到底是走引进成熟技术、购买现成产品的道路，还是主要依靠自己的技术力量、走独立自主研制的道路进行充分调研。当时通过摸底和寻价，得知俄罗斯方面的开价很高，而且他们的态度非常傲慢，认为你们中国根本没必要化那么大精力去研制生产对接机构，只要向他们购买就可以了。

核心技术是买不来的，这是中国航天人在多年实践中得出的真谛。于是，上海航天人以总体设计单位805所和总装单位149厂的研制团队为主体，开始了历时16年的艰难攻关历程。

谈及对接机构，149厂飞行器领域总工程师王炜十分感慨。可以说，王炜是上海航天最早参与对接机构调研、考察团队成员之一，担任对接机构主任工艺师多年，曾多次前往俄罗斯考察摸底，也目睹了他们的傲慢与偏见。正是这一团队的正确决策，才有了后面中国航天人决定自己研发对接机构的艰难历程。王炜说，对接机构是航天产品制造里最复杂、最精密的，再加上载人，要求更加苛刻。而对于149厂来说，正因为承担了对接机构产品的研制，通过十多年的潜心攻关，项目团队先后突破了对接机构精密复杂构件加工、对接环精密焊接、精密齿轮制造、特殊轴承研制、钢索组件精密连接加工、齿轮传动部件精密测试、对接环安装精度精密装调、对接锁系同步性精密调试等关键工艺技术，打破了国外相关技术的封锁，不仅交出了合格的产品，而且培养出了一支技术过硬、作风优良、能打硬仗的技术和技能队伍，全面提升了企业的精密加工、精密装配和精密测试能力，使企业的高端制造水平真正迈上了一个新台阶。

2001年，在空间对接机构立项攻关之初，由149厂一车间钳工组几名钳工操作人员组成了对接机构装配小组，在一车间简陋、狭小的厂房内开始了攻关单机的装配、调试、测试等研制任务。2005年，在对接机构进入工程研制阶段，厂里对接机构装配小组划入六车间总装组，正式成立对接机构总装团队。伴随着对接机构从预研到初样到鉴定件，再到正样产品的总装、总测、试验、交付的成长历程，对接机构总装团队的队伍已日渐成熟，从成立之初的仅仅4—5人，发展到目前拥有20多名操作人员，由特级技师领衔，老、中、青结合的一支敢打、能打硬仗的总装队伍。

说到对接机构，不得不提149厂对接机构总装组组长王曙群。对接机构简直太复杂了，各种各样的接插件、密密麻麻的电缆线让人眼花缭乱。光里面就有100多个测量动作、位置、温度的传感器，近300个传递力的齿轮，1万多个紧固件，数以万计的机构零件、密封圈和吸收撞击能量的材料等。对接锁系同步性装调质量决定了航天员能否在太空中生存和能否安全地返回地面，是交会对接任务的重中之重。

在任务研制初期，对接锁系的装调经过多次分离与密封试验后，分离角速度仍无法满足同步要求，且数据变化毫无规律可循，成为对接机构研制道路上的拦路虎。

王曙群正在安装产品

但王曙群凭着丰富的实践经验，制定了多项试验方案，获取一组有效值，在多达 150 万个数据中，提炼出了钢索紧固螺母的旋转角度与钩间距、钢丝绳张力以及绳轮角度之间的变量关系，形成了每变化 1 度的装调对应关系表，不仅能使柔性传动的对接锁系快速精准地调整到同步，也使同步稳定性从最初的 3 次提高到 50 次以上。

王曙群是 1989 年从技校钳工专业毕业的，分配到新中华厂后，从事工装模具的装配维修工作，一干就是七八年。他虽然没有高学历，但踏踏实实工作，拧紧每一个螺丝，装配好每一件工装产品，确保航天产品质量。而这些冰冷的物件在他的手中，却像是会说话的生命体，他在跟它们尽情对话。他熟知它们的每一个秉性，以至于到后来哪个零件是用在什么样的机床，用何种方式生产出来，他一看便知。

对接机构主要部件是其中的 12 把对接锁钩。当两个飞行器在太空中实施交会对接时，锁钩必须同步锁紧、同步分离。既进退自如，又不能有一丝一毫偏差。为了做到这两个同步，他们在装配过程中边装配、边调整、边试验。但经过许多次试验，发现分离姿态仍有偏差，而这种偏差似乎又没有规律可循。设计人员经过反复核算，确定设计原理和方案都没有问题，短板肯定出在装配过程中。如果这一关键问题久拖不决，中国载人航天的交会对接将被推迟。

举步维艰，压力山大。攻不下难关，那就是航天工匠的失职和耻辱。王曙群经常陷入沉思和苦想，不服输的脾气让他和难题较上劲。为了早日攻克这一难题，他茶饭不香，宵衣不安，脑子里整天盘旋着这样那样的装配路径和调试方案。他走路时在想，睡觉时在想，吃饭时也在想，就像着了魔似的，经常不由自主、旁若无人地用手比画。功夫不负有心人。通过近一年的反复试验、摸索，他终于发现锁钩采用钢索传动在大载荷下钢索会变长，张力也就随之下降。噢，王曙群恍然大悟，原来这就是导致锁钩无法同步解锁的根源所在。找到症结，喜不自禁。他马上提出改变钢索旋向及对钢索进行预拉伸处理的工艺方案，同时对测量和调试方法进行调整。困扰了两年的难题，一举迎刃而解。对接机构上天后，经过"天宫"与"神八"进行两次成功对接与分离试验，充分验证了这一方案的正确性。

从1995年起，王曙群就开始了载人航天型号的研制工作，善于动脑动手的他，牵头研发了50多台套专用设备，使对接机构总装周期从原来的3个月缩短至40天。2011年初，"天宫"发射前，对接机构可靠性件在进行最后一项热真空试验过程中，发现对接锁无法正常解锁，两对接机构无法完成分离。该问题惊动了所有研制线上的技术人员，如果问题不在短时间内解决，不仅在经济上造成巨大损失，而且将直接影响到"天宫"的发射计划。

技术人员经过分析后，列出了故障模式，但一时判断不了问题的原因。于是，他们把最熟悉对接机构的王曙群请到现场。他在了解了故障现象后，进行了系统分析，逐一排除，找到了系统受力最薄弱的环节，并很快将问题定位。后续通过对产品的分解验证，发现该轴已断裂。回放地面设备数据，也证实了试验过程中存在过载现象。问题很快得到了解决，确保了"天宫"发射计划的如期实现。

王曙群说，攻关的道路虽然漫长，但我们终究胜利了。我也曾失败过、气馁过，但航天精神激励着我，使我毫不犹豫地选择了坚持，咬紧牙关，坚守信念，想尽一切办法，克服一切困难。经过十多年的奋斗，到2011年11月3日凌晨，我们生产的对接机构在茫茫太空中圆满完成了"神八"飞船与"天宫一号"的第一次拥抱。而这时，距离我们开始研制生产对接机构已经整整十六个年头。

对接团队中的单培林，人称"老法师"。他解决的是对接机构差动组合装配这一难题。差动组合就像一只放大百倍的手表机芯，里面布满了大大小小、密密麻麻的齿轮和弹簧，内部结构复杂得让人眼花缭乱，而装配精度要求极高。怎样才能熟练掌握差动组合的精准调试方法？匠人工夫，全在手上。为此，他曾连续40多个小时重复做一个动作，就是用手指不停地转动差动组合输入轴。机械运动的流畅性，齿轮慢快的交互性，需要一遍遍地摸索体味，一次次地低头倾听。最终，他获得了最佳调试手感的独门绝技。"老法师"与差动组合打了近十年交道，记满了五大本工作笔记，写下了一百多页装配工艺流程，提出了数十项技术革新措施。记得一位俄罗斯对接机构专家来厂参观交流，他首先就提出要看对接机构。外行看热闹，内行看门道。精明的俄国人不说一句话，只用手指轻轻点了一下十分流畅的差动组合齿轮，就不由跷起大拇指连连夸赞：你们的对接机构，很棒！设计制造水平已经超过了我们俄罗斯。

铝锂新材，减负飞船

随着921二期工程的开展，现有飞船改进完善成天地往返运输系统飞船，推进舱将增加热控、环控、推进等分系统设备，并增加相应的支架。根据二期运输飞船论证，受运载火箭发射质量限制，总体论证要求推进舱结构质量不得增加。也就是说，推进舱必须采取减重措施来消化设备支架增加的结构质量。149厂的同志表示，为了整船的减重，149厂义不容辞。

大家在讨论中认为，为了保证足够的可靠性和安全性，螺栓、铆钉的数量不得不大面积减少，但这些减重效果对于整船来说并不明显，于是必须从材料这一关键点上寻找突破口。如何寻找一种能替代现有材料的轻型材料？大家把航空、航天、汽车等行业所有应用的金属材料全部找出来进行分析论证，最后得出的结论却是，这些已经工艺成熟的材料对于减重的效果都不明显，也达不到整船的减重要求。

陷入了短暂的迷茫后，大家经研究决定，不能局限于国内和已经有成熟工艺的材料，要将眼光放远，去寻找更新的材料。通过调动国内外各大高校资源，终于将材料锁定铝锂合金这一材料。铝锂合金是新型航天材料，它具有较低的密度、较高的比强度和比刚度，用它替代目前我国航天普遍采用的常规铝合金材料，能使产品减重10%—15%。只有应用这一材料，才能解决减重问题。但是铝锂合金对应力集中相当敏感，合金板材各向异性大，成型性能差，冷轧时极易开裂，制品容易划痕和擦伤，而且疲劳性差，焊接时容易产生气孔。虽然国外早已对此材料的应用展开了研究，但由于工艺问题难以解决，至今没有成功应用的案例。面对难题，攻关组陷入了两难境地，一些人开始质疑，连国外对铝锂合金做了很多研究都没能解决，你们能行吗？

但是，铝锂合金攻关组没有退却。他们首先需要解决两大难题：铝锂合金的热处理性能和铝锂合金的铆接性能。在那段艰苦的日子里，大家已经不知道什么叫累了，为了守着一个实验结果，大家甚至几天几夜不休不眠。夏天热处理厂房的温度高达60度以上，但没有一个人离开岗位。

实验在顺利进行，长达两个月的实验结果终于出来了：开裂变形不合格。大家总结失误后再进行新一轮实验，怀着极度渴望成功的心情，但结果依然是材料开裂变形不合格。就这样遭遇周而复始十多次、几十次的失败，耗费了几年时间，高涨的热情一次次碰壁。面对有些人的抱怨和怀疑，攻关团队没有气馁，不离不弃。他们表示，不获全胜，决不收兵。

大家仔细而又冷静地分析了之前的失误，继续翻阅各种相关资料，寻找灵感。那段日子，他们每个人的办公桌上、地上都堆满了教材和打印资料，人人都成了这方面的专家。最后他们针对影响铝锂合金成型的关键工艺点，利用先进的数学实验方法——均匀设计来编排实验方案，引入先进的神经网络等优化算法，来预测和优化实验参数和结果，并大量减少冗余的实验次数。功夫不负有心人，一年后，第一个样品桁条终于实验成功。那一刻，大家喜极而泣。原来那些不看好这项实验的人，那一刻也感动得哭了。

这是经历过无数次失败打击后迎来的成功。紧接着一切都顺利，口框实验成功了，连接件成功了，支架成功了，所有能做到的都做到了，而且摸索到了一套比较完整的铝锂合金舱体结构制造工艺技术，掌握了铝锂合金薄板、型材钣金成型、热表处理、机械加工、铆接装配等工艺技术。在翔实的实验数据积累的基础上，他们创造了这一领域的一个奇迹。

正是这些执着追求的 149 厂人，用他们辛勤的汗水和智慧，最终为"天宫一号"大幅度"减负"10% 的重量，满足了运载火箭的发射要求。而成功地将铝锂合金材料引入航天领域，仿佛为神舟飞船披上了一件轻质衣裳，让它以更加轻盈的舞姿遨游太空。

为了让神舟飞船成为世界上最安全最舒适的载人航天器之一，从"神舟一号"成功那天起，航天人就一直为完善神舟飞船上的各项性能指标而不懈努力。为使神舟飞船推进舱电缆的设计和安装走向更趋合理，从"神舟六号"开始，飞船推进舱总体设计单位和149厂的总装人员就开始一起着手对飞船上的电缆布局进行改进和优化。在很短的时间内，他们就拿出了周密细致的电缆模板化实施方案。根据这一实施方案操作，舱内各设备间的电缆按最短长度配置、取样和生产，使得布线和走向更加合理，最终达到减轻电缆整体重量的效果。经过大家倾注了半年多的心血，最终推进舱电缆总装按时完成。经评估，由于实施了电缆模板化方案，飞船电缆比原先共减重19.59公斤。

不断改进，不断优化，不断创新，不断攀登，这就是149厂总装人的卓越追求。

加减有方，收官圆满

"天舟一号"货运飞船具有与天宫二号空间实验室交会对接、实施推进剂在轨补加、开展空间科学实验和技术试验等功能。"天舟一号"货运飞船被称为中国航天的"快递小哥"，是目前我国体积最大、质量最重的航天器，它的个头比"天宫二号"和神舟飞船都要大，也是我国自主研制的首艘货运飞船。飞船采用两舱构型，由货物舱和推进舱组成，总长10.6米，舱体最大直径3.35米，太阳帆板展开后最大宽度14.9米，起飞重量约13吨，物资上行能力约6吨，推进剂补加能力约为2吨。

"天舟一号"货运飞船任务是载人航天工程空间实验室飞行

天舟一号货运飞船试验队员

任务的收官之战，同时也是我国载人航天工程"三步走"中"第二步"的收官之战。在"天舟一号"中，149厂承担了推进舱太阳电池翼、推进舱舱体总装和对接机构研制总装测试等任务。天舟一号飞船发射进入轨道后，将与"天宫二号"进行3次交会对接，而在第三次对接中更要实现自主快速交会对接，两个航天器要在6小时左右实现对接全过程。而推进舱除了为飞行试验提供推力和能量外，还将为实施"太空加油"提供补加用的推进剂。

收官之战，意义重大。149厂在产品研制总装过程中高度重视，大家群策群力，创新推出"加加减减"工作法。

做"加"法，却不是简单的"1+1=2"。

与以往的神舟飞船推进舱不同，天舟一号推进舱几乎是全新的产品。据推进舱总装负责人曹毅介绍，天舟一号推进舱的推进模块由神舟推进舱的一层变成了两层，推进模块贮箱数量由原来的 4 个增加为 8 个。虽说是加了一层，但在总装过程中却不是简单的"搭积木"，也不是简单的"1+1=2"。

如何将组合好的两层推进模块装到舱体内，着实把总装人员难倒了。神舟飞船推进舱推进模块总装时，将舱体吊装起来，就像给推进模块"戴帽子"一样套下去，舱体内壁和推进模块的对接环端面对准即可。天舟一号推进舱两层推进模块每一层需要分别固定，在设计源头上就不能采用原先的端面对接安装，而是创新型地采用了凹凸对应卡住的方式，即在舱体内壁和推进模块边框上都有凸台和凹槽，同样是"戴帽子"的操作，但要在舱体内壁与推进模块边框间隙不到 5 mm 的间隙范围内，把 20 多对凹凸一一对上，简直可以说是"穿针引线"的活了。

吊装起来的舱体与放置在地面上的推进模块"对接"对推进模块放置的整体平面度度要求很高，稍微有一丁点的偏差，这凹凸就不能很好地组对。为了确保推进模块放置的够水平，他们也是下足了功夫，总装工艺与总装操作一起三改托架。起初，他们按照原先神舟飞船推进模块放置托架的"套路"设计了一个托架，但发现平面度不能很好地保证，他们就又在托架上加了 8 根竖杆，但使用时却发现稳定性不是很好，于是再用连接杆把 8 根竖杆连接成一个整体。就这样，他们一改再改，才得以保证了推进模块放置的平面度。

而做"减"法，却要加上十分小心。

天舟一号货运飞船此次飞行要实施推进剂在轨补加任务，当然，首先要把补加用的推进剂带上天。相比神舟飞船，推进舱多带了推进剂，重量自然增加了，但要保证可靠飞行，确保交会对接万无一失，飞船自身重量必须控制。所以，增加推进剂的重量得靠别的地方"减"下来,以维持平衡。

过去,安装在神舟飞船推进舱上的左右太阳电池翼两个翼由4块基板组成,而此次天舟一号推进舱的太阳电池翼则是由三块组成的,且相比神舟飞船的刚性材料,此次采用的是半刚性材料。这从设计角度考虑,就是为了减重。

而对于总装一块来说,半刚性材料的太阳电池翼虽然减重了,但安装起来却费劲了许多。一方面是4块变成3块,但为了保证电能转化率,即保证太阳电池翼的总面积,高度比以前的高了,所有操作都是大于2米的登高作业。而且,由于是半刚性材料的太阳电池翼,电池片贴在网布上没有刚性材料的太阳电池翼那么"踏实",操作起来若稍不注意就会碰碎电池片。所以,整个操作都必须小心再小心。

另外,为了给推进舱减重,舱体内安装仪器设备的仪器圆盘也对材料作了更改。这样对于总装操作来说,在总装过程中务必要小心翼翼。

天舟一号对接机构是149厂研制总装的第7个上天的对接机构,相比前6个,对接机构组似乎摸透了一些"套路"。整个总装测试试验周期从原先的六个半月缩短至四个半月,操作熟练,提效明显。据对接机构总装组负责人王曙群介绍,这样的提效得益于整个团队的成长,也得益于生产流程的优化,在吃透技术状态的基础上,很多串行生产优化为并行生产,节约了大量时间。

相比天舟一号推进舱总装过程中的"加加减减",天舟一号对接机构则相对少些,为了实现从原先具备的8—20吨调整为具备8—180吨的对接目标适应能力,它增加了用于缓冲撞击能量的可控阻尼器,以及为实现此次推进剂在轨补加而增加了4个液路浮动断接器。

　　王曙群介绍说，增加的可控阻尼器对于整个总装变化不大，但增加的 4 个液路浮动断接器则对总装精度提出了更高要求。以往的对接机构也有电路浮动断接器，主要实现两个飞行器对接后的信号对接，而此次增加的液路浮动断接器则是实现在轨补加的连接通道。既然是连接通道，对接精度自然高。相应地，在总装过程中，其安装精度比电路浮动断接器的精度提高了一倍。

　　2017 年 4 月 23—27 日，我国天舟一号货运飞船与天宫二号空间实验室成功完成了首次推进剂在轨补加试验。这一被誉为"太空加油"的顶级技术，是我国未来建立空间站必须突破的一项关键技术。因为要保证大型空间站长期稳定的运行，中途必须对空间站实施多次推进剂的补充，以此大大延长空间站的寿命（主要是维持空间站的轨道高度）。"太空加油"过程复杂，共分为 29 个步骤，每个步骤都需要精细控制，整个补加过程需要持续几天。目前，掌握在轨推进剂补加技术的只有俄罗斯和美国等少数国家，而实现在轨加注应用的只有俄罗斯。

　　正因为有了 149 厂非常优秀的产品和创新的操作之法，为"太空加油"助了一臂之力，使得载人航天空间实验室飞行任务的收官之战获得圆满成功。

气浮模式，新船添"翼"

　　2020 年 5 月 5 日 18 时，在海南文昌航天发射场，举世瞩目的长征五号 B 运载火箭点火升空，成功地将中国航天员的"新座驾"——新一代载人飞船试验船组合体顺利送入预定轨道。

　　我国这次发射的新一代飞船，则是全面升级的载人飞船。它主要有三大亮点：一是内部空间大大扩展。原来神舟飞船满员为3人，如今一下子扩展到可以搭载6—7人，乘员增加1倍以上。二是可以重复利用。新一代飞船理想状态下可重复利用10次左右，这样可大幅度降低载人航天成本，大大提高我国载人天地往返运输能力。三是实现多功能使用。它既可实现载人，又可进行货运，以后通过配置不同的服务舱模块，让航天员或有关物资前往空间站。同时，新一代飞船还为未来载人登月等深空探测做好预留，可谓一举多得。

新一代飞船与原来的神舟载人飞船相比，它取消了原有的轨道舱，使得三舱构型变为了两舱构型，让服务舱的构型有了较大变化。那么，149厂在新一代载人飞船中作了哪些贡献？

不创新，没前途。"帆板王子"曹毅介绍道：这次最大的技术改进是从"悬挂式"到"气浮式"。飞船太阳帆板在零重力状态下展开是一项必做的试验。在原来的载人飞船太阳帆板试验中，149厂总装团队运用弹簧秤在上方的"悬挂"模式。试验过程中，弹簧秤拉力和太阳帆板重力的两个力进行反作用之间的抵消，使得试验数据中呈现一个近似于零重力的状态。但此次新飞船由于结构设计的变化，将太阳帆板藏在了服务舱的一个凹壁之间，弹簧秤无法在太阳帆板上进行吊挂。

"在新一代飞船中，为了能更好地验证在太空中的状态，我们开启了帆板展开新模式。"曹毅说。

原来，为了适应新飞船的总体结构要求，总装团队联合设计团队论证了一套新的地面试验设备——太阳帆板气浮展开试验装置。这套设备在设计方案的论证中，团队把太阳帆板的集成、调试、测试及地面展开试验都纳入其中，分别由气浮平台、支撑调整装置、延长板、气浮垫组件、配气台和其他附件组成。

　　试验装置在设计中，团队不仅要考虑到试验的整体性，还需考虑设备的运输和装配。"零重力"是一个重要指标，所以产品与气浮平台之间的零摩擦力，以及平台工作面大小之间的关系尤为重要。通过几次试验论证，团队提出了将整块平台分割成3块小平台。在每一块平台生产过程中，首先确保与产品接触面的平面度，再通过合理安排下层平台型腔的位置和大小，有效地减轻了平台自身的重量，并确保了平台的结构强度。随后通过3点调平原理，将3个平面调整到同一水平线，这样既能方便运输和装配，又能高质量地保障整体平面度。

　　"经过几轮设计和验证，当我们接通气源后，安装在太阳帆板下的气垫组件和气浮平台之间形成了一层气膜，极大地降低了摩擦力，让产品能够在一个近似于太空无重力的状态下展开。"汪胤峰说道。

　　在新飞船太阳帆板研制过程中，帆板新人汪胤峰、金纯洁仔细研究了太阳帆板气浮展开试验装置，把装置的研制和产品总装有序地结合起来，预判在试验中将会出现的问题。

　　这是一场"拉力战"。由于设备还处于研制状态，许多实验数据和材料的选取都在不断改进中。新设备和产品的总装精度，以及难度等都显著增加，因此，团队需要进一步摸透、吃透产品特性，不断改进工艺、优化装配，提高产品的可靠性。

　　1月20日，经过一周的海陆运输，新飞船和太阳帆板气浮展开装置顺利抵达文昌卫星发射中心。进入发射场后，他们以熟练的程序做好技术交底，沉着面临一场新产品发射前的"大考"。

　　伴随着"太阳帆板顺利展开"的口令从文昌卫星发射中心测控大厅传来，曹毅、汪胤峰、金纯洁3位新老"帆板王子"不由心花怒放。

嫦娥奔月，攻关玉兔

我国的嫦娥探月工程为"绕、落、回"三步走计划，在完成了第一步的"绕月"后，第二步"落月"正在实施之中。2013年12月2日和2018年12月8日，我国"嫦娥三号"和"嫦娥四号"月球探测器先后在西昌基地发射升空。两个探测器均成功落月，并分别从中开出"玉兔一号"和"玉兔二号"月球车。而嫦娥四号更是实现了人类首次在月球背面的软着陆。举世瞩目的是，在"玉兔号"月球车行驶过处的月面上，留下了两道清晰的"中国登月"轮辙。而轧出这一清晰轮辙的6个车轮，正是由149厂制造生产的。

2008年，我国探月工程二期正式立项。上海航天经过前期的大量论证工作，终于在探月工程二期嫦娥三号任务中争取到了五个半分系统的研制任务，分别为：月球车移动分系统、结构与机构分系统、测控数传分系统、电源分系统、综合电子分系统移动/机构控制与驱动组件，以及着陆器一次电源分系统，实现了探月工程任务零的突破。

从2005年到2007年，149厂自筹经费完成了月球车原理样机的生产，为月球车立项论证奠定了坚实的基础。2008年初，月球车正式立项之后，149厂正式进入型号研制。为了满足轻量化设计要求，149厂开展了以车轮、摇臂等为代表的轻量化制造攻关，其中车轮的材料利用率不到1%，通过潜心攻关，解决了轻量化制造难题，掌握了轻量化制造工艺。

玉兔号月球车

月球车相当于一台智能机器人，在地面人员的控制下，利用月球车上的智能装置，以及配备的360度全景相机、红外光谱仪和X射线谱仪等仪器设备，对月面进行全面巡视，以获取科学考察成果。

"玉兔号"完全是由中国航天人自行设计制造的月球车。它长1.5米、宽1米、高1.1米，重140公斤左右，不仅能承受强辐射和高低温等极端环境，还具备20度的爬坡能力、20厘米的越障能力。车上蓄电池具有睡眠和唤醒功能，车上配备有全景相机、红外成像光谱仪、测月雷达等仪器设备。

我国月球车有"小而精"的特点。它采用6轮主副摇臂悬架的移动构形，可6轮独立驱动、4轮独立转向，具备自主爬坡、自主越障及避障能力，移动速度最快为每小时200米。

两部"玉兔号"能在月球上自如地行走，其中也有149厂"智能制造"的一份功劳。月球车副主任工艺师陈登海自豪地说，我们149厂承担了月球车上6个不对称薄壁车轮、桅杆、太阳翼等关键硬件的工艺设计和制造。可以说，凡是月球车上能看得到的部分，都是我们149厂制造的。

这是一个年富力强、富含朝气、充满智慧的团队，他们在工作中学习，在学习中提高，在实践中创新。面对加工中的诸多难题，他们善于开动脑筋，集众人智慧，为月球车能够在月面上欢快地奔跑而建功立业。

在承接月球车任务的日子里，面对高难度的加工要求，他们组建了一支由数控专业研究室、金红新首席技师工作室及工艺组骨干力量组成的月球车加工攻关创新团队。他们运用"五零"模式，形成了"技术从问题中来到问题中去"的良性闭环，以提高零部件的加工质量及加工效率。

6个月球车车轮均为不对称薄壁结构形式，该零件由一整块高强度锻件加工而成，属于较轻但很容易变形的材料。虽然车轮满足了设计对零件减重的要求，但易变形的特性却给加工形成很大难度。该轮辐结构共有25个减轻腔，机加工切削量特别大，材料的去除率高达99%以上。将一块铝材料从50公斤加工到0.5公斤，只有百分之一的材料利用率。149厂"嫦娥三号"主任工艺师顾华洋介绍说："月面巡视器的轮毂制造材料利用率之低，结构之复杂，这是在其他型号产品中几乎没有的。"

为何要如此地"浪费"材料？这还得从月面巡视器的轮毂结构说起。简单地说，三个圆通过六根"筋"连接，三个圆在不同的平面，但却是一个整体，这就要求加工时必须对一块整料进行切削。进行百分之一的"大瘦身"，其操作难度可想而知。据149厂一车间轮毂机加工工艺王辉介绍，轮毂加工主要在车床和五轴加工中心完成，车床需要进行粗加工、半精加工、精加工，以及打孔精加工等工序，工序不多，但操作起来却很困难。

负责轮毂车床加工的姚志明师傅，在航天干了30年的车床工作，他加工的产品从未出现过一次质量事故，但即使是这样高技能的老师傅，加工起这个轮毂仍然觉得很费力。他说："加工这个零件确实比较麻烦，结构的刚性不好，切削性能差，车床在加工过程中产品容易振动。"面对诸多难点，姚师傅便与工艺人员一起开展技术攻关，寻找解决因振动产生切削性能差的问题的对策。经过两个多月的攻关摸索，姚师傅确定了在待加工的轮毂材料外圈包上橡胶，又想办法做了一个大工装板，利用车床的三爪和螺栓把零件紧固起来。正是通过土洋结合，一步步攻坚克难，最后终于将合格的月球车车轮加工了出来。

轮毂还需要利用五轴加工中心进行数控机加工。王辉介绍，由于轮毂加工非常复杂，它的数控加工工艺共有128条加工程序，而普通的零件仅需执行几条程序，稍复杂的也就10多条程序，从程序的数量来看就知道轮毂加工的复杂程度了。一车间数控组组长汤骏说，由于轮毂的壁很薄，形状曲面复杂，加工时容易振动，而且在加工时选取的刀具刀头要长，这都给加工增添了极大难度。于是，他们为轮毂加工"量身定制"了工装进行固定，最终确保了加工精度。

为了尽量减轻轮毂的重量，在轮毂仅10毫米宽的"筋"上还要打减轻孔，种种加工的高难度，均被149厂一车间一一克服。而材料百分之一的留存率创下了机加工新的历史，也给轻量化制造技术的后续应用铺平了道路。

差动壳体是月球车上的关键部件，起着连接、旋转其他部件的作用，事关月球车运动平衡是否顺利，能否开采太空资源。而差动壳体任务落在了新进厂仅一年的年轻工艺员刘连军身上。刘连军初生牛犊不怕虎，他拿到图纸后，经过仔细钻研，反复思考，积极向工艺组的老师傅请教，和805所的设计人员及时沟通。通过加班加点，他前后只用了两天时间，就保质保量地完成了差动壳体零件的工艺编制任务。接着，经过工艺分析，充分消化图纸、加工难点和技术要求后，针对零件的材料强度高、薄壁孔深、加工中刀具易产生振动的特点，刘连军精心制定了壳体的车削方案：整个零件加工分为粗车、半精车和精车三个步骤，粗车单边留 2 毫米的余量；半精车分多次镗内孔，留余量 0.2—0.3 毫米；精车采用两次浮动镗刀车削方法，并冲冷却油。浮动镗刀加工时，刀杆采用 45 钢，在刀杆上开有矩形孔，刀体安装到矩形孔后可以在孔内自由移动，在加工切削中刀体自动定心，由两边的切削刃所产生的切削力来平衡它的位置。采用这个加工方法后，不仅消除了刀杆的振动，同时能够补偿机床主轴偏差所引起的影响。实践证明，刘连军编制的工艺和加工方法，尺寸稳定，加工精度和效率都非常高，并能保证加工后内孔的表面粗糙度。对于航天制造来说，钛合金薄壁深孔件的加工一直是车削加工中的难点，但在刘连军的大胆尝试下，取得了非常好的效果，这对以后薄壁深孔类零件的加工，也具有很强的参考意义。大家一致称赞，刘连军是好样的。他没有让大家失望，已经显示出一颗未来工艺新星的特征。

月球车中的安装支架，作为展开机构的结构支撑，其筒段阶梯内孔与外圆有着很高的公差及同轴度要求。在这之前的零件加工过程中，由于采用的是加工中心曲面铣削的方式，所以存在着外圆公差较难保证。零件表面粗糙度比较低，存在接刀痕迹，需钳工打磨清根。这样就导致了加工效率低的情况。面对这一难题，王辉和攻关团队冥思苦想，如果按照以往的加工方法，单纯依靠加工中心是不够的，表面的加工精度难以保证。在一次相互交流探讨中，王辉突然灵光一现，能否利用车削加工代替铣削加工呢？于是他设计了一把专用车刀，通过车削完成该处外圆加工，加工时专用车刀穿过工件右侧阶梯孔再进行切削。试验结果证明，他的加工路径完全正确，外圆公差得到了很好保证，表面粗糙度提高到了 1.6，加工效率也得到显著提高。对此，王辉不由露出了满意的笑容。但王辉的笑容是付出代价的，因为他每天都在加工现场全程陪同，长此以往，他本来就患有腰椎间盘突出的身体变得更加严重，有时甚至痛到难以走路。尽管这样，他依然坚持全程与加工师傅一同奋战在生产一线。

月面巡视器总装负责人王曙群介绍说，他们承担了月面巡视器总装任务后，确定由年轻人来挑大梁。在正样产品开装前，小组还专门组织了专题培训，把初样以及鉴定件生产过程中遇到的问题作为案例举一反三，全力确保正样产品质量。而"90后"赵杰这个大男孩，别看他1米8几的高个子，心却很细。他负责安装的月面巡视器轮子的6个行进驱动机构和4个转向驱动机构都有齿轮间安装间隙的要求，要求间隙控制在0.05—0.1毫米之间，每个机构13个齿轮，有9个这样的间隙要求。这样的精度怎么确保？0.05—0.1毫米这样的距离无法直接测量，需要用杠杆百分尺和外径千分尺测量后进行换算，而且需要反复测量安装5次，一次30—45分钟。随着安装数量的增加和经验积累，到了正样产品的安装，他驾轻就熟，提速到10—20分钟，而且测量换算两次即可达到标准。

为了保护产品的微弧氧化层，在操作过程中，操作人员必须带好白手套。陈方旻，2013年被评为上海市的最美青工，虽然工作时间不长，但他算得上是敷设电缆的"高手"，在月面巡视器相关的电缆走线和"穿针引线"中均得心应手。特别是他负责的机械臂，在总装过程中，一根引线要穿过4个孔到达机构外部，需要"心平气和"地在狭小的空间里操作。手感和眼神都很重要。

月面巡视器从外观来看简洁而精致，它的每一个部件、零件都是特别"小"，在它的6个轮子上都各有一个驱动机构，该机构的输出轴直径仅3毫米，在总装过程中需要在这个3毫米的输出轴上配打一个居中的直径为 1.2±0.01 毫米的销孔，精细程度可想而知。而顾京海有着丰富的机加工工作经验，月面巡视器上一共有 14 个这样大小的孔，而他打的孔，一个也没有"跑偏"。

回想月面巡视器加工和总装的点点滴滴，操作人员感叹最多的是，"难下手，下手难。"很多时候，他们更像是在精雕细琢地完成一件艺术品。

为了确保月面巡视器登上月球后实现各项功能，需要在地球上对月面巡视器进行多项试验。但是月球表面的万有引力仅为地球表面的六分之一，如何在地面上模拟月球表面的环境，这让设计师和工艺人员都"头疼"了一阵。

最初，技术人员采用充氦气的气球，将产品吊起来，抵去产品六分之五的重量进行试验，但在使用氦气球过程中，发现在厂房内空调、排风等会将氦气球"吹走"，试验不能精确地进行。另外，氦气充得太多会有安全隐患。

149 厂研发部在接到任务书后，认真分析了试验条件，经过两个多月的设计、生产，完成了一个全机械式、没有机电结构的简易工装，将之命名为"1/6 低重力吊挂装置"。

据总装工艺员宋裔介绍，该装置主要用于月面巡视器的太阳电池翼展开，以及桅杆、机械臂等动作试验。在试验过程中，针对不同的组件试验只需配上相应的配重，组件可以在悬挂的状态下按照输入条件进行自由运动。

就这样，一个由 149 厂自行设计的简易工装，轻松地将月表的六分之一地球引力要求"移植"到了地球上。据了解，该工装在使用过程中的简易方便程度得到了一致认可，为了方便北京试验的使用，他们后来又生产了一套，一套留在厂内用于后续试验，另一套带到北京或基地，其发挥的作用得到同行的夸赞。

就这样，在不断攻关、不断创新的过程中，149厂研制团队将月球车中诸多的制造和加工难题，都一个个圆满地破解。

2019年1月3日22时22分，是一个激动人心的时刻。由我国航天人自行研制的"玉兔二号"成功驶向月球表面，在月球背面留下第一道印迹，开启了人类在月球背面（南极艾特肯盆地冯·卡门陨石坑）的首次探索之旅。目前"玉兔二号"已进入超期服役状态，成为人类历史上在月面工作时间最长的月球车，良好的表现大大超出预期。

太空建站，指日可待

据中国载人航天工程办公室对外宣布，2022年前后，中国将建成和运营载人空间站，并将全面进入"空间站时代"。根据载人航天工程飞行任务规划，空间站工程分为关键技术验证、建造和运营三个阶段实施。其中，"长征五号"运载火箭首飞、试验核心舱发射安排6次飞行任务；空间站建造阶段安排了实验舱Ⅰ和实验舱Ⅱ发射共7次飞行任务。因此，中国空间站计划实施期间，共安排13次发射任务。

中国空间站已命名为"天宫号"，空间站基本构型为核心舱、实验舱Ⅰ和实验舱Ⅱ的三舱基本构型，每个舱段规模为20吨级。另外空间站还预留了3个舱段的接口，如以后3个扩展舱段对接成功，可使空间站规模达到100吨以上。这样，神舟号载人飞船、天舟号货运飞船，加上巡天号太空望远镜，将组成长期有人照料的中国空间站与天地往返运输系统。

"天和号"核心舱轴向长度 16.6 米，其大柱段直径 4.2 米、小柱段直径 2.8 米。核心舱包括节点舱、生活控制舱和资源舱三部分，3 个常用对接口用于载人飞船、货运飞船及其他飞行器的造访。2 个停泊口用于两个实验舱与核心舱组装形成空间站组合体。另有一个出舱口供航天员开展出舱活动。空间站还具有舱外载荷平台的扩展能力，平台上装载大型光学望远镜，用以开展巡天和对地观测，必要时还可用于舱外维护和补给。

中国空间站完全为自主设计，总体方案优化，开辟了分布式空间站体系和架构的创新模式。如采用转位机构和机械臂结合进行舱段转移和对接，使得航天员依靠机械臂的协助，完成复杂的舱外建造和操作活动。

中国载人航天工程总设计师周建平说，中国载人空间站舱内配备了科学实验柜，用于开展航天医学、空间生命科学与生物技术、微重力流体物理与燃料科学、空间材料科学、微重力基础物理、航天新技术等研究方向的科学实验，以及独立载荷实验。空间站舱外配备了暴露平台，以及多个标准载荷接口或大型载荷挂点，用于开展天文观测、地球观测、科技材料科学、空间生物学等多种类型的暴露实验或应用技术试验。

在空间站建设中，149 厂承担了空间站三舱中核心舱、资源舱、实验舱 I 资源舱及实验舱 II 整舱（4 舱）的总装，柔性太阳翼，对日定向装置，以及部分分系统的部分单机产品、相关地面设备、测试设备和工艺装备的研制生产任务。

空间站三舱的非密封舱结构，充分继承了 921 前期的工程经验，采用了框、桁、蒙皮组成的半硬壳铆接结构。根据工程研制需求，149 厂在产品的结构尺寸和承载能力上取得了较大突破。通过初样攻关研制，149 厂掌握了大直径框环定制和加工、大规格桁条折弯成型、大直径舱体铆接精度控制等能力，建立了4米直径舱体结构的生产研制能力体系。目前，舱体结构等均已通过了静力试验的考核。

在研制过程中，149厂通过集智攻关，采用数字化总装手段，实现了导管的数字化制造和总装过程的数字化。针对大尺寸舱段，形成了舱体总装、测试及转运的AIT能力。而对接与转位机构分系统主要承担空间站对接、转位两大基本任务，其中，对接机构产品充分继承了二期对接机构产品的状态，并同时考虑长寿命需求。

当今世界上，除了苏联（俄罗斯）和美国，中国是第三个独立自主建造空间站的国家。独立自主建造的空间站是实现航天强国家的重要标志性工程。空间站任务技术新、难度大、体量大、时间紧，其任务当量相当于传统飞船任务的5倍以上。如实验舱Ⅱ直径4.2米、长18米、重22吨，是目前国内研制的最大飞行器。以柔性太阳翼为代表的多个产品也均为国内首创，需要突破多项国内的技术空白。为此，149厂高度重视空间站建造任务，组建了一支专业素养高、年轻闯劲足、攻关能吃苦的研制团队。几年来，他们继续发扬"四个特别"载人航天精神，先后突破了难切削材料复杂构件高精度加工、柔性电缆高可靠精密电阻焊、柔性电缆精密胶接弱刚度铰链式伸展机构精密装调与展收试验、大面积柔性单边阵水平装配、大面积柔性电池翼微动多维展收试验、柔性电池翼长期压紧力精密测试等多项关键制造技术，填补了多项国内空白，处于世界领先的水平，并在天和核心舱的发射中得到成功应用，有力地保障了空间站建设的研制进度。

中国载人空间站工程的总体目标是：以建成国家级太空实验室为目标，力争在科学和技术上取得重大突破，为人类文明的进步作出重大贡献。

中国载人空间站正式运行后，额定乘员为 3 人，轮换时可乘 6 人。届时航天员不再是唯一角色，科学家也能上天。他们将协同在轨开展空间科学、空间生命科学与生物技术、微重力基础物理、空间材料科学等多学科多领域的科学研究和应用项目。而开展国际空间合作、和平利用空间、造福人类未来，也将是中国空间站的重要使命。中国政府已经明确表示，中国欢迎世界各国航天机构和航天员参与空间站建设及各类科学实验活动，并发布了《中国空间站科学实验和技术试验征集公告》，正式面向国内外征集空间站实验项目。

当中国大型空间站建立之时，由俄美与西方多国共同建立的国际空间站寿命将到期，面临寿终正寝。很有可能，中国空间站将成为世界上唯一的大型空间站。

中国空间站，太空中一座璀璨的宫殿。玉壶冰心，瑶池鲲鹏，承载着航天强国之梦，日夜翱翔在蓝水晶般的苍穹里。

风展红旗剑出鞘
防空导弹显神威

　　明甲砺器，铸造蓝盾。防空导弹是上海航天的"看家产品"。国家的繁荣、民族的复兴、人民的幸福，既离不开一支保家卫国的强大军队，也离不开具有强大威慑力的先进武器装备，这早已成为国人的共识。正是为了富国强军、捍我长城，历年来，149厂承担了从红旗一号、二号、三号、四号、六号，以及十六号等一系列红旗战术型号的发控设备、发射车等全套地面设备的研制任务，这是一个漫长而艰难的历程。其间，既有失败的痛苦，也有抢险的无畏，更有成功的欢欣。

　　2019年10月1日，在北京天安门广场阅兵式上，由149厂研制生产的两型主战车辆缓缓开过天安门广场，接受党和国家领导人的检阅。航天人铸造的大国重器和大国利器，既担当保卫国防的重任，又展示威慑力量的自豪。

国威军威系一身，航天金盾强五军。

上海航天承担"星箭弹船器"五大系列航天产品，而真正的看家产品却是其中的防空导弹及其武器装备系统。1961年，党中央作出重要决策，成立上海机电二局，决定将上海建设成为我国重要的防空导弹研制生产基地。就此，拉开了上海航天研制（仿制）防空导弹波澜壮阔的序幕。

149厂的前身新民机器厂划归上海机电二局，主要承担防空导弹武器及其装备系统中的导弹包装箱、发控装置和发射架等研制和生产任务。从此，从新民机器厂到新中华机器厂，再到149厂（上海航天设备制造总厂），厂名和人员虽然换了一茬又一茬，但企业与各种"红旗"型号为伴，坚守阵营，不离不弃，始终以"红旗飘飘，雷霆亮剑"为傲。

2019年10月1日。这天对149厂来说，是一个高光时刻。上午，在天安门广场，全国上下普天同庆，中国以一场盛大的阅兵仪式来庆祝共和国70岁生日。从电视荧屏中我们可以看到，由149厂研制生产的两型主战车辆有幸参与此次不同寻常的受阅。这些阅兵车辆在该厂十分厂有关人员的精心保障下，缓缓开过天安门广场，接受党和国家领导人的检阅，接受全世界目光的关注。149厂阅兵车辆的良好表现，得到了部队机关、阅兵联合指挥部的一致好评。

共和国70周年大庆特邀嘉宾、149厂"大国工匠"代表人物王曙群在观礼后激动地说道："作为航天人的代表，有幸来到北京，怀着无比激动的心情站在天安门观礼台上。当看到导弹方队以铁流滚滚、锐不可当的气势，看到一个个军列方阵器宇轩昂地迈着整齐的步伐经过天安门广场时，我不由热血沸腾、心潮澎湃。国家的繁荣昌盛、民族的伟大复兴、人民的幸福安全，离不开一支保家卫国的强大军队，离不开具有强大威慑力的先进武器装备。这是一个大国的'国之重器'和'国之利器'。我作为一名航天人，为自己能参与强军建设和国防科技现代化而感到骄傲。今天，在这盛大隆重的国庆阅兵仪式上，能够亲眼见证这个无与伦比的时刻，能够与全国各族人民一起见证共和国取得的辉煌成就，这是航天人的地位和价值所在。在共和国国防科技建设前进的步伐中，我们航天企业战术型号武器装备是利剑出鞘的'排头兵'。"

武器装备亮相于新中国成立70周年阅兵式

导弹起步，历程艰难

让我们将历史的时针拨回到半个多世纪前。早在 1959 年底，当时分管国防科研生产的贺龙元帅、聂荣臻元帅就提出：上海作为我国重要的工业基地，要搞尖端技术……也可以搞导弹。

中央的指令一下，上海市委积极响应。为加强组织上的领导，明确由上海市副市长兼科委主任刘述周分管负责上海的国防尖端新技术工业，并任命萧卡（兼上海市仪表局局长）和许言（原上海市冶金局局长）为市科委副主任，分别负责尖端工业技术和新材料研制供应；任命李广仁（上海市机械工业局局长）为市工业生产委员会副主任，负责提供解决关键的生产设备。同时成立了相应的组织机构——上海市新技术办公室，将印均田、赵世愚、冯正祥、闻尧等专家级人物吸纳到新技术办公室担任领导，具体协调实施新兴的国防科技产业。

1961 年 8 月初，机电二局如期成立，由萧卡任局长，艾丁为局党委书记，张煜、朱人杰、曹冠五任副局长兼党委副书记，印均田任局总工程师。上级明确机电二局的主要产品为仿制红旗一号地空导弹（代号 543），仿制的第一批定型导弹叫先锋批。

任务明确，目标既定，有关厂所划归协调完毕，各路人马基本到位，导弹仿制工作迅速展开。当时局党委着重提出"三个为主"的方针：一是以基地建设为主，二是以组织队伍为主，三是以生产技术设备为主。就这样，上海航天的导弹仿制工作在"边基建、边练兵、边试制"中上马。

仿制工作之初，刚刚划归机电二局的一些厂家，原来几乎都是搞民品的。比如新民机器厂，原先是以生产动力机械为主的机械工厂，具体产品是蒸汽机和汽轮机等，与航天高技术相差甚远。另外，各单位基础设施薄弱，人员素质参差不齐，特殊加工设备极其缺乏，要在这样的民用产业基础上发展尖端的导弹事业，绝非轻而易举。虽然困难重重，但上海航天人的干劲十足，他们发出了"即使当掉裤子也要将导弹事业搞上去"的铿锵誓言。

党中央对上海市机电二局的支持力度也是相当大的，当时作出了将国防部第五研究院二分院 5 个防空导弹专业研究所（包括总体）搬迁到上海的重要决策，大大增强了上海导弹的研制实力，使得机电二局的仿制和研制工作如虎添翼。

这一期间，五院二分院负责人来上海检查工作时，正式提出要上海 1966 年拿出样机。而上海市领导提出："必须在 1964 年 12 月 31 日前拿出样机，否则拿萧卡是问。"这一招果然奏效。那时大家"在战争中学习战争"，不畏惧工作和生活条件的艰苦，边改建扩建厂房，边大搞设计，边进行工艺练兵，搞得热火朝天，轰轰烈烈。通过刻苦钻研，逐步掌握了导弹设计、工艺和制造技术，培养和造就了一支过硬的专业技术队伍，做到了成套制造、小批量生产。那时航天人劲头十足，吃睡几乎都在厂里，加班加点是家常便饭，甚至通宵达旦。而那时又逢国家困难时期，待遇很差，一个通宵的加班费只有 2 角 7 分，干部还带头一分钱不拿。有一段时期，单位食堂里只供应萝卜干和酱菜，要想吃块红烧肉简直是一种奢望。由于营养太差，不少同志都得了浮肿病。虽然生活条件很差，但大家没有半点怨言，通过没日没夜地干，硬是将时间抢了回来。经费紧张、设备器材短缺，他们就千方百计想办法克服。据一位新民厂的老同志回忆，那时氩弧焊工人练兵，当时焊条和氩气不多，他们就用旧毛笔代替焊条，装在焊枪上悬着手臂进行练习，一直练到手不发抖、线条笔直方才罢休，然后他们再在废料上练习焊接。一系列的大练兵活动，就是为了练就一身真本领，以保证导弹产品的高质量。正是在这样艰苦的条件下，老一代航天人度过了多少个不眠之夜，付出了多少心血和汗水，才逐步掌握了关键工艺技术。

1964年12月20日，经过上海航天人的不懈努力，3发一批先锋批导弹正式总装测试成功。1965年底，由机电二局局长张煜亲自带队，踏上了奔赴西北基地靶试的征程，进行该批导弹的打靶试验。产品在技术阵地测试虽然碰到一些小问题，但及时予以解决。记得那天基地气温很低，大家冒着零下20多摄氏度的严寒进行靶试。第一发导弹打的是低空远界，靶标是一个十六面体，配有曳光弹指示目标。只听一声令下，产品腾空而起，5秒后一二级分离，导弹直冲靶标，在远远的地平线上只见火光一闪，传来一声闷雷之声，靶标随即落下。首发出击，旗开得胜。试验队员立刻驱车戈壁滩找到了靶标。有人对击落的靶标察看射击效果，发现共击中7个洞，而试验大纲要求击中3个洞就算合格。

第二发打模拟目标高空近界。产品一二级分离后二级直上九霄，只见天空中闪现一缕白烟，火光起处，马上了听到了隆隆之声。指挥室里传出"击中目标"的报告。接着第三发也获得了成功。

紧接着，年底又有8发遥测试验弹进基地进行飞行试验。8发遥测弹打不同空域点的模拟靶，都打得很好。一系列的飞行试验成功，标志着机电二局的导弹仿制成功，可以转入批产，并装备部队。

后来通过实战演练，航天人发现仿苏的红旗一号发射高度不足，于是对其进行了技术改进。改进后的红旗二号与红旗一号相比，具有以下优点：一是增加了射高和斜距，杀伤空域增大；二是增加了抗干扰措施，提高了高空命中能力；三是加长三舱，缩短二舱，增加燃料；四是加大前翼面积，调整自动驾驶仪参数，保证导弹高空飞行时的稳定性。此后，机电二局在一段较长的时间内，一直以研制生产红旗二号为主。红旗二号也是我军导弹部队早期的主要装备之一。

红旗型号，漫漫历程

地空导弹武器系统是由导弹、制导雷达站和地面设备三大系统组成，通常称弹、站、架三部分。地面设备主要用于发射阵地导弹的运输、装填、支撑、发射和阵地设备的供电，以及用于技术阵地导弹的吊装、存放和运输。地面设备主要包括发射控制设备、发射装置、运输装填车、发电配电设备以及技术阵地的工艺结合车、工艺测试车、备弹架、运弹车及吊装吊具等各类特种设备。

一直从事地面设备研制的新中华厂"老法师"张季祥对这些过程如数家珍。据他回忆，60年代初新民机器厂划归航天后，开始承担红旗地空型号发射架的制造工作。发射架的全套图纸是由七机部二院和五机部710所设计的。新民厂民转军后，企业主要产品彻底转型，由汽轮机转成发射架生产，在工艺、设备及管理等方面都需作大量的适应性变化，困难是很大的。尤其是全厂电气设备的设计和生产能力薄弱，只得将发射架的电气部套协作给上海华一电器厂生产。后来，经过全厂职工的努力，到60年代末，新民厂终于首次生产出12台红旗三号发射架，在地面设备的研制过程中走出成功的第一步。该批发射架顺利通过空军第二训练基地的靶场定型试验，并装备了空军地空导弹部队，保卫了我国的海防前哨。为此，新民厂生产的红旗三号发射架获得1978年全国科学大会重大科技成果奖。

1969年，根据周恩来总理的指示，红旗型号地空导弹武器系统的研制任务由北京七机部二院转为上海机电二局（上海航天局前身）承担。根据局里的部署，新民厂承担了红旗四号全套地面设备（约20余种类）的设计、制造和试验任务。由于地面设计种类繁多，体积也较大，一个工厂难以包揽。如红旗二号地面设备中的五个主要设备——发射架、发射控制车、运输装填车、配电车及全套电缆网，由七机部二院二部及五机部710所设计，北京有线电厂、国营547厂、447厂、247厂等四大工厂承担生产。现在将全套地面设备归当时仅有五六百名职工的新民厂设计和生产，难度可想而知。首先碰到的问题是科研力量太薄弱，全厂的技术人员主要承担产品的工艺设计，而当时遇到的特殊情况是，生产工人中的百分之八十以上都响应国家号召，去支援贵州遵义三线建设了。在这样的情况下，上海航天局向北京七机部二院和上海机电一局所属的机电设计院等单位求援了十几位技术人员，又从机电二局所属的20所、21所调来了十多位技术人员，组成了红旗四号发射架、发射控制车和运输装填车的设计队伍。由于红旗四号是我国第一代自行设计的中高空型号，其战术技术指标又相当高，当时技术人员中只有北京和20所调来的几位技术骨干专业是对口的，其余都是外行。他们中有的是设计机床的，有的是设计锅炉的，有的是设计汽轮发动机的。尽管困难

重重，但大家毫无怨言，心往一处想，劲往一处使，一定要把我
国地空型号的地面设备搞上去。

在十年动乱中，许多技术人员遭到不公正对待，但他们排除
各种干扰，无怨无悔地默默工作。经过日日夜夜的奋战，设计图
纸终于完成。但由于厂里大部分工人去支内，加工能力很单薄，
机电二局不得不向机电一局所属工厂求援。同时为了弥补加工力
量的不足，技术人员纷纷放下架子深入车间，和工人师傅打成一
片。总装总调遇到难题，技术人员和工人师傅协同解决。技术上
遇到难题，工人师傅就用多年积累的实际经验助一臂之力。又如
采购元器件，老师傅也和采购员一起外出。功夫不负有心人，辛
勤的劳动终于换得了型号成功。红旗四号发射架、发射控制车、
运输装填车、中频电源车等相继研制成功，并在技术上有突出的
优点。

红四发射控制车摆脱了传统的继电器控制的方案，采用了当
时被称为第三代电子元器件的集成电路、数字脉冲技术，以及
数模、模数转换等先进技术，走在了同行业的前列，为此荣获
1977 年上海科学大会、第八机械工业总局及 1978 年全国科学
大会重大科技成果奖。

红四发射架采用了摆线齿轮、气压平衡机、耐高温燃气挡板
及晶体管电路机电随动系统等先进技术，荣获部科技成果奖。

红四装填运输车摆脱了红旗三号的手动式装填导弹，采用了
汽车发动机驱动装置装填，因而具有自动装填的优点。200 千瓦
红四中频电源车是当时国内功率最大的移动式军用野战电源。

在研制红四产品的同时，新民厂又承担了研制我国第一代中
低空导弹武器系统——红旗六十一号（简称"红六一"）地面设备
的任务，其中海用发控设备、履带式发射车在上海基地也是首次

研制。在研制过程中碰到了设备颤振、三防（防潮、防霉、防盐雾）等一系列技术难关。"红六一"陆用发控设备又遇到了多信息传输的抗干扰问题、发射装置脱落插头箱关门可靠性等技术难关。技术人员和工人师傅经历了多少个不眠之夜，终于攻克了颤振和三防难关，走出了困境，迎来了我国履带发射车和海用发控台国内首次两发导弹连发成功。同时此型号还克服了抗干扰难题，换来了多信息传输的新技术。陆用和海用全套地面设备相继通过了炮兵和海军军工产品的设计定型，并正式投入了小批量生产。

在型号研制的同时，技术人员紧接着又开展了箱式发射、垂直发射、差动式汇流器、发控设备的计算机控制和计算机随动系统等预研课题，先后取得了丰硕成果，并获得了国防科工委的重大科技成果奖。

忆当年，新民厂、新中华厂红旗型号地面设备的研制过程，从只能生产发射架到能够设计、生产全套地面设备，从红旗型号及以后发展升级的更多新型号，这是一个漫长而艰难的历程。老一辈航天人通过在科研道路上的艰难摸索，历经无数攻坚克难，排除各种疑难困惑，甚至经历了许多惨痛的失败，才打下了坚实基础，使以后的新中华厂和149厂有了今天各类战术型号齐头并进的大好局面。

关键时刻，挺身而出

曾经长期从事战术型号研制的朱琪达，谈起红旗六十一号导弹似乎有着说不完的话题，因为在他人生的型号研制过程中，与"红六一"相伴的时间最长。据他介绍，"红六一"导弹武器系统是我国第一款中低空防御作战武器，为当时部队迫切需要的装备。由于是全自主研制的产品，没有可供借鉴的研制经验，一切都要靠自己动手，不断在实践中探索。所以，"红六一"的研制之路异常艰难，研制跨度也是上海航天战术导弹研制历史上时间最长的。新中华厂在该型号中承担了发射车和发控装置等产品的研制。

由于受到"文化大革命"的影响，"红六一"的研制进度大大拖延了。"文革"结束后，拨乱反正，1983年，梁晋才被任命为该型号总设计师。同一年，"红六一"在正式转入定型靶试前，要对研制阶段的工作进行一次全面飞行试验考核。不幸的是，1983年1月，3发导弹的飞行试验都因出现不同故障而失败。于是，"两总"决定在研制队伍中全面开展"排故、攻关、整质"活动。经过大家一年多的共同努力，产品质量有了明显提高。1984年9月28日，代号为"攻关批"的该型号进西北靶场靶试。这次靶试十分重要，它的成功与否将直接关系到该型号的前途和命运。所以，全体试验队员连国庆节都是在专列上度过的。

在发射之前的准备阶段，新中华人将发射车和发控装置都精心调试好，并通过了靶试前的跟踪飞行试验。发射那天，戈壁滩上，一切准备就绪，导弹昂起了头颅，傲视天空，等待庄严的一刻。只听指挥员一声令下，导弹出膛，弹目交会，靶机顿成碎片。"成功了，成功了！"大家都忘情地欢呼起来。这次靶试以两发命中目标取得圆满成功，标志着研制阶段的结束。

然而，就在大家高高兴兴地准备撤收装车之际，却发生了一件令人尴尬的事情——那部用于发射导弹的坦克车在行驶中突然履带断裂，散落在地，动弹不得。当时试验队领导非常着急，因为坦克车如果装不上专列，那又笨又重的大家伙扔在基地露天没人管理，长期在戈壁滩恶劣环境遭受日晒风吹，最后结果肯定是报废。一部坦克发射车的价值不菲，必须要装车带走。而问题是，按照铁路部门排定的计划，专列第二天必须发车，这是没有商量余地的。怎么办？于是试验队领导找到朱琪达协商，是否能想尽一切办法，把这辆趴窝的坦克车修复？

朱琪达，这位当年上海航空工业技术学校毕业的专业技术人员，经过多年生产车间第一线的锻炼，再加上自身的刻苦钻研，钳工的"十八般武艺"都能拿得起，其动手能力之强在全厂是出了名的。但目前最大的困难是，基地内加工设施简陋，各方面条件都不具备，而且时间又那么紧张，他也感到非常棘手，有点"巧妇难为无米之炊"的感觉。但是，关键时刻，再难也必须挑起重担。朱琪达认为，作为试验队员，一定要为试验队排忧解难。于是，他二话没说，一口答应，并连夜找到基地的修理部门。在基地指战员的配合下，他们寻到一块与坦克车履带差不多大小的钢板。朱琪达使出他多年练就的钳工功夫，又是锯，又是锉，又是磨，又是钻，终于加工成一块造型相当的履带板，然后还做了一根插销。紧接着，他和一起帮忙的试验队员冒着零下20多度的室外严寒，依靠几盏马灯的亮光，连夜露天作业数小时，硬是将自做的新履带板换下了那块破损的。当天边旭日升起的时候，重新接上履带的坦克车又能启动行驶了。朱琪达用他一夜的辛勤劳作，为第二天专列正常发车赢得了宝贵的时间。试验队领导高度赞扬朱琪达："他不仅用高超的技术，更用对航天的热爱和忠诚，用不怕苦和不怕累的大无畏精神，完成了绝大多数人认为几乎不可能完成的艰巨任务，为型号试验作出了重要贡献。"

这一年，朱琪达被评为上海航天局优秀党员。

1986 年，是"红六一"的关键年，因为这个型号需进行研制阶段最为重要的陆上和海上定型试验，面临着失败不起、没有退路的严峻形势。

在陆上定型试验中，前两发均与目标失之交臂。第 3 发面临背水一仗，如果再失败，该型号很可能夭折。

经过认真分析研究，试验队决定打第 3 发，成败在此一举。晚上 8 点 10 分，靶机起飞，进入靶试航线。在漆黑的夜晚，远远看到一个光点逐渐逼近。这时导弹随着一声巨响拖着长长的光焰奔向目标，弹道正常。忽然，导弹像中了邪似的，弹头猛地往下方一钻，就像一人失去了平衡，处于颠倒状态。"这下可完了"，试验队员禁不住失声。少顷，高速飞行的导弹忽地又被神奇地拉起，直冲目标而去。就在与靶机交会的那一瞬间，导弹的战斗部引爆了，迸出耀眼的火光，化作天幕上一团壮观的火球。整个试验场顿时一片欢腾。而在接下来的试验中，导弹发发命中，真是神了。

历史，有时总会如此相似。在那年的海上定型试验中，又是前两发导弹失利，和陆上定型试验的模式完全一样。但在之后进行的 4 发导弹发射中，全部命中目标。其中一发击毁了低远点的靶弹，这是一个难度很大的靶试点。仅一个下午，就取得如此辉煌的战绩，连亲临现场观战的几位国防科委领导，也对如此出色的靶试结果表示赞赏。

"红六一"陆上和海上设计定型试验接连打了两个漂亮仗，全部在 1986 年通过了定型试验。

以后，"红六一"不仅正式装备部队，填补了我军这一防空领域的空白，而且荣获国家科技进步一等奖、航天工业部科技进步一等奖等多项殊荣。

女中豪杰，逆势飞扬

在上海航天防空战术型号内，有一个红旗地空型号 A 导弹武器系统，从 1991 年上级正式批准并下达研制任务书，到产品设计定型试验成功，历时十余年。其中的艰难曲折，一言难尽。

A 导弹武器系统属雷达半主动寻的制导体制的中低空、中近程基本型防空产品，是上海航天局近几年研制的新型号战术防空导弹武器系统。该型号陆、海、空三军通用。它既可用于要地防空和野战防空，也可独立作战，还可在防空系统中协同作战，可对付多品种入侵飞机，并可进行空中拦截，用途十分广泛。如我军目前驻香港部队就装备了这一型号的导弹，守护着祖国的南大门。

军方对这一型号产品比较看好，尤其是它的近距离超低空击落飞行目标，是该型号最难攻克的技术。由于飞行目标离地面只有 80 到 100 米之间，而目标离发射装置也只有 5 公里左右，导弹一旦发射出去，其弹道的抛物线还没来得及"抛"起来，仅仅几秒钟之内就已经接近目标，往往初始误差大，超低角来不及调整，再加上目标离开地面的距离太近，有两个目标镜像干扰，很容易使导弹在极短的时间内跟不上真正要攻击的目标，而误跟上了另外一个虚拟目标，从而导致一次次的发射失败。为此，该型号领了航天科技集团公司的一张"黄牌"警告。

该型号试验走过了一条非常坎坷的研制道路。十多年间，研制人员经历过一次次失败，耗费了两代人的心血。

曾经的青葱女孩，却是多次进基地靶试的参与者，目前已担任149厂副厂长的林丽，回忆起那段刻骨铭心的靶试历程，至今记忆犹新。据她介绍，一次该型号去西北基地进行批抽检靶试，可谓惊心动魄。记得那次导弹发射前，试验队员已经做好了各项准备工作，许多人都躲在临时筑起的掩体背后，等待着点火的那一刻。在固弹机构解锁后，指挥员下达了点火命令。奇怪的是，导弹却没有预期地发射出去，而是仍然停留在发射架上，导弹尾部却喷射着滚滚浓烟，霎时在整个发射阵地弥漫开来。面对这一突发情况，许多人以为导弹马上会发生爆炸，吓得都往远离导弹车的方向奔跑。此刻，林丽作为149厂试验队分队长，又是他们主管的发射装置出了问题，她清醒地意识到，决不能后退，而应"越是危险越向前"。根据她对业务的熟悉，判断出尽管导弹尾部冒出浓烟，但不会发生爆炸。于是她大步冲向发射车，迅速将发控装置里的短路插头拔掉。很快，浓烟熄灭了。林丽的这一逆势飞扬的过人之举，赢得了在场许多试验队员的赞赏。后经过排故，那次发射取得了圆满成功。

事后，一位149厂的司机后怕地说，当时见到那浓烟滚滚的气势，我的两条腿都吓得像筛子一样发抖。万一导弹发生爆炸，所有在现场的人都将受到威胁。而林丽这小女孩却不顾一切地冲上前去抢险排难。作为一个女性，她太勇敢了，真是女中豪杰，值得我们学习。

在基地，每次发射的撤收工作，都是由149厂殿后。所以，当试验队员们的庆功宴已经接近尾声时，林丽和149厂的试验队员在做好全部的撤收工作才赶到。此时基地刘司令主动上前，敬了林丽一杯酒，夸赞她说，你临危不惧，是我们基地今天的女英雄。而没有想到的是，林丽刚喝了一口酒，由于血糖过低，竟然一下子昏倒在地。但是，经过短暂的恢复后，她又拿出"女汉子"不服输的劲头，连夜将白天发射时出现故障的"归零报告"写好，真正做到了型号要求的"出了问题不过夜"。

同事们对林丽的评价是：她年龄虽然不大，但在她身上散发出来的一种老工程师、老专家的严谨精神，以及深厚的学养，往往让人惊叹。她具有敏捷的思维，探讨问题时带着很强的逻辑性。她所表达的每一个观点背后，都有着她对问题仔细的分析论证和充分的思考。而成为林丽的下属既幸运又充满压力。那些年，每当型号产品出厂前夕，出厂报告的编写总是要持续整整一周，工艺师、质量师都要工作到深夜。林丽对报告中的每个细节都不轻易放过，报告被林丽退回五六次乃家常便饭。她甚至对报告中出现的逻辑错误或是错别字，也非得与你较真一番。

林丽的言传身教让人钦佩。她的徒弟王辉均说，当年某型号批产初期，调试中的问题很多，她带领着工艺师、质量师、操作人员夜以继日地排查问题。为了做到当日事当日毕，大家几乎每天都要工作到深夜。她的以身作则给人留下了深刻印象。

"博观而约取，厚积而薄发。"林丽正是知识全面、厚积薄发者。有一次，我们路过一分厂机加工现场，看到摆放的零件。林丽饶有兴致地出题考我们，让我们说出这些零件的名称和图号，在场的人都哑口无声。而林丽却可以准确地一一说出这些零件的名称和图号，让人啧啧称奇。八部的一位设计师说，某型号随动系统的电路设计正是出自林丽之手，而作为工艺师能画这么重要的图纸，在149厂应该屈指可数。林丽对产品软件硬件的熟悉程度，绝不亚于八部的设计师，这也是她总能在产品技术问题上成为权威、总能以理服人的底气所在。

面对该型号"黄牌"的巨大压力，研制人员针对技术和质量问题，认真进行产品质量整顿，同时在吃透技术上下功夫。他们在经过一系列分析后，针对超低空设计薄弱环节，采取了多项设计改进措施。事实证明，这些改进措施对症下药，效果十分明显。

2003 年 11 月，期盼已久的该型号定型批靶试在基地进行。下午 3 时，超低空靶试正式开始。带着焦急、担心和期盼的复杂心情，众人注视着靶机飞来的方向。随着第 3 发导弹的出膛，人们还来不及反应过来，导弹已经将靶机在超低空范围内击毁。那天也在发射现场的林丽回忆说，该型号总设计师张繁心情十分复杂，照理，作为总设计师，他应该到指挥大厅观看发射实况。而因为实在有点放心不下，他还是选择到发射现场观看这一难得的超低空发射实况。当经过大起大落的该型号，以果断利落的一击，将距离地面仅 100 米左右的目标击落时，张繁难以掩饰激动的心情，用拳头狠狠砸了一下同伴的肩膀，以这样特殊的方式庆贺来之不易的成功。那位同事也顾不得摸摸疼痛的肩膀，一同振臂欢呼成功。而此刻，阵地上的人们一片雀跃，相互握手或拥抱，喜悦之情难以言表。

空军马晓天副司令，中国航天科技集团公司副总经理许达哲，总工程师徐强、白敬武等上级领导在兴奋之余，还特地驱车来到靶机坠毁的地方，仔细地察看靶机残骸，就像在欣赏一件战利品。他们还提议，就以这一靶机残骸为背景，拍张合影照片留念。于是，领导们兴致勃勃地站立成一排，在广袤的戈壁滩上，拍下了一张象征战斗胜利场面的照片。

国之利剑，装备航母

2012 年 9 月 25 日，是中国海军史上一个划时代的日子。

这一天，中国首艘航空母舰"辽宁号"正式加入海军作战序列，中国没有航母的历史从此结束。中国海军跨入航母时代，是我军发展史上一个重要的里程碑，中国人的百年航母梦终成现实。中国海军"驶向深蓝"，建设海洋大国和海洋强国，已是大势所趋。

时至今日，每当回忆起辽宁舰鸣响汽笛驶离码头的庄严时刻，149厂红旗某型舰载防空导弹研制队伍全体人员依然心潮澎湃、自豪不已。该型舰载防空导弹武器装备是我国自主研制的一型舰载末端防空反导导弹武器系统，主要用于载舰对各型反舰导弹进行末端防御，填补了海军舰船防空作战体系的火力空白。

149厂接到批产任务后，深感责任重大。此时型号研制工作刚由方案阶段转入工程研制阶段不久，初样机对接联调过程尚未结束，技术状态还未完全固化，技术难点也未全部攻克。对于仍处于初样阶段的研制型号进行批产并装备航母如此重要的项目，在上海航天战术导弹研制历史上可谓"史无前例"。

该型号张宏俊总指挥（现任上海航天局局长）、唐晓斌总师作出重要指示：本型号是航天科技集团公司唯一一型列装航母的武器装备，代表着中国航天，必须干成干好！现任上海航天设备制造总厂有限公司总经理、时任149厂技术中心主任的王闻杰迎难而上、勇挑重担，带领年轻的团队全身心投入型号研制。型号队伍在厂部及各部门大力支持下，攻坚克难、勇往直前，在短短年余时间中就先后克服了技术优化改进、批产能力建设、状态变化控制、工艺难点攻关等重重困难，通过夜以继日的奋力拼搏，如期完成了产品交付。

而产品交付出厂，只是批产任务的第一步，型号队伍需马不停蹄地转赴船厂开展装舰、海试工作。型号主任工艺师欧洋回忆道，我们已经想到了现场条件会比较艰苦，但没有想到会那么艰苦。冬天天寒地冻，往返驻地需要两个多小时。为了节省时间，全体成员主动放弃休息，中午在码头上顶着刺骨寒风匆匆吃一份带着冰碴的盒饭，然后再次投入到工作中。那时，每个人的手指都冻成了一根根"胡萝卜"。夏天骄阳似火，登船以后必须佩戴安全帽、防护口罩，穿长袖长裤工作服，每天工作结束下船后，衣服上就会结起一层盐壳。海试风急浪高，船身颠簸不已，随船出海人员因为晕船吃不下、睡不着，但他们一手拿着呕吐袋一手坚持进行操作。王闻杰每次到现场都百感交集，既为149厂人坚韧不拔、勇猛顽强的工作作风感到自豪，又为大家的身体健康而担忧。正是在他的协调下，组织各部门为型号队伍提供保障，全力打造坚实后方，解除了大家的后顾之忧。型号队伍全体人员越战越勇、决战决胜，武器系统前后经历十余海试，顺利达到随舰服役的目标。

通过批产品研制生产过程，锤炼出了一支朝气蓬勃、能打善拼的队伍。在后续研制、批产多线并行的形势下，他们精益求精、兢兢业业，一丝不苟地开展工作，同时引入多项新技术、新工艺，先后实现了表面贴装工艺技术和搅拌摩擦焊接工艺技术在149厂武器装备制造中的首次应用。型号于2014年底通过设计定型鉴定，至今已完成多批次的批生产任务。

该型号自2007年立项至今，历经十余载岁月，迄今已装备我海军各型舰船。辽宁舰服役七年后，首艘国产航母"山东号"于2019年12月17日交接入列。承前启后，继往开来，中国"深蓝"，不可阻挡。

百亿工程，金牌型号

1999 年，我国驻南斯拉夫大使馆遭到以美国为首的北约组织的轰炸，消息传到国内，群情激奋。正是经历了这一事件，导致了我国多个型号的快速立项研制。

20 年后，在 2019 年国庆 70 周年阅兵式上，当两型装备以威武磅礴之势通过天安门广场时，坐在电视机旁的 149 厂人，每个人的脸上都洋溢着自豪之情，而很多参与过两型产品的人更是激动无比。一代代航天人用航天报国精神加快部队武器装备现代化建设，使得强军梦、强国梦正一步步实现。

两型装备不仅成为目前 149 厂批产数量最大、持续时间最长、经济产值和利润贡献最大的型号，更成为上海航天的金牌型号。两个型号都是名副其实的"百亿工程"。

2005 年，海用型号启动批生产，真正意义上给企业带来了质的飞跃。型号产品的不断交付、经济收入的节节攀升，员工真切地感受到了企业复苏的活力。但经济效益的创造并不像大家想象的那么容易，是需要用智慧和汗水去争取的。例如海用型号贮运发射箱的价格在研制阶段有上百万元 1 只，而进入批产阶段后，军方要求价格控制在 60 万元以内，这连成本都不够的价格，差点击溃项目团队，甚至想放弃批产任务。周琼带领着工艺师徐智卿、质量师李取妹一起建立了攻关团队，在产品设计上和工艺流程上，彻底做了多轮成本优化改进。箱体组件由北京 703 所和上海复合材料科技有限公司共同研制来进行外包成本制约，把不锈钢材料换成了碳钢＋镀镍的方式来降低材料成本，充分利用模锻加工方式来减少大量的机加工工作量。攻关团队带领型号队伍一边改进工艺，一边开展鉴定，终于完成了全部更改流程，最终将批产成本控制在了军方要求以内，近十年来通过多批次产品的交付，为企业带来了稳定的效益。从此，成本意识深深地烙在了海用型号队伍中。

2005 年陆用型号研制工作启动，曾担任 149 厂总工程师的王公侯见证了两型装备的研制定型到批生产的全过程。他退居二线后，仍然时常深入现场协调研制过程中的问题，梳理整车电缆网连接及走向，优化发射装置制造流程，向年轻人传授研制经验。甚至 65 岁那年，王公侯还亲赴部队排查装备疑难杂症。王公侯一心为型号、无私奉献的精神，成为大家学习的榜样。

2008 年，陆用型号进入批产阶段，任务像山一样压了下来。时任副厂长张新运带领周琼、徐燕铭、吴晟、朱亮亮、程继法等人员，夜以继日地策划方案、排列计划、消化图纸、完善工艺、处理各种质量问题，目的就是为了将首批产品早日交付部队，迎接新中国 60 周年华诞，向国庆阅兵式献礼。然而产品虽然生产出来了，但由于型号鉴定工作尚未完成、产品未交付部队使用，不符合阅兵产品要求，因此没能赶上那年的国庆阅兵式。那年国庆，整个项目团队聚在一起观看阅兵直播，大家都没说话，心里憋着一口气：下次阅兵我们的产品一定要上，而且要当最靓的那一个。十年磨一剑。2019 年的国庆阅兵式，149 厂的两型装备终于在天安门广场阅兵式上亮相。在电视直播中，大伙儿相互拥抱，热泪盈眶的画面至今让人动容。

为保证武器装备的质量和效益，事业部主任周琼积极倡导在生产过程中的"零失误"的精细意识、"零缺陷"的精品意识、"零浪费"的精益意识。不积跬步，无以至千里。她牵头开展了"联动锁紧机构基座加工方法改进",改进后单件节约材料65.2%,年可节省材料费30余万元;开展了"车辆液压导管预成形、焊接工艺攻关",缩短总装周期约10天;推进自动化生产设备和测试设备的应用,极大地提高了生产效率和自动化程度。多年来,周琼将质量意识、经济理念、成功精神始终贯穿于两型武器装备的整个生产过程,为精品工程打下基础。2014年11月,陆军装备"精品工程"工作会在上海召开。总装陆装科订部、陆军军内科研院所及国内主要军工集团公司100余名代表参与交流。149厂作为展点之一,用案例重点从"精益制造、精益管理"两个方面介绍了某武器型号"用心抓细节、铁腕抓质量"的管理理念。通过两型武器装备的批产技改实施,使得149厂武器装备批产能力大大提高,型号任务没有在149厂耽误过。

2015年,两型装备在列装部队演习演练中成功发射双双突破百发,因为贡献突出,被航天科技集团公司授予"金牌武器"称号。王闻杰代表企业表示,149厂将持续以高标准狠抓精品工程建设,以点带面,为部队打造更多"好用、管用、耐用、实用"的精品武器装备。

由于149厂装备质量过硬,其陆用型武器系统于2017年度获得解放军装备发展部"首批装备质量综合激励对象"荣誉称号。

编外军人,保障阅兵

五军昂首列阵,神剑壮志凌云,航天大国重器,无愧中流砥柱。2019年,在庆祝中华人民共和国成立70周年的阅兵式上,由中国航天组成的包括洲际战略核导弹在内的多型武器装备接受祖国和人民的检阅，充分展示了中国航天在支撑一流军队建设的进程中取得的最新成果，彰显了航天报国的初心与航天强国的使命。

此次阅兵，上海航天共有 4 型导弹武器装备接受检阅，其中既有四上阅兵场的"老将"，也有首度惊艳亮相的野战防空导弹，还有舰载防空导弹、末端防御武器系统等。上海航天有关单位组成的保障团队早在 6 月份就奔赴北京进驻阅兵村，全天 24 小时待命，为阅兵部队保驾护航。

作为这次阅兵保障团队，149 厂事业二部（十分厂）先后派出了 5 人参与型号保障任务。申启忠、陈玮、唐建华 3 人作为"先锋部队"率先前往北京。当他们抵达生活区后，眼前的一切都让他们傻了眼。"走进阅兵村，与其说是保障团队，不如说我们就是一个兵。"149 厂保障团队队长申启忠回忆道："在和部队方阵对接后，部队要求，无论是在平时训练、生活作息上，还是在安全保密、作风纪律上，保障队成员和阅兵部队的要求一样。在这个团队里，没有特殊对象。一切为了阅兵成功，要在全世界人民面前展示中国军人和导弹装备的良好形象。"

"进了阅兵村，就是阅兵人。吃得苦中苦，走好阅兵路。我们必须用严明的纪律、良好的形象，为上海航天人争光。"这是149 厂保障团队的决心。在阅兵村里，为了保障各类"大国重器"展示无恙，每一个参阅人员、保障人员都必须按照准军事化要求执行一系列严格管理。在阅兵训练期间，他们一直处于军事化集训氛围，军姿训练、四面转法、齐步走、正步走成为他们日常生活中的主打内容，每周二、周五的拉练长跑更是必不可少的训练项目。保障人员蒋奚亮祖露心声："我们去的时候，大家早已做好了吃大苦耐大劳的心理准备，再艰苦，也就是几个月的事情，一定要紧咬牙关，坚持到底就是胜利。"

在阅兵村里，每天有训练，每周有维护。保障团队和方阵属于"捆绑式服务"，方阵在哪，他们就在哪，以便在第一时间赶到车辆前做好保障维护工作。按照既定计划，他们不仅要开展车辆检查、集中整治、不定期巡检等多项工作，还要对操作官兵进行针对性训练，以便让他们能及时处理一些常规的突发情况。申启忠和团队成员根据阅兵特定需求，制定技术标准，细化操作参数，优化重点环节，从而防止保养维修过度而影响正常的训练。

此外，每个型号还需多配备一辆备用车辆，即便备用车辆不参与检阅，也必须达到参阅要求。同时，为了做到全方位保障，合练中还特地安排了车辆临时排故项目，以考核保障队员和阅兵部队的应变能力。如其中有一个项目就是在没有提前预设的情况下，模拟黑夜行进中的车辆发生了故障，然后在强光灯照射下，大家一同协作，保证用最短的时间解决问题，确保整个阅兵车队的行进顺畅。

9月30日晚，最后的集结号终于吹响。夜幕中，保障人员在统一安排下通过一道道安检，向阅兵战场出发。北京原本拥堵的街头变得畅通无阻，所有参阅人员、工作人员、保障人员都分秒不差地进入自己的岗位。"饿了啃一口干粮，困了用冷水洗一下脸。"申启忠这样描述最后一晚的"临战时刻"，"其间，我们还要在待命区和参阅区之间来回奔跑，对车辆装备进行不间断的动态和静态检查。临战的紧张状态，让我们疲于奔命。"

盛大的阅兵现场，全国人民能够在视频中看到参阅部队和阅兵装备，但唯独见不到保障人员的身影。原来申启忠等保障人员都被安排在阅兵车里的隐蔽位置，成为真正的"幕后英雄"。周瑜回忆道："虽然看不到阅兵现场，但我们只要听见车辆发动机发出的美妙声音，就说明阅兵车一切正常，我们的心也就踏实。直到方队车辆阅兵完成，心里的一块石头才算落地。于是赶快钻出车辆，仰望晴朗的天空。只见一架架呼啸的阅兵飞机从我们头顶飞过，缤纷的彩练挥洒天空，让我们异常兴奋。"阅兵式圆满结束后，保障团队每个人都收到了一份精制的礼物——一枚国庆阅兵纪念章、阅兵专用标志徽和一份荣誉证书。而在这次 70 周年国庆阅兵式中，149 厂复材公司员工於聪涛作为预备役方队成员之一，自豪地走过天安门广场，接受党和国家领导人的检阅，成为航天系统第一位参加国庆大阅兵的员工。

於聪涛 2012 年进入复材公司制造中心，他始终吃苦耐劳、爱岗敬业，深受公司上下赞赏。2015 年，他积极响应国家号召，应征入伍，成为一名光荣的海军战士。两年的军旅生涯结束后，他重回工作岗位，依然奋斗在生产一线。但这段特殊的军旅生活，不仅让他的各方面素质都得到了大幅度提升，而且终生受用。也许正是因为他有过这段军旅经历，2019 年 3 月，於聪涛接到上海市杨浦区武装部的通知，他作为一名预备役方队的受阅队员，入选参加国庆 70 周年阅兵。这一份通知，让他激动得数个晚上没有睡好觉。家人、亲戚朋友和周围邻居也为他感到高兴。

经过数月的艰苦训练，他终于迎来了受阅的"高光时刻"。那段 96 米、128 步正步的阅兵之路，既是军人的坚定步伐，也是国人的意气风发。当於聪涛随着预备役方队昂首挺胸通过天安门，接受国家领导人检阅的那一刻，伴随着一句句铿锵有力的"为人民服务"，他觉得一切的辛苦和付出都值了。真可谓："一人受阅，全家光荣；一次受阅，终生光荣。"

说起 149 厂战术型号的保障工作，话题同样很多。那年，朱日和大阅兵开创了很多"第一次",是我国首次以庆祝建军节为主题的"沙场点兵",阅兵后直接开赴靶场。这次阅兵展示的均是我国最先进、最现代化的作战装备,上海航天多型防空装备参加了检阅。149厂派出了张梦舟、曹勋、李君、姚春申等精兵强将前往阅兵现场进行阅兵及靶试任务的保障。任务完成后,他们获得了部队的书面嘉奖。

在我国举办的纪念反法西斯战争胜利70周年阅兵仪式("1509"任务)上,149厂将阅兵任务放在首位,精心调配人员,先后派出8人次赴北京进行整质工作。而那次空军机关临时提出要求,要将发射架以10°的姿态参阅,这样就必须对支架进行改装,而此时离阅兵时间不足20天。时间虽然非常紧迫,但用户至上的服务理念不容他们含糊。该厂事业二部及四分厂倒排计划,组织人员加班加点,第一时间将支架生产完毕,并一次通过论证试验。随后立即派出四分厂钳工汤佳君赴北京23厂,圆满完成了参阅车辆的整质与改装工作,确保参阅车辆的雄姿在阅兵式上得到展现。

149厂历来非常重视武器型号售后服务工作,随着2005年底第一批装备交付部队,该厂在2006年初就正式成立了由一位副厂长亲自挂帅的售后服务部门,这是上海航天第一家设立的专职售后服务保障机构。他们本着"诚实守信、认真负责、热情友好、用户至上"的服务理念,紧紧围绕"装备可靠、服务快速、用户满意"的工作目标,主动分析装备问题,不断改进工作方法,建立常用消耗备件库,高效解决部队的装备问题。同时深化对指战员的技术培训,有力地提升了部队的操作能力和自主保障能力。

奉献航天还体现在频频出差上。他们经常自嘲:"我们不是在出差，就是在出差的路上"。保障人员全年出差100天是家常便饭，而最多的全年超过250天。由于保障工作的特点，他们的足迹遍布大江南北，可谓上得了高原，下得了船舱，出得了国门，进得了戈壁。

目前，149厂通过对多个型号的售后服务工作，售后服务满意度始终保持在98%以上，30多次获得部队书面表彰和院级嘉奖，因综合保障工作成绩突出，2016年至今，多次被评为"航天科技集团公司综合保障工作先进集体"称号。

脉动节拍，批产战车

防空战车批产是149厂经济效益的主要支柱。近年来，随着国防力量的增强和周边形势的紧张，防空战车的需求急剧增长。而防空战车生产则属于典型的多品种、小批量特点，149厂多年来一直沿用单一的固定对象式（机库式）生产模式。什么叫"机库式"？战术型号副主任工艺师姜薛起形象地描述：机库式通俗地说就是车不动人动。操作时，所有的人力和物料等资源都围绕着一部车辆底盘转，再加上战车装配对人员的技能要求较高，各装配小组之间存在着一定差异，因此作业进度难以提高。这完全是一种传统作坊式，或者叫固定对象式的工作方法，作业缓慢，量产不高，效率低下，可以说在149厂战术型号线上，这样的操作方式几十年一贯地延续下来。

但面对战车订货量的持续增长，如果企业再延续传统的生产模式，将难以应对后续持续量产的增长需求。他们深深知道，用户需求既是企业创造效益的根本所在，也是推动发展的动力所在。要大幅度提高产能，就必须对传统的生产方式进行一次革命性的颠覆。

防空战车由于产品的特殊性，制造厂一般同时生产多种型号、多种状态的产品，产量分布从单件至数十件，属于典型的多品种、小批量生产模式。而防空战车总装生产过程涉及装配、焊接、弯管、液压调试等多种专业和作业模块，各作业模块均以手工操作为主，作业时间长，劳动强度差异较大，导致生产周期难以量化和掌控，一般一个作业过程要历时半年以上。总装和管路制造、敷设等环节，存在着多专业、多工种、多部门的交叉衔接和作业协调，从而导致了信息化手段应用的深度不足，生产管控低效费时。

如何突破传统的制造方式？149厂除组织专业人员进行专门研讨，集思广益外，还专门组织人员对市内市外有关批产单位进行考察，用"他山之石来攻玉"。于是，根据自身的实际情况，他们最终选择了三一重工的特种车辆加工方式作为参照。同时通过对企业现有生产过程中的人、机、料、法、环、测、检等要素的分析，识别影响生产周期、生产能力和效率提升等问题，针对A系列型号防空战车的批量生产，形成了如今的脉动式战车批产生产线。何为脉动式？姜薛起介绍，脉动式不是那种像大众汽车的大批量、快速型的生产线，我们的战车生产线没有那么大的量产。但一定要比原来的"机库式"作业方式大大提高产能和效率。脉动式是对机库式的一次否定和革命，形象地来说即由"车不动人动"变为"人不动车动"。早先我们在厂房里设立了5个工位进行试验，以产品为中心"流动"起来，三天为一个节拍，形成一个"小集成"流水线。同时按照型号划分，对操作人员实施更专业的定岗定位，让他们熟练掌握自身装配操作这一块，不仅使得工作界更加面清晰，而且装配效率大为提升。而生产管理的更加精细化、专业化，也使设备布局根据各个工位合理配备，让物料的配送做到更精准地无缝对接。

据 149 厂防务装备总装分厂厂长周琼介绍："脉动式生产充分释放了战车总装现场新动能。总装现场将原本固定式工位布局改为脉动式工位布局，结合车辆总装、总调作业模式的特点和作业流程节拍，重点针对人员岗位、跨部门协调、生产效率较低等问题进行了统筹优化，变被动为主动，变低效率为高效率。

"原本战车总装现场总是人员围绕车辆来回打转，一旦装配环节衔接不上就会出现待工现象，导致效率低下。如今脉动式生产线建成后，通过总装流程拉动各个环节的进度，大大压缩了生产周期，提高了生产效率。

"现在，我们在脉动式生产线总装现场设置了 10 个生产工位，打破了原有以产品为中心的工艺布局，采取以'生产需求'为核心的流动式、拉动式、柔性化生产模式。针对战车产品小批量的生产模式，我们充分考量每个工序的生产时间，建立了空间分道、时间有序、互不干涉的脉动式生产流程，即'车随工位'的总装形式，替代了原本'人随车'的总装模式。

"我们还通过建设机器人工作站，在前一工位的总装结束后，使车辆立即转到下一工位，解放了传统手工操作对人员和技能的束缚。车辆调试工位投入手持终端，不仅提升了数据采集效率，也解决了调试时大量数据纸质记录难以高效查询、统计分析等问题，推动了成功数据包络线的有效应用。通过质量记录信息化，用好生产过程中的'大数据'，进而更加有效、高质量地开展产保工作。"

周琼解释，现在"脉动"现场总装的每个产品都有自己的二维码，只要扫码枪轻轻一扫，就能把原来在生产过程中无法把控的"信息黑箱"或"信息孤岛"给关联起来。

目前，149厂防务装备总装现场通过使用设备联网、二维码等手段，实现了设备的物联，提高了信息化水平。在推动脉动式生产线建设过程中，总装现场消除了技术、计划、制造、质量等环节的信息壁垒，实现了全流程的信息化管理。比如将原本300多页的表格化工艺记录"搬"到了手持移动式的调试终端上，整个系统集成了作业计划输入、计划排产、调度执行、现场装备、调试数据录入等功能，建立车辆生产的大数据系统，全面监控和管理生产线上的一举一动，使得车辆总装流程更加有序，更显规范。

另一方面，对于复杂的装配过程，工艺人员可进行工艺设计仿真。他们编制了模拟装配动画，通过生产现场终端展示装配过程和操作要点，让操作人员一目了然，大幅提高了可操作性。为防止人、机、料、法、环、测、检等方面的差错，脉动式生产线实现了物料齐套、人员登陆、装入件确认、调试参数自动校验和数据上传、异常信息填报及处理、数据包络分析和履历书生成等各个环节的闭环管理，以及全过程的信息化管理。正是依托信息化手段的高效实时数字化管理方式，让战车批产迈上了快车道。

周琼笑着说："老一代航天人一直盼望战车实现批产和量产，但限于各方面条件的制约，他们的梦想始终未能实现。如今通过新一代航天人的努力，应用现代化制造技术和信息化手段，我们149厂战车的批产当量逐年增长，使得生产效率提升30%，生产周期压缩59%，人工工时节约27%，大大提高了量产能力和交付能力。而且，今后用户有大批量的需求，我们的脉动式生产线基础足以支撑。脉动式生产线让企业实现了装备技术和管控能力的同步提升，精细化管理水平大幅提高，大大提升了企业的核心竞争力。"

高端制造超水平
能工巧匠逞英豪

　　149厂作为航天领域一家十分重要的宇航产品研制总装生产单位，经过多年来的发展，制造、加工、工艺、设备等水平和能力均得到极大提升。他们利用强大的高端制造技术，走出了一条"专业技术进步带动产业发展"的自主创新之路，像搅拌摩擦焊、超大超薄整体箱底一次成形等新装备、新工艺在当今国内制造领域内具有领先地位。而当今新兴的3D增材打印技术、机器人自动钻铆技术、三维数字化制造、自动化柔性装配、超低温阀门密封技术、防热涂料制备等制造工艺水平，也足以令同行刮目相看。

　　目前，149厂拥有一支实力雄厚的"大国工匠"队伍，这是企业后续发展的最大财富，推动149厂在高端制造领域大显身手。

一片丹心融箭魂，高端制造铸重器。

由低端制造业向高端制造业迈进，既是一个国家综合国力的体现，也是中国继续进行产业升级和转型的发展方向。未来，高端制造业将成为中国的一张"大国名片"。

高端制造业是工业化发展的高级阶段，是具有高技术含量和高附加值的产业。高端制造业是对低端制造业一个革命性的转变。

目前我国的制造业正处于一个新的发展时期。高端制造业不仅得到了国家政策的大力支持，更是具有良好发展前景企业的自身需求。而航天行业既是一个国家综合国力的象征，也是高端制造业的主力军团。149厂作为上海航天一家十分重要的宇航产品研制总装生产单位，经过多年来的发展，制造、加工、工艺、设备等水平和能力均得到了极大提升，与当年不可同日而语，并且走出了一条"专业技术进步带动产业发展"的自主创新之路，其新技术、新工艺在诸多领域获得大力推广和广泛应用。

目前，149厂拥有一支实力雄厚的宇航产品制造队伍，在出了一大批科技成果的基础上，也出了一大批专家：封小松博士入选国家科技部中青年科技创新领军人才，顾华洋、田杰、王联凤入选上海领军人才，鞠鹏飞博士入选上海市青年拔尖人才、中国科协青年人才托举工程。大国工匠们掌握了许多核心技术，取得了诸多专利，其航天器的研制和制造水平在同行中处于领先地位，有些方面已经达到乃至超过国际先进水平。

149 厂通过近年来不断调整队伍结构，完善企业技术队伍的职业发展晋升通道，设置专业主任研究师、预研主任研究师和主任设计师队伍，增加技术人员，提升专业能力，使得全厂科技人员达到 500 余人，硕士及以上的高学历人才 260 余人。其中：拥有 27 名博士后、博士领衔，200 余名硕士的科研队伍；同时拥有 11 名特级技师、300 余名高级技师加技师带队的技术工人队伍。这是企业后续发展的最大财富。

"十三五"期间，149 厂获批上级技术课题 135 项，荣获省部级及以上科技成果 46 项，牵头获得国家科技进步二等奖 2 项；申请并取得专利号 408 项，获得 PCT 国际专利，多次获中国专利优秀奖；发表 SCI 论文 20 余篇，EI 论文 50 余篇，核心期刊 200 余篇；制定我国首份搅拌摩擦焊系列国家标准，形成增材制造、表面处理等多篇行业标准；培养 10 多名青年技术骨干入选国家和省部级万人 / 领军 / 拔尖 / 学术技术带头人等创新人才计划。与国内 40 余所高校、研究所建立长期合作关系，在多个核心专业领域，拥有科技部"航天先进固相连接技术国际科技合作基地""国防科技工业特种焊接技术创新中心"、科技部"国家航天制造装备产业技术创新战略联盟"理事长单位、上海市"上海航天工艺与装备工程技术研究中心""上海复杂金属构件增材制造工程技术研究中心""上海航天特种环境高分子功能材料工程技术研究中心"。通过课题实施，以搅拌摩擦焊技术为代表的多项核心工艺与装备有力支撑了型号发展，并为企业后续新经济增长点产业化提供了强大的技术支撑。

149 厂在建立小型产业集团的基础上，一是要提升智能制

造的总体设计能力。大力发展能形成产业规模的产品研发和产业
化工作；开展先进制造工艺研究，发展绿色高效制造工艺，成
为智能数字生产线解决方案提供者，为企业发展壮大提供新动
能。二是要提升大型复杂结构件加工能力。围绕航天器结构件
制造领域，开展安全可控核心智能制造装备推广应用，构建以
虚拟制造与物理制造融合为主要特征的航天结构智能车间。建
成基于大数据的智能分析决策等为核心的智能管理平台，形成
面向大型复杂结构件的智能制造新模式。三是要加强智能化信
息化建设，全面实现工艺设计数字化与管理信息化，型号产品
工艺设计全部实现数字化，工艺数据与产品设计数据实现无缝
对接。

正如中国航天科技集团首席工艺专家、149厂科技委主任郭
立杰所说："149厂一贯以国家意志和重大航天工程为牵引。经
过数十年的发展，我们打破了西方国家对我们的封锁和打压，依
靠立足自身、敢于创新的勇气，走出了一条具有航天制造特色
的路子。目前149厂已经拥有当今世界先进的高端制造新技术、
新装备、新工艺，以及一大批具备'大国工匠'水平的高技能人
才队伍。我们的许多制造技术不仅与先进国家接轨，甚至领先于
他们，实现了从跟跑、并跑到领跑的嬗变，这是我们能够承接大
国重器的实力和底气。"

率先应用，搅拌摩擦

搅拌摩擦焊是利用工件端面相互运动、相互摩擦所产生的
热，使端部达到热塑性状态，然后迅速完成焊接的一种方法。搅

拌摩擦焊方法与常规摩擦焊一样，它利用摩擦热与塑性变形热作为焊接热源。不同之处在于搅拌摩擦焊焊接过程是由一个圆柱体或其他形状的搅拌针伸入工件的接缝处，通过焊头的高速旋转，使其与焊接工件材料摩擦，从而使连接部位的材料温度升高软化，同时对材料进行搅拌摩擦来完成焊接的。

搅拌摩擦焊技术是英国焊接研究所于 1991 年发明的，它主要在铝合金、镁合金等轻金属结构领域得到广泛应用，同时在高熔点材料领域也获得了快速发展。搅拌摩擦焊的主要优点有：一是焊接接头热影响区显微组织变化小，残余应力比较低，焊接工件不易变形；二是能一次完成较长焊缝、大截面、不同位置的焊接，质量好；三是操作过程方便实现机械化、自动化，设备简单，能耗低，功效高，对作业环境要求低；四是无需添加焊丝，焊铝合金时不需焊前除氧化膜，不需要保护气体，成本低；五是可焊热裂纹敏感的材料，适合异种材料焊接；六是焊接过程安全、无污染、无烟尘、无辐射等。另外，搅拌摩擦焊作为一种固相焊接方法，在合金中保持母材的冶金性能，可以焊接金属基复合材料、快速凝固材料等采用熔焊会有不良反应的材料。

搅拌摩擦焊工艺是自激光焊接问世以来最引人注目的焊接方法。它的出现使得铝合金等有色金属的连接技术发生了重大变革。用搅拌摩擦焊方法焊接铝合金取得了很好的效果。现如今在英、美等国正进行锌、铜、钛、低碳钢、复合材料等的搅拌摩擦焊接。搅拌摩擦焊在航空航天工业领域有着良好的应用前景。

搅拌摩擦焊作为一种多学科交汇的新方法，可以发展出纵缝焊接、环缝焊接、无匙孔焊接、变截面焊接、自支撑双面焊接、空间 3D 曲线焊接、搅拌摩擦点焊、回填式点焊、搅拌摩擦焊表面改性处理、搅拌摩擦焊超塑性材料加工等多种连接加工方法和技术。

历经十多年的快速发展，搅拌摩擦焊设备和技术也越来越成熟，已广泛应用于我国航空、航天、船舶、列车、汽车、电子、电力等工业领域中，包括航天筒体结构件、航空薄壁结构件、船舶宽幅带筋板、高速列车车体结构、大厚度雷达面板、汽车轮毂、集装箱型材壁板、各种结构散热器及热沉器等，创造了可观的社会效益和经济效益。

而对上海航天来说，因为承担了多项国家重点型号的研制任务，涉及弹箭星船等多种国防尖端武器系统和先进的航天产品，要想在先进制造业领域获得持续发展，就必须付诸不断的改进与创新，尤其要依赖于可靠、高效的先进制造技术，而航天特种焊接工艺就是其中一项亟待发展、完善的关键共用制造技术。

尽快提高焊接技术和水平，是当务之急。2004 年 11 月，在上级领导的关心支持下，时任 149 厂孙建华厂长和郭立杰总工程师创新用人机制，大胆启用新一代高学历焊接人才，以博士领衔担负起新型运载火箭贮箱的焊接技术的研发任务，并明确要求验证贮箱的焊接工艺要达到国内领先、国际一流的水平，以利于型号任务的争取。

搅拌摩擦焊以及变极性等离子弧焊技术是铝合金焊接技术的一次重大创新，自诞生以来在短短十多年内，迅速得到了国外航空、航天、船舶等工业领域的广泛认可，是航天制造技术的一次巨大飞跃。但由于国外的技术封锁和垄断，其应用于我国运载火箭推进剂贮箱的制造显得滞后。能否通过创新突破空白，掌握自主技术，确保型号任务的可持续发展，这无疑是一场新技术攻坚战。

课题组接受任务后，从零研发，通过对多种工装的全新设计，一年内就完成了两项先进焊接技术的开发、工程应用。其间，封小松、崔凡、尹玉环、张春杰和康志明等技术人员、技能人员加班加点进行焊接试验研究工作。他们一边查阅各种焊接技术资料，一边自己设计和制作各种工装。没有技术资料就自行设计加工，工装不适合就自行改进。那段时间大家既是设计员、技术员，又是装配工、焊接工。

有时为了取得一个试验数据，要做数十次乃至上百次的实验。为了抢时间，他们也不知熬过了多少个不眠之夜，有时晚上实在顶不住了，就趴在实验台上小睡一会。在实验最紧张阶段，他们曾几个星期没有回家。

2007年4月9日，国内第一条运载贮箱箱底瓜瓣纵缝在149厂用搅拌摩擦焊焊接成功。焊缝无损检测表明：内部无任何缺陷，焊缝表面成形均匀、一致。瓜瓣纵缝搅拌摩擦焊接成功具有里程碑意义，这表明我国在推进剂贮箱先进焊接技术方面已达到国际先进水平。

参与这次试验的黄征师傅介绍："瓜瓣纵缝属于椭圆二次曲线焊缝，采用熔焊存在接头强度系数低、焊接残余应力和变形较大等缺点，不利于贮箱减重和可靠性。通过搅拌摩擦焊焊接得到的瓜瓣焊缝强度系数高、韧性好、无熔焊的缺陷、焊接应力和产品几乎无形变等特点。"通过刻苦攻关，149厂自主研制出数控多轴联动箱底搅拌摩擦焊焊接设备，在国际上首次实现了推进剂贮箱瓜瓣纵缝的无缺陷搅拌摩擦焊接。

攻克了箱底ϕ1380环焊缝的搅拌摩擦焊焊接技术难关，以实现整个箱底的全搅拌摩擦焊，为我国新一代运载火箭贮箱的"高可靠、低成本、快速制造"提供坚实的工艺支撑。2008年1月15日晚，我国新一代运载火箭第一个搅拌摩擦焊箱底正在进行压力强度试验。时任149厂厂长孙建华也赶到现场,他对攻关团队说的第一句话便斩钉截铁:"这个贮箱焊不好,我们就不回去。什么时候焊好,就什么时候下班。"

2008年7月28日下午3时,149厂新研制的全搅拌摩擦焊贮箱箱底通过了打压试验。该贮箱是在上一个搅拌摩擦焊贮箱研制基础上又进行了技术突破,实现了φ1380圆环焊缝、瓜瓣纵焊缝、型材瓜瓣对接圆焊缝搅拌摩擦焊,并用回抽技术解决了搅拌摩擦焊圆环封闭焊缝的钥匙孔问题,是我国第一个真正全搅拌摩擦焊焊接的运载火箭贮箱箱底。该贮箱研制成功,标志着149厂已掌握了搅拌摩擦焊焊接技术在运载火箭贮箱制造上的工程应用。

2015年,149厂完成新一代运载火箭φ3350贮箱全搅拌摩擦焊研制,顺利通过整箱液压、气密试验,各项数据均满足设计指标。全搅拌摩擦焊贮箱于2016年11月首飞成功,标志着我国成为第三个掌握贮箱全搅拌摩擦焊技术的国家。

2017年9月,149厂制定的《搅拌摩擦焊铝及铝合金》系列国家标准正式颁布,进一步推动搅拌摩擦焊这一先进制造技术在我国制造领域应用的深度和广度,提升我国制造业的竞争力,是在焊接专业领域内国家层面对149厂技术水平、能力与地位的认可。

2019年1月,149厂完成国内首件φ3800贮箱全搅拌摩擦焊研制。同年8月完成国内首件φ5000铝

运载火箭贮箱总对接搅拌摩擦焊设备

锂合金贮箱全搅拌摩擦焊研制工作，实现了ϕ2900、ϕ3350、ϕ3800、ϕ5000全系列贮箱全搅拌摩擦焊的应用。

辛勤的努力终于换来了累累硕果。通过几年的自主创新实践，149厂已完全掌握了铝合金搅拌摩擦焊及变极性等离子弧焊技术关键，在国内不仅率先实现了搅拌摩擦焊技术在推进剂贮箱上的应用，而且走出了一条以"自主创新为主、协作创新为辅，以专业技术进步带动产业发展"的核心技术创新之路，既带动了核心技术的进步，巩固了企业的核心能力，还取得了可观的经济效益和显著的科技成果。

149厂还积极推动搅拌摩擦焊的工程应用，走出了一条"专业技术进步带动产业发展"的自主创新之路，并在诸多领域获得推广应用，如电力行业的铝合金散热器、软连接组件、航天发动机机架、雷达铝合金冷板、大厚度铝合金雷达面板、大尺寸铝合金飞机壁板等。

2007年6月29日，在彩旗招展中，院特种焊接中心正式在149厂揭牌成立。这既是对创新工作和成果的肯定，也是对后续技术的持续改进和发展做出规划、提出目标和要求。

目前特种焊接技术中心拥有亚洲第一台大尺寸、大厚度铝合金面板搅拌摩擦焊、国内第一台推进剂贮箱纵缝立式搅拌摩擦焊和第一台贮箱箱底搅拌摩擦焊等一批焊接领域的先进设备。雄厚的技术力量和先进的设备为上海航天在制造领域的全面提升，打下了坚实基础。

149厂搅拌摩擦焊装备产业在走向市场方面也可圈可点，2010年成立市场部由时任副厂长王闻杰主管，乔汝旺、徐萌、蒋舒斐三个人组成一个部门向外推广搅拌摩擦焊装备，从零起步搞装备，按"农村包围城市"的思路在民营市场先后拿下3个装备订单，走出产业发展第一步。于 2013 年成立航天工程装备（苏州）有限公司。随后，在南北车集团两个定梁龙门搅拌摩擦焊设备招标项目中，搅拌摩擦焊装备公司通过与多家单位的竞标，脱颖而出，成功中标，奠定了该厂搅拌摩擦焊装备在国内主流市场的重要地位。在后续发展中，成功拿下瑞典 SAPA 订单推动装备漂洋过海，截至目前，公司搅拌摩擦焊高端装备市场占有率稳居全国第一。

超大超薄，一次成形

在 149 厂崭新的钣金制造厂房内，矗立着一架高大的 150MN 柔性双动液压机 + 5 立方米超大容积流体高压水介质装备，它是目前世界上最大的板材数控流体高压成形装备。

据该厂项目团队技术负责人胡蓝博士介绍，这台板材数控流体高压成形装备，可谓"力大无穷"，一周可整体冲压用于运载器贮箱上的超大尺寸椭球形超薄箱底构件 6 个左右，且一次成形，精度和光洁度高，质量 OK。过去由于没有这样先进的整体冲压设备，149 厂加工运载器贮箱的半球形箱底构件，采用"分块成形 + 焊接"的方式。从零件材料准备到焊出 1 件合格的箱底组件，至少需要 3 周时间。劳动强度大、工序复杂、零件成形精度不高、焊接装配难度大、箱底组件可靠性提升受到限制。从性价比来分析，我们这一半球形超大超薄箱底构件整体一次成形技术，比起瓜瓣拼接方式，零件成本可降低 1/4，人工成本可降低 1/3。贮箱箱底整体成形带来的效率提升明显。如以 149 厂目前每年生产 18 发火箭来计算，贮箱的产量达到 60 件 / 年，甚至更多，采用传统的瓜瓣拼接根本无法满足这一需求，整体成形贮箱的应用将为149厂完成未来高密度发射任务提供重要保障。而更重要的，对于149厂来说，他们在奋力追赶国际先进水平的征途上，迈上了高端制造领域的一个新台阶。

运载器贮箱主要用于储存运载器推进剂燃料和氧化剂，同时具备承受运载器主要载荷的功能。贮箱主要由前、后短壳，前、后箱底和筒段组成，其中前、后箱底通常承受内压作用，采用椭球构型光壳结构形式，主要由瓜瓣、顶盖、型材框、法兰等产品组成。箱底是密封结构的重要组成零件之一，其特点是大尺寸、轮廓复杂、薄壁弱刚性，厚度为2—8毫米。为减轻整体重量，箱底表面分布着大量减轻网格，制造精度直接关系到密封结构整体强度与减重效果。箱底目前的制造手段是将瓜瓣、顶盖、型材框分别进行拉伸或弯曲成形，然后拼接焊成箱底。箱底生产是整个密封舱体制造的关键环节。

鉴于现有贮箱箱底结构特点和加工方法有局限性，而拼焊结构箱底传统制造方法又存在着制造工艺流程长、结构承载能力差、精度低、材料利用率低、减重受到限制、效率低和生产成本高等问题，仅从优化工艺出发，其改进效果有限。要从根本上解决上述问题，则需采用整体成形技术来替代零件拼焊结构。同时，国家重大工程项目涉及的新型号，对于制造质量、精度、可靠性等均提出了更高要求。这对现役型号来说，提高制造效率和可靠性，降低制造成本，均对贮箱箱底现有制造技术体系提出了严峻挑战。于是，"一体化"整体成形技术的推进，将极大地改善现有制造技术体系的薄弱环节，带来制造技术革命性的变化。

国外航天大国凭借在制造技术上的先进性，目前火箭贮箱均采用高性能大规格整体构件替代传统的拼焊结构件，全面提升了箭体的综合性能。在材料选用上，他们优先选用具有更高比强度的高强铝合金；在焊接技术上，大多采用搅拌摩擦焊技术。这些技术上的改进，相比于传统制造技术具有更高的性能、更好的经济性。其中整体成形技术替代传统的"分块成形＋拼焊"技术，为航天器的性能提升作出了很大贡献。如美国洛克希德—马丁公司设计制造的整体结构件超轻质量贮箱，质量为 3039 公斤，容积达 127 立方米。液氢箱比原结构减轻约 1907 公斤，液氧箱减轻约 736 公斤，箱间段减轻约 341 公斤，热防护系统等减轻约 422 公斤。这些结构质量的减轻，使有效载荷运载能力提高了 3405 公斤，航天飞机的发射重量减少了 3.6 吨，发射成本降低了 3840 美元／公斤，可获得近 7500 万美元的经济效益。NASA 和洛克希德—马丁公司联合研制了直径为 5.2 米的整体成形箱底，重量减轻 25%。美国 SpaceX 猎鹰火箭采用直径 3.6 米的整体成形箱底。美国德尔它 IV 火箭推进剂贮箱也采用整体成形箱底，该箱底直径达 5.5 米，拱高达 1.6 米。日本运载火箭推进剂贮箱也广泛采用了整体制造技术，H-2A 火箭、H-2B 火箭贮箱箱底的制造工艺，包括箱底整体式制造、箱底与筒段的搅拌摩擦焊制造手段。H-2A 火箭的整体式制造箱底、H-2B 火箭贮箱箱底直径达 5.6 米，是世界上最大的采用整体成形技术制造的箱底。

可见，国外对于超大直径（>4 米）箱底成形采用了旋压成形方案，其中综合考虑论证了工艺方案的可行性，包括制造经济性、坯料尺寸及制造能力、装备制造能力、工艺窗口裕度、材料成形组织演变等因素，形成了一套成熟可靠的整体箱底制造体系。

目前，我国大型运载火箭急需采取整体结构贮箱箱底代替现有的拼焊结构，以大幅度提高可靠性。但是，该类零件具有超

数控板材流体高压成形机

大、超薄、深腔曲面等难点，起皱和开裂并存始终是整体成形工艺中难于破解的国际性难题。中国作为一个制造大国，航天制造技术也必须有一个革命性的提升。于是，149 厂项目团队决心另辟蹊径，用"一体化"整体成形技术，来实现火箭燃料贮箱薄壁整体箱底的高质量低成本制造。近年来，149 厂项目团队联合哈尔滨工业大学、合肥合锻智能制造股份有限公司组成联合攻关技术团队，采用可控加压流体压力成形技术路线，解决了超大超薄深腔曲面构件整体成形中起皱和开裂并存的国际性难题，打破了发达国家对我国火箭箱底整体制造技术的封锁。

自 2010 年起，149 厂持续跟踪开展大型薄壁铝合金整体箱底制造领域研究，通过前期试验探索和工艺方案论证，使得同期流体高压成形技术在大型薄壁板材成形领域取得突破，整体成形箱底技术工业化应用路线可行，获得上级支持。该技术被列入国防基础科研及 04 专项指南，获批国防基础科研重大项目和 04 专项重大项目。为此，149 厂新建了一幢 9000 平方米厂房，为 150MN 超大型流体高压成形装备及配套设施提供硬件支持。

流体高压成形技术优势可见。胡蓝博士介绍，它是利用液体作为传力介质传递载荷，使坯料在传力介质的压力作用下贴靠凸模，以实现金属板材零件的成形工艺。该项技术对于尺寸大、形状复杂的薄壁构件而言，是一种理想的成形手段。

与普通板材拉伸成形相比，充液拉伸成形优点是：一是成形极限高。由于流体高压过程中充液室压力的作用，使板材与凸模紧紧贴合，产生有益摩擦；在凹模圆角处及法兰区形成流体润滑，降低摩擦的不利影响，提高了板材的承载能力，因此提高了成形极限。二是尺寸精度高、表面质量好。成形件的精度可达0.5毫米以下；液体从板材与模具表面间溢出形成流体润滑，利于板材进入凹模，减少零件表面划伤，尤其适合表面质量要求高的板材零件的成形和带涂层的板材成形。三是成形道次少。普通的拉伸成形由于成形极限较低，一般拉伸需要经过六个道次。如果采用流体高压成形，由于成形极限高，则只需一个拉伸道次，减少了成形工序及退火等耗能工序，不仅效率大大提高，而且大幅度降低能耗。四是模具少、成本低。复杂曲面零件只需加工出与满足零件形状尺寸的凸模，省去了复杂型腔的凹模，减少了凸凹模研配时间。由于在一道工序内即可成形出复杂零件，使得模具量大为减少。

流体高压技术对于超大尺寸超薄构件的加工制造，即使在当今国际上航天制造领域也是首次提出，其装备方案、工艺方案和产品生产配套设施条件保障等方面均面临着全新的挑战。但149厂的项目团队顶住压力，认真评估了技术方案的可行性及伴随的风险与挑战，确认国外的路线并不适合我国当前的制造水平，需要走适合国内装备发展阶段的自主创新之路。

在项目实施方案论证阶段，149厂项目团队进行多轮方案的重构和迭代。他们勇于创新，提出了双向可控加压流体压力成形技术方案，确定了150 MN流体高压成形装备的关键参数，特别是流体高压成形装置主体结构参数、流体成形控制系统、主体设施的需求条件和装备应用安全性和可靠性评估等。

其间，项目团队组织国内相关专业院所进行了专题讨论，确保了项目方案论证的科学性和实用性。项目先后完成了全球首台超大吨位数控板材充液拉伸装备、首套超大容积高压源及控制系统研制、超大尺寸充液拉伸模具设计制造、国内首台超宽板材辊底式固溶热处理设备的研制。

其中，150 MN 柔性双动液压机是我国最大的双动液压装备，前期国内最大的双动液压机为 75 MN，吨位整整提高了一倍。而主机运动精度要求比普通中型液压机还要高，位置控制精度达到 0.1 毫米。目前国外针对此类高端装备完全禁运，国内能够做到如此精密程度的设备制造商寥寥无几。合肥合锻董事长严建文回忆当初接下这一任务时说："150 MN 双动柔性液压机是国内高端液压装备的标志性成果，很骄傲我们的团队能参与到这一具有重大意义的工程中来，并高效务实地完成了成果研制。"

如此重大的装备在 149 厂内安装也是首次，时间节点必须赶在为它量身定做的新建厂房封顶之前，而现场工作小组需要对各方的施工进行周密安排。为了能使厂房顺利封顶，时值盛夏，正午酷热难耐，下午 4 点至第二天 11 点是施工的黄金时间。项目团队克服一切困难，充分发挥聪明才智、体谅包容、团结协作的精神，顺利将这一重达 2000 吨，离地平面以上 15 米，距地平面以下 10 米的庞然大物矗立起来，并确保了厂房的封顶。

接下来是 5 立方米的流体高压水介质装备，这是流体高压成形装备的另一个亮点。这是国际上高压介质体积最大的一套系统，相比德国舒勒公司的 0.5 立方米，体积是他们的 10 倍，可以满足整体箱底的大变形需求。哈尔滨工业大学苑世剑教授团队在流体高压成形技术领域已积累了 20 年的实践经验。经详细论证，他们提出了双向可控加压流体压力成形技术方案，经过项目团队的努力，使之变成了现实。回忆起与 149 厂共同攻关、密切合作的研制历程，苑世剑教授感慨地说："149 厂的领导科学决策、迅速组织，充分体现了务实高效的精神。最后一切都水到渠成。"

在工艺攻关阶段，项目团队还面临国内无法生产合格的超宽板材的困难。于是，他们从最初的宽不到 3 米的板材做起，先是采用拼焊板进行工艺摸索，获得了流体高压成形过程中的变化规律。后来，随着 3.8 米宽板材的下线，他们采用两侧拼接方法，获得了双侧焊缝流动规律。再至 2018 年，当联合研制的 4.3 米超宽板材下线，覆盖了热处理强化和非热处理强化两种铝合金，至此摆脱了原材料的限制。

历时十年艰辛的探索历程，项目团队终于完成了全球首台超大吨位数控板材充液拉伸装备及生产线的建设。他们采用 2000 系新淬火态铝合金薄板，通过对超大尺寸贮箱箱底可控加压流体高压成形工艺，可直接制造出 3 米级大尺度薄壁整体箱底。而后，直径 3 米级非热处理强化型铝合金薄壁整体箱底的成形，也在他们手中成为现实。

采用流体高压成形技术成功研制出直径 3 米级非热处理强化型铝合金薄壁整体箱底，这是 149 厂在国际上首次直接采用 2000 系可热处理强化型铝合金薄板成形出大尺度薄壁整体箱底之后，取得的又一个航天领域制造技术的重大突破。由 149 厂联合哈尔滨工业大学和合肥合锻智能制造股份有限公司申报的"大型轻质薄壁贮箱箱底整体充液拉伸成形技术"，获得航天科技集团公司 2018 年度十大技术突破项目荣誉。

3D打印，接轨国际

3D打印是一种以金属或者塑料等黏合剂作为打印材料，以数字模型为基础进行逐层打印的一种技术。如今这一技术在多个领域得到广泛应用。

3D打印与传统的通过模具生产有很大的不同，3D打印最大的优点是无需机械加工或任何模具，就能直接从计算机图形数据中生成任何形状的零件，从而极大地缩短产品的研制周期，提高了生产效率和降低了生产成本。同时，3D打印还能够打印出一些传统生产技术无法制造的外形。同时，3D打印技术还能够简化整个生产流程，具有快速有效的特点。

日常生活中使用的普通打印机可以打印电脑设计的平面物品，而所谓的3D打印机与普通打印机工作原理基本相同，只是打印材料有所不同，普通打印机的打印材料是墨粉和纸张，而3D打印机内装有金属、陶瓷、塑料、砂等不同的"打印材料"，是实实在在的原材料，打印机与电脑连接后，通过电脑控制可以把"打印材料"一层层叠加起来，最终把计算机上的蓝图变成实物。通俗地说，3D打印机是可以"打印"出真实物体的一种设备，比如打印一个机器人，打印一部玩具车，打印各种模型，甚至吃的食物等。

金属熔化三维（3D）打印技术是将三维模型降为系列二维平面，然后利用离散材料逐层堆积，自下而上"生长"成具有任意复杂结构的三维产品。该工艺有效克服了传统制造业的结构复杂、材料浪费和工艺复杂等缺陷，甚至可以改变产品设计理念，如传统需分体制造的复杂产品可实现整体制造，大大改善了产品性能。该方法还可以在无需任何模具和工装夹具的条件下，利用光纤激光束逐层选择性地熔化微细金属粉末，制造任意复杂结构、尺寸精度达千分之一、接近全致密的金属零件。

3D 打印技术实质是"激光快速成形技术"，也被称为"增量技术"或"增材技术"，它将带动工业设计、新材料、精益制造等多个领域颠覆性的改变。激光快速成形技术目前已经应用到了航天、航空、机械等多个领域。

3D 打印技术是近年来热门的新兴技术，国外先进国家已经走在了前面，他们有了较为成熟的设备和工艺。国内很多单位也不甘落后，正在大力研究，急起直追。而对于液体火箭领域来说，3D 打印的应用将是必然趋势。尤其是对复杂零件，在采用传统"车钳刨铣磨"等材料去除方式时，需要逐个加工零部件，再经装配而成。而 3D 打印能够一体成形，甚至支持不同材料混合打印，免去了繁复的机加工、焊接和装配流程，使成本和周期呈几何倍数下降。尤其在原型阶段，3D 打印无需工装、开模等成本，能够快速适应设计团队的变更。而在实际产品阶段，尤其是基于金属粉末和激光烧结技术的成品，不仅可以快速成形出一体化零件，同时其凝固组织亚结构细小，不但没有因为 3D 打印而降低力学性能，反而零件的力学性能普遍优于铸造件，部分甚至接近同成分锻件。

早在 2011 年 4 月，一份情报资料让 149 厂研发部"狩猎"到了 3D 打印技术的相关信息。2012 年 2 月，149 厂开始组织开展 3D 打印方面的工艺预研。2013 年 5 月，由上海市科委获批的"金属熔化三维打印设备及相关材料的研制"课题，为他们设备的研制提供了强有力支撑。2014 年 1 月，国内首台多激光束金属 SLM3D 打印设备已在 149 完成调试，2014 年 3 月自主研发的 FDM3D 打印设备成功打印出空间站某机构模型。

上述时间节点似乎十分紧凑。而实际上，这几年他们的 3D 之路并不顺利。149 厂 3D 打印技术项目负责人王联凤坦言："从事预研工作的人，'嗅觉'一定要灵敏。一份情报，很多人能看到；一项新技术，很多企业都想掌握。但关键是谁能抢到先机，谁能先把新技术转化落地。"

抢占先机就是领先一步，更是赢得商机。

为了有效地利用产学研平台，149 厂与华中科技大学合作开展了金属 3D 技术设备的设计研制。经过近一年的设计、生产、调试，国内首台多激光束金属 3D 打印设备终于在 149 厂诞生。经过比较，149 厂研发的多激光束金属 3D 比国外同类设备打印出的产品质量还要好。该设备适用于钛合金、不锈钢，以及高温合金等三大类共计 10 种金属材料。

目前国内外主流激光 3D 打印设备采用单光束加热成形，为减少金属粉末在加热成形中的温差，普遍采用底板预热方式。激光束预热则能够在较宽温度范围选择性区域进行预热，同时可对成形部位及时做精确的后置处理，对提高成形零件的精度、表面粗糙度和性能具有重要作用。

设备研制出来了，关键还在于要充分利用该项技术服务好型号生产，既要融入航天技术应用产业，更要开拓市场，产生效益。

目前，149 厂研制的 3D 技术装备已经在探月三期某钛合金产品、某战术型号发射车钛合金材料的挡块机构、某型号发动机高温合金零件等产品的预研中发挥了作用，并着手打印完成这些预研产品的生产。另外，该设备还成功地打印出上汽集团某汽车发动机不锈钢专用齿轮，为抢占市场先机迈出了一大步。

有了金属3D的研制经验，他们自主研发FDM（俗称非金属）3D似乎成了"小菜一碟"。一次，149厂所属的复材公司意向采购一台能够加工非金属ABS树脂类产品的设备，该厂研发部3D项目团队立即组织进行方案论证，并确定采用该项技术实现非金属的3D研制。

经过一番努力，他们成功打印出了空间站某预研型号的太阳电池翼展开机构模型，同时在很短的时间内就自主研制出了非金属3D原理样机，并得到成功应用。如此神速，这是传统制造方式所不可比拟的。

805所在某型号太阳翼模拟展开地面设备方案论证过程中发现，由于展开机构所控制的动作节点多、动作幅度大、动作稳定性要求高，整套方案非常复杂，805所设计师很难直观且清晰地将这套方案表达出来。149厂在获知这一消息后，主动向设计师建议，用他们的非金属3D打印出该模型，供他们进行进一步方案论证。经过近一周努力，他们用3D成功打印出了太阳翼展开机构模型，并将翼板的连接部分设计为可运动结构，使模型能够实现太阳翼展开过程中的基本动作。在一次方案论证会上，805所设计师使用了这款展开机构模型，对方案中的细节进行直观的展示和说明，使与会者对整个方案有了非常清晰的了解。

另外，149厂事业三部与科瑞工业研究所联合开展了基于金属3D打印技术（激光选区熔化成形技术，简称SLM）的空间站铝合金复杂构件的研制与生产工作。2018年7月，他们接到805所空间站维修工具的生产任务，包括工具筒段、工具后筒段、驱动器盖、手柄后段、左手柄、右手柄及电池盖等7个复杂薄壁铝合金零件，其中左手柄、右手柄及手柄后段采用传统机加工无法实现，另外4个零件是薄壁复杂构件，若采用传统机加工不仅生产周期较长，且加工时易发生变形。为此，他们与 805 所设计师及科瑞所人员充分沟通后，拟通过 SLM 技术实现该批零件的研制。

科瑞所 3D 打印工艺人员根据增材制造技术特点，对该批零件模型进行结构再设计与工艺支撑设计，并就零件关键接口和接触面精加工，针对该批 SLM 成形零件编制了详细的后加工与后处理工艺文件，包括热处理—线切割—打磨—喷砂—关键面机加工—阳极化处理—检验等工序。经过团队的努力，该批零件顺利完成生产并交付装配。

当前，3D 打印市场应用前景广阔，工信部等正在组织研究制定 3D 打印技术路线图、中长期发展战略，以及产业发展的专项财税政策等。

金属 3D 打印是 3D 打印行业发展的关键领域与未来趋势，而激光熔化成形技术又是金属 3D 打印的主流技术路线，该技术对智能装备、航空航天设备、机械制造、医疗健康等前瞻性行业都有着非常高的匹配度。

目前，149 厂已形成了以铝合金为代表的复杂支架类构件与复杂流道类构件的金属 3D 打印一体化解决方案的能力，为进一步推动金属 3D 打印技术在空间站产品上的全面推广应用提供了坚实基础。后续他们将继续加强与有关单位的联动，让金属 3D 打印技术在航天领域得到更加广泛的应用。

数字装配，引领未来

装配技术是指根据规定的技术要求，按一定的顺序，将两个或多个单元通过一定的连接方式进行组合，形成产品或部组件，并经过相应的调试、试验和检验等工作，使其整体可靠地实现特定的功能、性能和精度的技术方法。

装配技术是航天制造领域的关键技术之一，对航天技术的发展起着重要作用。装配技术水平和工艺质量直接关系到航天产品的研制进度、质量、可靠性。

上海航天装配技术中心成立于2015年，由局系统内各厂所与装配领域相关单位组成，挂靠在149厂。装配技术中心邀请院内、国内知名专家成立专家委员会，主要包括国内装配技术领域高水平的大学教授、行业专家，提高装配专业技术水平，促进中心技术成果转化应用。

149厂承担了运载火箭总装综测，载人航天工程、探月工程及空间科学领域等十余个空间飞行器型号的装配测试，以及多型号战术武器批生产装配任务。从"十二五"以来，149厂根据型号任务发展需求，明确了运载火箭总装多功能自动化装配、大型密封舱总装总测、空间复杂机构总装、大面积柔性太阳电池翼总装、高精度超低温阀门装调等为装配核心技术，通过数字化装配工艺规划、装配生产过程组织管理技术、数字化工艺装备技术、功能与性能测试技术方面结合型号装配需求，提升企业装配质量及装配效率。

装配技术中心积极争取国家经费支持，组织开展了一系列装配工艺技术的研究，并取得了丰硕的技术成果，为型号任务的顺利实施提供了坚实的技术保障。作为项目主承研单位，装配技术中心先后承担了国防科工局、总装备部、上海市、航天科技集团公司等多项重要科研任务，总科研经费投入近1亿元，在装配技术领域与国内高校、研究机构建立密切合作关系，形成了"产、学、研、用"

合作链，并始终保持技术的先进性，用以服务国内军民行业。

在运载火箭部装及总装综测方面，为满足运载火箭密集发射任务的研制需求，企业引进了先进的自动钻铆设备，开展了运载火箭舱段／整流罩自动钻铆技术研究，建成了卫星整流罩自动钻铆生产单元。通过自动钻铆设备的外部机器人、内部机器人与铆接型架、固定工装等工艺装备的合理配置，铆接过程中遵循中心法原则，产品不同区域的铆接顺序图，重定位通过复测工装基准点实现，由机器人自动完成。该生产单元适用于3800直径卫星整流罩左右圆筒半壳和左右倒锥半壳结构的铆接装配，同时，铆接型架和自动钻铆工位上预留了接口位置，调整铆接型架钢制底座间距、重新设计制造专用保型工装和专用固定工装，使之可用于4000、4200等卫星整流罩系列产品定位及生产，满足多品种、小批量卫星整流罩研制生产需求。

149厂依托工信部国防科技重大04专项等重大项目支持，持续开展了运载火箭筒体柔性对接装配技术研究，研发了集成对接调姿、滚动和多余物检查功能为一体的柔性总装对接装备，突破了适用于运载火箭筒体对接装配的多自由度调姿机构设计、局域空间定位系统测量模型与标定方法、局域空间定位系统不确定度表达、合成及传递规律、多自由度位姿调姿控制策略等关键技术，实现两端面、多轴孔约束的自动对接装配，便于从单箱到子级装配的流程优化，装备集成了多余物检查和称重功能，减少多余物检查和称重环节，针对运载火箭的筒体构件实施了自动化装配应用示范，量化了装配过程，有效提高运载火箭生产的自动化水平和生产效率。

在空间飞行器领域总装总测方面，149厂先后开展了以对接机构、阀门产品为代表的复杂机构数字化精密装调技术、极端环境下空间机构性能测试技术与装备、空间机构地面环境下微重力展收技术与装备等工艺研究工作，取得了一系列重要成果，为空间科学领域产品的研制生产奠定了坚实基础。

装配中心在国内无任何借鉴经验的情况下，装配工艺技术、装备设备，检测设备全部自主开发集成。整个太阳电池翼分解为几十个部套，从单机装调、整翼装配及试验、电缆焊接等形成完整的工艺技术文件，开发出专用工艺装备，测试设备，并且通过全流程验证。

高端制造超水平，能工巧匠逞英豪。149厂以雄厚的工艺技术研发能力和人才队伍，牵引弹、箭、星、船、器等航天产品，全面实施全数字化装配，全面提升航天装配工艺技术水平，实现了工艺技术成果向生产应用的快速转移和推广应用，并建设成装配工艺关键技术攻关、研究成果转化应用和技术团队培养的系统性平台，极大地提高了企业技术攻关能力和研究成果的推广应用能力。该平台已成为支撑军民产业发展、行业技术领先、国际一流的装配工艺技术研发与应用基地。

防热涂料，保箭护航

在人类航天史上，无论是离开地球，还是从空间返回地球，都绕不开如何突破覆盖在地球表面的大气层。大推力、可返回式运载火箭的研发不仅对运载火箭的动力系统要求越来越高，对热防护材料的需求也迫在眉睫。

2015年和2016年，新一代运载火箭长征六号和长征五号相继首飞成功，标志着我国运载火箭技术已步入国际先进行列。

航天人的目标是征服浩瀚宇宙，利用空间技术造福人类，因此他们不会停止科技进步的脚步。新一代火箭虽首飞成功，但火箭卫星整流罩和头锥采用手工粘贴软木防热，存在防热效率低、表观质量差、易鼓包、手工操作低效等问题，无法满足高密度发射的需求，为此，149厂三分厂技术人员主动出击，介入预研课题，从零开始，开启了防热涂料替代手工粘贴软木的创新之路。

箭体防热涂料研制难度大，周期长，目前国内仅703所等个别院所具备研制能力，一般研制周期在2—3年，而型号仅给149厂团队10个月的研制时间。在时间紧、任务重、人手不足的情况下，他们充分利用有限资源，调动攻关人员积极性，众志成城、放手一搏。攻关团队发挥了肯吃苦敢啃硬骨头的顽强作风，遇到困难不退缩，让一次次"山重水复疑无路"变为"柳暗花明又一村"。热血和汗水没有白费，整个攻关过程仅用10个月就完成，创造了防热新材料研制的奇迹。研制成功的RZ-1软木涂料具有密度低、防隔热性能突出、工艺性好、环境友好等优点，一揽子解决了传统软木片粘贴产生的诸多问题。

2019年，长征六号遥4火箭由于飞行状态发生改变（东射向），整流罩较先前的热流条件变大，原整流罩软木片无法满足球头部位热环境的需求。面对型号需求，团队按时完成了RZ-1涂料配方研制、喷涂工艺鉴定，并顺利通过鉴定评审，为防热涂料的应用铺平了道路。

2019年11月13日，长征六号遥4火箭发射圆满成功，证明了RZ-1软木涂料应用的成功，它是国内首款用于卫星整流罩热防护的防热涂料。此次成功开创了国内防热涂料应用的一个先例，标志149厂在防热涂料领域的脱颖而出，打破了其他院所的垄断地位。

RZ-1 防热涂料是 149 厂首次自主研发的涂料配方，具有完全自主知识产权。2020 年，他们已实现了整舱软木涂层的自动化喷涂，推进了 RZ 系列化防热涂料的研制，开拓了防热涂料的应用范围，为企业开拓新的利润增长点作出了贡献。

精品阀门，助力腾飞

航天阀门是航天飞行器动力系统中重要的功能控制元件，主要功能是保证航天飞行器正常飞行所需的压力、流量及开关性能，以达到飞行稳定、系统可靠的目的。通常每发运载火箭增压输送系统使用 30 种以上的阀门产品，数量约 50—60 个，按各自的功能可分为 6 大类。而精品阀门，是助力火箭腾飞的重要部件。

149 厂阀门分厂主要从事运载火箭、导弹等航天阀门的研制工作，所研制的阀门包括常温、低温、高温、高压、低压等各类极端工况的减压器、单向阀、安全阀、电磁阀、加注阀、蓄压器、压力信号器、电爆阀等 100 余种阀门，具有高密封性、高精度、高可靠性等特点。

阀门分厂现有厂房面积超过 8000 平方米，其中一万级洁净装配厂房 1200 平方米，试验用气全部采用高规格的高压不锈钢管道、不锈钢气包和不锈钢气瓶等洁净供气设备，有气液增压系统、压力流量测试系统、安全阀模拟试验系统、供配气系统等各类阀门研制设备 60 余台套，具有较强的阀门研制与测试能力，具备年产航天阀门 2000 套以上的生产能力。中心在阀门综合装调与测试、阀门精密零部件研制、低温阀门研制、低温阀门检测等方面在国内处于领先水平，是国内综合能力较强的航天阀门工程研制中心之一。

149厂从20世纪80年代末开始运载火箭常温阀门产品的研制，90年代进入小批量生产阶段。早期由于设计、工艺、操作经验不足，研制过程中质量问题频出。在时任厂长孙建华的带领下，阀门工艺员傅乐平等自主开展了活塞翻遍、波纹管焊接、超薄膜片气压成形、阀门精密零件和止口零件阳极化等系列攻关与课题研究，解决了活塞漏气、膜片破裂、止口泄漏、高低温卡滞等影响产品质量的重大技术问题，组织了设计、工艺、操作三结合的三轮工艺改进，大大提升了阀门人员的能力和水平，提高了产品合格率和可靠性，保证了后续至今20多年内未出现过重大质量问题。

新一代运载火箭在2005年后相继立项。我国火箭研制生产领域积极响应国家绿色发展战略，决定对新一代运载火箭长征五号、长征六号等采用无毒无污染的液氧煤油、液氧液氢作为推进剂。由于液氧煤油、液氧液氢为超低温介质，使得低温阀门产品应运而生。液氧的沸点低达零下183度，这对动力系统的超低温阀门提出了极高的要求。低温阀门较常温阀门有着精度要求高、密封与检漏难度大、耐低温、耐振动、耐冲击等要求。

面临原有型号高密度发射和新一代型号加速研制的双重压力，时任厂长何文松在新建增压输送系统楼内独立建制阀门分厂，同时调入经营管理强将杨洋做部门主任，开启了149厂阀门研制的新时代。新阀门分厂大胆改革，按6大类阀门采用"领衔制"，实现以老带新方式，分配方式转变为"工时主导制"，极大地解放了生产力，实现了高密发射和新型号研制齐头并进两不误。

由于超低温等恶劣工况的阀门研制技术主要被国外知名阀门企业垄断，阀门分厂在郭立杰总工程师的支持下，新工艺员孟金龙等采用课题研究、技术攻关等形式，自主解决了低温阀瓣等阀门关键部件加工、密封结构改进、真空检漏设备研制、低温振动设备研制、低温冲击设备研制等技术难题，为低温阀门研制打下了坚实基础。目前 149 厂具有涉及高温、高压、超低温等恶劣工况的航天阀门研制技术和硬件条件，特别在超低温阀门低温密封、精密装配、试验等方面具有成套技术能力，处于国内领先地位。

在低温密封技术方面的优势技术主要有：氟塑料包覆技术、非金属组件连接技术、管路密封技术、超薄波纹膜片成形技术等。在精密装配技术方面的优势技术主要有：数字化集成装配技术、成组装配技术、选配技术、预压技术、定力矩装配技术、防松技术、多余物控制技术，综合应用了机械、机电、电磁、力学、材料等多学科、多门类的工程技术。

阀门是运载火箭等航天产品动力系统中的关键附件，阀门的质量好坏直接决定了火箭发射的成功与否。高密封性、高灵活性、高精度、高可靠性是飞行器阀门的基本要求，其研制技术都围绕这些开展。通过不懈努力，目前阀门分厂在低温密封和试验等方面形成独到的技术优势，达到国内外领先水平。在阀门试验技术方面的优势技术主要有：压力强度试验技术、常温与低温阀门模拟试验技术、常温与低温检漏技术、压力流量试验技术、力学环境试验技术、温度环境试验技术等。在低温密封技术方面的优势技术主要有：低温动密封技术、低温热压密封技术、低温静密封技术。

阀门分厂十年磨一剑。他们在满足自身企业的需求外，还积极开拓外部市场，目前已有两款产品形成长期订单，不仅为企业创造了可观的经济效益，更为国防新型武器装备做出了重要贡献。新型阀门获得国防科技进步三等奖。

再好的技术，也离不开高素质人员的操作。航天阀门特有的高和难，使得企业拥有一支"技术与技能相结合"的阀门队伍成为不二法门。阀门分厂在技能大师侯建强的领衔下，不仅出色完成了一个个精品阀门的装试任务，保证了一发发火箭的发射成功，而且带出了一支出色的高技能队伍，为149厂阀门产业的发展作出了重要贡献。

坚不可摧　碎之有效

早期导弹直接裸露在外，极易受到损伤及外界环境的影响。此后出现了贮运发射箱，平时将导弹安置在贮运箱内，既便于导弹的贮运，又起到密封保护作用。初期贮运发射箱／筒前、后盖采用机械开盖或爆破盖，该类前、后盖存在开盖复杂、反应慢、可靠性较差等缺点，为了满足快速、可靠、轻质、简单的需求，在当代先进的导弹发射系统中，发射箱／筒前、后盖广泛使用了易碎盖或易裂盖。

易碎型或易裂型前、后盖有非发射工况和发射工况两种使用工况。非发射工况使用条件下，要求前、后盖在正向、反向两个方向都有良好的结构性能，在一定的压力下不能破坏，即坚不可摧；发射工况使用条件下，要求前、后盖在正向压力下容易破坏，反向压力下不破坏，即碎之有效。

易碎盖在导弹发射过程中破坏，非金属盖体碎片按照一定轨迹抛出，按照材质有聚氨酯泡沫塑料型、环氧树脂泡沫塑料性、玻璃钢复合材料型；易裂盖在导弹发射过程中，盖体被气流胀破，胀破后碎片连接在盖框上不脱落，无碎片抛出。易裂盖按照其材料有刚性易裂盖和柔性易裂盖，刚性易裂盖的盖体材质主要为环氧树脂泡沫塑料、橡胶、增强材料，按照功能需求为复合材料和复合结构。柔性易裂盖的盖体材质主要有铝箔型、复合材料型、橡胶型。

149 厂易碎盖研制从最早的聚氨酯泡沫塑料易碎盖开始，成功应用于院内两个武器型号，于 2007 年以环氧型易碎盖和易裂盖为契机，开展了新型"两盖"的研究工作。

随着导弹发射技术的多元化，对"两盖"也提出了新需求，例如在冷发射和热发射中均要避免多余物风险。面对新需求，2017 年，企业成立了攻关团队，以两型易碎盖技术攻关为契机，培养一支集设计、工艺于一体的易碎 / 裂盖产品研制队伍。经过他们的不懈努力，终于研制出满足设计任务书要求的易碎盖。2018 年底同步开展了大尺寸易碎盖的研制，2019 年新增两型研制任务，涉及拱形易裂盖和平板型易裂盖的研制，并开展了复合材料型薄膜易裂盖的探索工作，最多时团队同时在研五个型号共八种易碎盖、易裂盖，而且难度各不相同。但凭着团队的过硬作风，通过四年的持续努力，配合型号顺利完成了各阶段的试验任务，其设计思路和方案满足型号需求。

他们还对材料形成标准，利于工业化应用，建立原材料选用手册，为后续设计提供可靠选择和技术支持等方面做了大量切实有效的工作，使得 149 厂已成为发射箱 / 筒易碎型、易裂型前、后盖等专项产品研制领域的权威企业。

新型铆接，数字导管

铆接工艺是目前航天器制造业应用最多、也是最为普遍的连接方法之一，其质量和水平对产品质量和性能有着较大的影响，而铆接能力和水平的高低，与现代化的铆接设备和技术紧密相关。

随着这些年来制造业的发展，铆接设备也在不断更新，铆接技术也在不断进步。当前比较前沿的是自动化铆接技术和电磁铆接技术。自动化铆接技术铆接质量好、铆接效率高，是装配技术的发展方向。电磁铆接是一种新的工艺方法，可以解决传统铆接存在的许多问题，在国外已经广泛应用。我国航空制造领域也几乎都采用了电磁铆接设备。传统的铆接工艺正在被逐步淘汰。

149厂作为行业中的领头羊，必须尽快开展电磁铆接技术的应用，改变和淘汰落后的铆接技术。于是，149厂通过上海航天工艺改进项目，引进了电磁铆接设备，并同步开展对该设备和工艺在航天产品上应用的工程化进行试验验证。

试验验证表明：一、采用电磁铆接设备后，铆接噪音大幅度降低，铆接噪音可降低30分贝左右，即由原来的110分贝降低到80分贝左右。其连续噪声级由普通捶铆的90分贝降至9分贝，属于低噪音铆接工艺。二、铆接质量明显提高。电磁铆接一次捶击完成铆接的成形，不同铆钉的铆接力一致性好，避免了人为因素对铆接质量的影响。三、为大直径铆钉的铆接提供了新的工艺手段。四、工人劳动强度降低，铆接效率高。

149厂引进的电磁铆接设备是我国航天系统内第一台具有

工程实用性意义的现代化铆接设备，填补了我国航天系统电磁铆接技术应用的空白。该设备铆接噪音小，铆接能力强，铆接质量高，有着广泛的应用前景。

在开展电磁铆接技术应用的同时，为了提高自动化程度及减轻劳动强度，149厂通过引进机器人自动钻铆技术，优化钻铆工艺参数，大力推进使用机器人代替人工进行钻铆操作，已获得成功应用。

2014年秋，根据我国空间站智能制造总体要求，必须开展三维设计模式下的导管制造，要求149厂按三维模型进行导管系列组件的制造，不再在总装环节设置导管协调取样生产环节。这就意味着从神舟一号至神舟十一号，该厂延续了近20年的手工制造模式将被彻底颠覆。

新的技术逼迫他们必须进入一个全新的制造领域。149厂五分厂技术人员没有畏难情绪，没有打退堂鼓。技术人员从零开始边学边干，采取"土洋结合"的办法，针对企业现有半自动设备的特点，采用人工计算划线的方式完成了最初的"数控"弯管；利用普通数码相机定位拍照测量，实现了弯管精度的"光学测量"，完成了"精确弯管"的技术验证。同时，根据导管组件几何特征，提出了一种逐管装配的导管组件空间位姿的装配方法，并设计了数控柔性装配平台，完成了虚拟装配的验证。

有了一定的技术基础，2015年，他们通过向代理商借用、试用设备，完成了天和核心舱初样导管研制，成功实现了导管数字化制造技术验证与应用，基本实现了导管与舱体并行生产，缩短导管生产占用舱体总装周期50%以上。自2016年起，他们先后完成了空间站天宫天和核心舱、结构热控舱与正样舱、问天初样资源舱、梦天初样工作舱、资源舱、载荷舱与气闸舱，以及载人飞船、货运飞船的导管组件研制，全面取代了原有导管制造依赖舱上人工协调取样的生产模式，实现了按设计模型的数字化精确生产，确保导管产品与设计模型高度一致，提高了制造精度。同时，他们将导管组件生产从总装环节中脱离出来，实现并行生产，为空间站和载人飞船导管数字化制造打下基础，加快相关型号研制进度。

热表处理，内外兼改

航天产业与材料的关系极为密切，材料的基本性能和使用性能是航天产品设计选材的主要依据。而热表处理是航天产品制造过程中重要的保障技术，对于提高航天产品的服役性能、增强可靠性，具有不可替代的作用。而做好航天零部件的热表处理，可使型号产品达到内外兼修的目的。

何为热处理？热处理就是将固态金属或合金采用适当的方式进行加热、保温和冷却，以获得所需要的组织结构与性能的工艺，对材料及构件进行内部质量控制。按加热特点，热处理目前可分为整体热处理、化学热处理和表面热处理。表面工程是通过表面涂覆、表面改性或多种表面技术复合处理，改变固体金属表面或非金属表面的形态、化学成分、组织结构和应力状况，以获得所需要表面性能的系统工程。

由于航天是一个特殊行业，航天型号对于所需材料的特殊性，先进的热表处理工艺技术必不可少。为满足型号发展需求，进一步提升工艺水平，统筹资源和设备，上海航天决定投入总资产1.77亿元，成立八院热表中心。2011年，经全面整合，上海航天将院系统内分散的热处理、表面处理资源集中搬迁至 149 厂东川园区，在该厂区西南角新建了热处理厂房、表面处理厂房、三废处理站，共 11640 平方米。同时建设表面处理生产线 18 条、热处理设备 37 台（套）。新建的热表生产车间宽敞明亮，改变了原来仅有四五条表面处理生产线、传统老式箱炉生产作业的落后面貌，并通过资源整合、人才引进与培养、专项技术研究等方式，发展创新工艺技术、推广型号应用，逐步提升了热表中心的技术实力。

"十二五"期间，149 厂大力发展先进热处理技术与装备，引进多台真空热处理设备，包括高压气淬、真空油淬、真空回火、真空退火、预抽真空回冲气体等，采用少、无氧化的真空热处理，使航天型号产品提升了品质，其中磁性材料真空热处理在国内具有很强的技术优势。在化学热处理方面，中心发展了真空低压渗碳、等离子体渗氮等先进工艺技术，经这些先进工艺处理过的材料，在运载等型号的传动构件上得到成功应用。中心还加强了激光热处理、感应热处理等先进表面热处理装备与技术的研发投入，形成了 149 厂小而精的热处理生产特点。

与此同时，为攻克技术壁垒，将技术掌握在自己手里，减少对外单位的依赖性，热表中心着手部署并启动空间改性 MoS2 固体润滑膜、空间抗菌薄膜等高附加值、高精密、高性能、智能的航天特种功能薄膜的研制工作。在当时，型号产品需要进行磁控溅射镀膜工作均得从上海送往兰州进行加工。中科院兰州化学与物理研究所作为全国唯一一家掌握该项技术的单位，长期垄断国内市场。据统计，149 厂仅送往兰化所的产品加工成本便达 2000 万元，在基于降本增效和核心技术不被"卡脖子"的考虑下，2008 年 149 厂关于磁控溅射技术的攻关拉开序幕，其间，鞠鹏飞博士调研国内多家单位，奔波于上海、兰州、宁波等地，和国内多位知名专家进行交流和探讨，最终了解到国际知名英国梯尔涂层技术有限公司生产的 CF-800 闭合场非平衡磁控溅射设备可以满足当前的镀膜要求，自此，鞠鹏飞果断带领技术团队转变研究方向，利用新设备开展 MoS2/ 金属耐潮解复合纳米膜层制备工艺的研究，突破磁控溅射的等离子体离子轰击技术、高阻隔性能纳米结构 MoS2/ 金属复合膜层设计与制备技术及精密齿弧表面固体润滑层均匀性控制技术。2018 年，热表中心技术团队克服多重困难，历经曲折后新购买的 CF-800 闭合场非平衡磁控溅射设备终于成功落地并调试成功。最终在团队成员们不懈努力下，利用新设备生产的膜层满足国军标各项性能指标要求，大幅度降低了齿弧位标器高精度齿弧工作面的摩擦系数，提高了高精度齿弧表面的强化处理。2019 年，热表中心成功完成了 MoS2 空间固体润滑膜层的工艺技术自主攻关和相关工艺鉴定工作，这标志着研发的新工艺不仅仅局限于研发阶段，而且可以真正被用于实际生产中，为后续的产品生产奠定了坚实基础。接着，他们从荷兰豪泽涂层技术有限公司引进 HC517 PVD 镀膜设备，进一步完善磁控溅射技术的平台搭建工作。经过五年的技术积累和工艺攻关，149 厂已经具备规模化生产 MoS2 空间固体润滑膜层的能力，成为航天领域内该项技术的"领头羊"。目前该技术已成功运用于多个卫星型号，填补了上海航天在空间固体润滑膜层自主研制和自主生产领域的空白。

此外，中心还开展了防冷焊薄膜的工艺研究，研究了月球车太阳翼中承力碗、关节轴承、齿轮表面制备防冷焊复合薄膜的磁控溅射工艺，并研制成功防冷焊镀膜件。2018 年，热表中心从国际知名英国梯尔涂层技术有限公司引进闭合场非平衡磁控溅射设备，于 2020 年成功完成了空间固体润滑膜层的工艺技术攻关和相关工艺鉴定工作，并成功运用于创新四号02星、神龙四号等型号，填补了上海航天的一项空白。

同时，针对镁及镁锂合金材料耐磨性差的问题，他们通过工艺优化和掺杂无机盐制备微弧氧化膜层技术，制备热控耐磨一体化微弧氧化膜层，延长了膜层的摩擦磨损寿命。中心在国内首次提出镁及镁锂合金防腐微弧氧化及热控耐蚀一体化膜层制备技术，通过电解液体系筛选、添加剂筛选、工艺参数的影响及表面超疏水修饰等工艺研究，实现了镁及镁锂合金零件太阳吸收比平衡和耐腐蚀性，达到了外露表面太阳吸收比、半球辐射率、耐中性盐雾试验的理想效果。

针对型号任务对空间表面强化及润滑技术的新需求，中心于2008年从哈尔滨工业大学引进PIIID离子注入设备。通过对类金刚石碳膜性能的研究和改善，来提高其在空间机械中的应用性能。通过对金属掺杂DLC膜的工艺研究，制备并获得了具有高硬度低摩擦系数的复合膜层，使得该膜层显微硬度、摩擦磨损寿命、摩擦系数均达到较为理想的要求。另外，中心还开展了DLC基固体—油脂复合润滑体系的真空摩擦磨损性能研究，解决了DLC膜在高真空环境下磨损寿命短的技术难题，延长了该复合润滑体系的磨损寿命。该项技术可增强材料表面强化及可靠性润滑，有效解决了齿弧位标器、低温阀门组件及空间站驱动机构相关部件的材料难题。中心还提出了多元离子注入与沉积的设计思想，研发了一套多阴极脉冲金属等离子体源，配备多个金属阴极，可同步产生多种金属离子混合等离子体，进而实现低摩擦系数的高硬膜层。他们对添加不同C含量涂层的自润滑和热性能进行深入研究，获得了一种具有自润滑效应和高热性能的超硬低摩擦涂层材料，可用于多种型号的有关部件。

2015 年 2 月，经过主动申报与层层选拔，149 厂被聘为航天科技集团公司热处理工艺技术中心理事长单位，联合成员单位共同承担集团公司热处理专业科技情报收集分析、重大工艺攻关、专业技术交流与培训等，引领集团公司先进热处理工艺和技术的发展。经过五年努力，中心制定的热处理专业工艺标准体系、热处理禁限用工艺修订、热处理供应商特殊过程能力认定、共性技术研究等，得到了集团公司的高度肯定。

2015 年，针对在热处理现场生产过程中存在的数字化信息化程度低、设备集散控制效果差、生产管理科学性低等问题，中心的热处理技术团队建立热处理数字化生产平台，在集团公司范围内率先开展热处理数字化生产管理模式研究，建立起信息化生产管理系统并实现集成应用，一改过去落后的纸质记录生产资料的模式。这套热处理信息化系统，可以实现对热处理过程的监视、控制、报警，实现对热处理温度、保温时间、真空度、气冷压力、冷却介质温度等工艺过程参数的采集、记录、显示与打印功能，实现了真正意义上的热处理生产过程的数字化管理。

2016 年，中心针对卫星用盘式导电滑环研制攻关，解决了合金触头零件硬度波动问题，满足了型号使用要求。2017 年以来，中心针对特种涂层的特殊需求，持续深入开展重防腐涂层应用研究，在永兴岛环境试验站、文昌发射基地环境试验站及万宁环境试验站进行了投放试验与试样无损检测评估等工作。三个试验站总计投放约 400 种不同基材的涂层，总量近 1500 片，不断完善特种涂层体系建设。

这里表一表高级技师吴国华师傅。他长期立足操作一线生产岗位，不仅要参与真空炉内工件热处理生产工作，还要负责复杂漫长的工件渗氮任务。往往渗氮炉一开，操作人员要 48 小时不间断地紧盯着渗氮炉的工作状态，随时做好调整渗氮炉工作参数的准备。工件渗氮不仅需要大量的前期准备工作，更要中途小心观察，每周吴国华都需要独立负责一炉工件渗氮工作，这也就意味着一周有 2 天时间他必须一直待在车间里，48 小时不能离开工作岗位。除了车间正常的热处理工作，热处理炉等设备出了故障，他也要去维修。有时真空炉内热电耦丝坏了，他就亲自爬进黑漆漆的炉膛内。炉膛空间狭小，他只能平躺着身子，在有限的空间里拿着工具操作。炉膛中空气不流通，呼吸不通畅，但他从不叫苦叫累，体现了一个党员组长的表率作用。正因为 149 厂有一大批像吴国华这样勤勤恳恳、吃苦耐劳、脏活累活抢着干的一线技工，才有力地推动了企业科研生产任务的圆满完成。

随着环保工作已经越来越受到重视并深入人心，149 厂开展热表处理禁限用工艺整顿治理，率先开展了大型铝合金硝盐槽的取缔工作，通过大型铝合金材料及产品热处理工艺验证、空气热处理特殊过程确认、工艺鉴定等，结束了 149 厂一大一小两台硝盐槽的生产历史。中心还组织召开了全国性盐浴热处理解决方案研讨会，积极推广硝盐槽拆解安全处置方法和航天大型铝合金构件空气热处理技术，推进航天及军工企业硝盐热处理治理进程。

为了进一步促进 149 厂热处理技术与国际先进技术接轨，完成低能、落后装备向高效、先进、环保热处理装备技术的转变，在 2020 年底，热处理车间将建成针对黑色金属的可控气氛精密热处理柔性自动化生产线，取代目前传统的箱式空气电阻炉和井式空气炉的生产模式，通入含碳、氮的可控，实现产品热处理少和无氧化，并实现自动化生产，提高工艺稳定性及产品质量。以多台淬火回火加热设备组成的柔性生产线，满足了不同产品的热处理，切实提升热处理生产水平。

课题研究，孕育强将

创新是企业发展的不竭动力和永恒主题，作为大型军工生产制造型企业，随着国家近年来对国防科技事业的高度重视及投入的不断加大，149厂的各项型号任务越来越繁重。技术人员既要完成型号任务，还需要承担课题研究。在此背景下，如何充分发挥课题组长的作用，调动课题组长的积极性？149厂大力推进课题组长负责制，通过规范管理、充分授权、保障到位，让课题组长真正成为课题的"CEO"，使课题组长的核心能力和单兵突击作用得到进一步的凸显，取得了良好成效。

149厂立足课题组长负责制，采取灵活与宽松的政策，完善责、权、利管理体制。转变课题组织管理模式，将自上而下的"垂直型"管理模式转变为以课题组长为核心的"扁平化"管理模式，形成利益共同体。落实课题组长选聘上岗制度，保护原创，鼓励创意提出人担当课题组长，鼓励年轻技术人员承担重要课题。建立课题组与企业各部门的利益共同体，积极推进创新激励工资总额单列的长效机制，实行技术课题实施成效评估与考核机制、技术课题内部核算细则。对课题的重大节点，纳入部门创新责任令，定期召开季度和专题计划调度会，通过科技管理综合信息系统检查计划完成情况，并及时采取有效措施，解决课题实施过程中的有关问题。通过上述举措，更好地发挥课题组长及所在部门在技术创新中的重要作用，加快科研成果的转化应用。

通过采取课题组长负责制，不断完善权、责、利管理体制。"权"指的是赋予课题组长组建课题组的权利，开展技术研究。

每年单列创新激励工资总额，实施课题重大节点专项奖励。课题立项后，按照国拨经费批复情况可分阶段提取课题奖励总额的70%，结题验收后可提取20%，结题两年内成果转化应用后可提取10%。奖金由课题组长分配，组长奖励为总奖金的20%—50%。在课题实施中，课题组长有5000元以下的自主采购权。"责"是指课题组长作为课题第一责任人，负责组织课题策划、申请、实施、经费执行、成果转化与应用等。"利"则明确了课题组长是课题成果的第一受益者，优先推荐各级政府人才计划，优先给予技术培训、交流、学位教育等；鼓励型号骨干兼职领衔预研课题，并给予专项补贴，让预研成果在型号上的应用优势早日得到发挥。

149厂还制定了12项课题管理方面的规章制度，为课题组长负责制实施保驾护航；落实课题配套与奖励经费，保障课题顺利实施。对基础前沿、技术基础与应用类课题，149厂根据经费到款情况制定不同的奖励标准，实行区段经费分段累加。院士工作站、科技委为课题顺利实施提供强有力的技术支持；厂财务部设立课题专职预研会计师，协助课题组做好申报阶段预算与核算；鼓励营造宽松的创新环境，鼓励课题组长在选拔中任人唯贤。对于工作尽心尽力者，通过努力而最终未达目标课题组长不予处罚。

技术创新是引领企业发展的第一动力，是建成小型产业集团的战略支撑。149厂让每一个"精兵强将"充分发挥主观能动性，让每一个"主人翁"为企业这个"大家"不懈奋斗，在技术创新的道路上不断披荆斩棘，攻城拔寨。149厂积极谋划与实施各级技术课题，主动开展前沿技术探索、专业技术及装备研究和型号工艺攻关，掌握了一批航天先进制造技术，为型号研制生产提供先进可靠的制造技术支撑，为促进企业创新发展作出重大贡献。

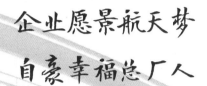

企业愿景航天梦
自豪幸福总厂人

"铸一流航天制造企业，建自豪幸福总厂家园"的企业愿景，是149厂人描绘的企业愿景。他们的幸福感是实实在在的。让每一个员工有尊严地工作和生活，有依托企业的归属感，有职业生涯的追求感，有工作业绩的获得感，有收入递增的稳定感。只有企业蒸蒸日上、欣欣向荣，员工才能劲头倍增，梦想更美。

149厂舞龙队，用腾跃的舞姿舞出了豪迈的"龙旋风"；149厂管乐队，用美妙的音乐吹出了动听的"艺术人生"；149厂十多年情系澜沧江，用人间大爱演绎了帮困助学、扶贫纾难的感人故事。精心打造企业文化，积极营造音乐氛围，敢于承担社会责任，良好的企业形象在文化中得到凸显和升华。

为社会创造财富，为员工创造幸福，为富国强军、航天强国履行神圣使命。149厂肩负重任，永远在路上。

百年基业常青树，幸福文化软实力。

一百年前，在上海的十里洋场，著名的爱国工商业家胡厥文先生历经艰难曲折，创办了后来成为大型航天骨干企业的新民机器厂。正是新民厂"星星之火"的激情燃烧和薪火相传，才铸就了今天发展壮大、国内一流的上海航天火箭、飞船等型号产品总装企业。

现代管理大师彼得·德鲁克曾经说："企业只有一项真正的资源：人。"如今，已经步入蓬勃发展的"春天"，正向着建设航天强国不断快马加鞭的航天企业，尽管面临高密度发射和实现转型发展，但不失提升文化软实力和树立企业愿景的自身要求。于是，在充分发挥员工主人翁作用，激发他们积极性、主动性和创造性的基础上，企业想方设法营造和谐氛围，让员工保持快乐工作情绪，提升员工的幸福指数，则成为企业管理所追求的高尚境界。正是在这样的企业环境下，"做自豪幸福航天总厂人"的企业愿景应运而生。

记得前几年中央电视台新闻记者曾在有关城市街头做过一个随机采访，其话题是"你幸福吗？"面对话筒和镜头，许多受访者的脸上洋溢着笑容，侃侃而谈属于他们的各种各样的幸福。试想，如果央视记者采的对象是上海航天设备制造总厂的员工，他们一定会说："由于国家近年来对航天国防科技产业的高度重视，投入大，任务多，效益好。所以我们身处航天总厂这样一个温馨的大家庭，人人都感觉做一个航天人非常自豪，非常幸福！"这是每一个航天总厂人的肺腑之言。正如该厂原党委书记沈勇辉所说："幸福是什么？对一个企业来说，幸福是生产力，是核心竞争力，是凝聚员工心灵的'吸铁石'。也许企业强大算不了什么，幸福才是关键。企业在追求利润最大化的同时，还须追求幸福的最大化。利润最大化是手段，幸福最大化才是目的。"

"幸福航天人"的愿景体现了企业和员工共同的梦想，其作为精神支柱，吸引了一大批航天总厂人走到一起，为富国强军和航天事业的腾飞，为企业大发展和美好明天的共同目标，而辛勤工作和努力奋斗。在每个员工分享幸福、与愿景共存的同时，还需要员工勇敢迎接高密度发射和深化改革所带来的挑战，以功成必定有我的努力，最终实现企业的幸福愿景。

快乐地工作，幸福地生活。让每一个企业员工感到在为企业科研生产和完成各项任务奋力拼搏的同时，努力践行"成功、效益、创新、和谐"的价值取向，共同培育和谐共赢的"家"文化，充分享受企业绵绵不断的"幸福红利"。

2017年149厂完成公司制改制，从全民所有制企业变为有限公司，2018年入选国资委首批"双百行动"试点单位，2019年入选集团公司"完善法人治理结构，推进公司管理市场化转型"试点单位，始终贯彻落实集团公司全面深化改革"3+1"顶层部署，主要拥有以电机、电源技术为核心的上海航天智能装备有限公司，以复合材料技术为核心的上海复合材料科技有限公司。以搅拌摩擦焊技术为核心的航天工程装备（苏州）有限公司，近几年149厂抓准战略定位，聚焦三高发展目标，完善法人治理结构，明确董事会、监事会、党委会、经营层的权责定

公司第一届董事、监事合影

位，制定相关规则和配套规章制度，真正建立了中国特色现代化企业制度。实现了公司董事长、党委书记和法定代表人"一肩挑"，进一步在完善公司治理中加强党的领导，公司通过全面深化改革，全面完成"十三五"规划各项目标，体制机制不断完善，经营活力明显提升。

149厂作为我国航天系统最早对外开放的窗口，为展示上海航天发展形象发挥了积极作用。20世纪50至60年代接待苏联政府代表团，以及苏联对外友好文化联络协会主席、世界第一位女宇航员捷列什科娃率领的代表团。改革开放后，又接待了法国空间技术代表团、美国宇航局局长罗歇率领的代表团、巴西宇航代表团等，不仅扩大了航天影响，而且给国外同行留下了深刻印象。如今每逢"中国航天日"，是该厂接待各界社会观众参观的

"中国航天日"升旗仪式

高潮，尤其是新一代运载总装总测厂房参观通道，分外热闹。志愿者们向参观者讲述了航天的昨天、今天、明天，而广大青少年第一次看到运载火箭都异常兴奋，表现出对航天的浓厚兴趣，并为我国航天事业取得的辉煌成就感到无比荣耀。

为社会创造财富，为员工创造幸福，为"富国强军"履行神圣使命，铸就企业百年基业的辉煌成就，是航天总厂人的光荣使命。

绚丽巨龙，惊美法国

1994年上半年的一天，一份紧急传真从法国传来，要求上海航天艺术团尽快抵达法国，参加法国蒙蒂涅克第14届国际民间艺术节。这是怎么回事？航天与法国民间艺术节有什么关系？

原来新中华厂有一支在闵行区，乃至上海市都很出名的舞龙队，而在法国蒙蒂涅克第 14 届国际民间艺术节期间，各国的民族风情和传统民俗表演都将在那里一显身手。当时上海有关方面决定派出以新中华厂舞龙队为主要节目的民族风情表演队前往参加。时任中国航天工业总公司副总经理王礼恒（后任总经理）在得知这一信息后，特地作出批示："实属好事，要扩大航天在世界上的知名度和影响力。"就这样，上海航天艺术团以代表上海市和中国航天的双重身份，于那年 7 月 14 日抵达法国。

负责该厂舞龙队日常活动、同时也是舞龙表演者的俞寄民说起舞龙表演头头是道。据他介绍，中国是世界上人口最多并拥有悠久历史文化的国家，而"龙"作为中华民族的吉祥物，是"龙的传人"图腾和崇拜的象征。舞龙，又称玩龙灯，是中华民族古往今来、广泛流传的传统民俗文化活动，人们以舞龙的方式来祈求平安和吉祥。舞龙源自古人对龙的崇拜，每逢喜庆节日和民俗节日，人们都会以热闹的舞龙活动来庆贺，抒发欢乐心情。舞龙时，舞龙者在龙珠的引导下，手持龙具，随鼓乐伴奏，通过人体的运动和姿势的变化，以及用穿、腾、跃、翻、滚、戏、缠等一系列舞龙造型和翻滚动作，来完成舞龙游戏的全过程，并展示龙的精、气、神、韵。新中华厂舞龙队历来有着良好的传统。但为了更好地在异国他乡展示龙之神韵，该厂的舞龙队专门聘请了指导老师，队员们花费半个月的时间，每天利用晚上加紧训练。那时正值酷暑季节，每次大运动量的练习舞龙后，队员们都会大汗淋漓、气喘吁吁。就这样，他们一直练到教练感到每个动作都无懈可击，才算过关。要知道，在那个年代，普通老百姓出一次国是非常令人羡慕的，而能够有机会去遥远的法国表演，大家既感到异常兴奋，又感到压力重重。所以他们下决心要表演好舞龙，向外国友人展示中华民族古老的龙之神韵，让新中华厂的舞龙队带给这个国际民间艺术节一个意外的惊喜。

位于法国西南部的蒙蒂涅克市，是个美丽而又古老的城市。那些年，该市每年都要邀请十多个国家的艺术团体参加艺术节。对于这届法国国际民间艺术节，各参与国都十分重视。如美国派出了久负盛名的黑人演唱团，乌克兰派出了阵容强大的国家歌舞剧院，韩国派出了闻名于世的女子艺术院高才生，苏格兰、罗马尼亚、墨西哥等国家均组织了富有实力和具有自身民族特色的艺术团。法兰西艺术大舞台，简直成了世界各国民间艺术争奇斗艳的竞技场。而上海航天艺术团代表团是来到这个西方文化国度的第一个中国民间艺术团，并踏上那些大小各异的城市。当地市民以新奇喜悦的目光注视着这个来自遥远东方古老之国的艺术团。有趣的是，当航天艺术团踏上这片土地时，当地已经好几个月没有下雨了，天气异常干燥闷热。航天艺术团抵达该市后，当他们将携带的40多米长的舞龙道具向外国友人进行展示时，不一会儿，一阵绵绵细雨飘然而下，将笼罩在城市上空的暑气一扫而光。对中国民俗略有了解的艺术节组委会主席保尔·里哥兴奋而幽默地说："真神呀！老天爷也知道呼风唤雨的中国龙到我们这里来了，这简直是龙王爷显灵了！"一番诙谐之语引得在场的各位外国朋友都乐呵呵地笑了起来。

经过法国方面的精心安排，航天艺术团的首场表演开始了。一阵锣鼓喧天之后，只见一位身穿鲜艳龙袍的男演员连续翻腾跳跃，仿佛从天而降。伴随着他手中左右摆动的龙珠，引出两头栩栩如生的金黄狮子。戏珠、打斗、翻滚、雀跃……6位女演员伴随着狮子轻歌曼舞，飘飘欲仙。精彩纷呈的中国特色表演，把老外们都看呆了。随即，一个又一个渗透着中国传统文化色彩的节目展现在观众面前：悠扬的二胡独奏、清脆的笛声、欢快的唢呐，以及充满江南水乡气息的挑鲜藕舞、快乐奔放的斗笠舞、显示中华女子身段美的旗袍秀，让一个个老外观众看得眼花缭乱、目不暇接。特别是当由 15 人组成的新中华厂舞龙队出场时，更是让现场气氛达到高潮。舞龙队舞着形象逼真、色彩绚丽的巨龙，时而腾跃前进，时而翻江倒海，时而穿云裂石，时而昂首翘尾，可谓游刃有余、变幻无穷。面对演出场上掀起的"舞龙高潮"，老外观众不断报以热烈的掌声。"太棒了！一辈子都没有看到过如此过瘾的精彩表演。"节目表演一结束，他们纷纷涌上前台，与航天演员合影留念，签名题字，甚至热烈拥抱。法国人热情高涨，如火如荼。

刚到之初，法国许多中小城市的居民从来没有见到过中国人，更不要说目睹东方文化的形态，以及龙舞、狮舞所带来的震撼。在他们的眼中，遥远古老的中国是贫穷落后的，是荒蛮愚昧的，他们甚至不相信中国人会跨出国门，走向世界，所以许多当地人一直把中国人当作日本人或韩国人。"我们是中国人！"上海航天艺术团的成员每到一处，个个昂首挺胸、器宇轩昂地回答法国民众，并让中国五星红旗和"中国上海航天艺术团"的队旗飘扬在每一个演出的法国城市。尤其是航天舞龙队一下子打响品牌、名声大振后，成为法国各个大众媒体的追逐对象和新闻热点，那些天，法国的报纸、电台、电视台纷纷报道或播送航天艺术团的消息、通讯及人物专访，大幅照片连篇累牍地刊登于法国传媒。

新中华厂的"龙旋风"一下子刮遍了整个法兰西，其轰动效应点燃了法国人的热情，以后不管是集会游行，还是登台演出，组织者总是让航天艺术团"压轴"，并点名龙舞、狮舞一场也不能少。于是，在 50 天国际民间艺术节期间，在法兰西十多个城市的土地上，到处留下了航天艺术团的足迹，留下了"中国龙"的豪迈舞韵。据统计，他们先后前往法国 16 座大中小城市，在 50 多个场合中，共巡回演出了 79 场。新中华厂的"龙旋风"让法国大餐黯然失色，人们涌上街头或到剧场欣赏"龙之舞"。"龙旋风"一时成为法国人津津乐道的街谈巷议。法国演出之行结束时，该届艺术节组委会向航天艺术团提出一个诚恳要求，希望新中华人能将那个象征"龙旋风"道具永久地留在法国。面对法国人对于中国龙舞和东方文化的热爱，于是，他们十分慷慨地将"中国龙"道具捐献给了法国民俗纪念馆。

"中国传统文化是世界上最悠久、最动人、最宝贵的财富。""中国上海航天民间艺术团是 20 多个国家中，艺术素养最高、演出最认真、审美力最强、纪律最好的'样板团'。"这是法国人对航天艺术团的高度评价。

说起那次令人难忘的法国之行，虽然时隔二十多年，但新中华厂舞龙队成员俞寄民依然记忆犹新。他说，法国风光是美丽的，法国人民的热情超出想象。法国是一个伟大的国家，他们的历史积淀和文化艺术同样具有十分深厚的底蕴。而在这次国际民间艺术节上，中国传统文化艺术有幸与西方或其他国家的古老民间文化进行了一次有益的展示和交融，尤其是我们的"龙舞"文化第一次亮相西方国家，作为"龙的传人"和舞龙队的一员，我为能尽一己之力宣传和展示中国的"龙文化"，扩大中华民族古老文化的影响力而感到非常自豪。

上海老闵行文化历史悠久，而素有"老闵行"之称的江川地区，同样文化底蕴深厚。近年来，随着国家对保护民间民俗文化遗存，以及历史文化遗产的高度重视，大家对濒临失传的江川民间传统舞蹈——"鲤鱼跳龙门"的抢救越来越迫切。鉴于149厂有着多年舞龙活动的优良传统，2010年7月，闵行区江川文化馆与149厂联系，希望通过双方的紧密合作，恢复"鲤鱼跳龙门"这一舞蹈节目。

149厂领导对此十分重视，表示全力支持，并把它视为传承优秀文化、尽社会责任、展示航天人精神风采的一个良好机遇。通过迅速动员，他们很快挑选了一批年轻热心的员工组成舞龙队，并一一落实，聘请专业指导老师、落实排练场地、提供后勤保障、组织日常排练等事项。他们还与文化馆老师一起专程赴苏北，委托那里一家企业定制了长龙和鲤鱼。

"鲤鱼跳龙门"由1条17人舞动的"长龙"和12条"鲤鱼"组成，对队员不仅要求有一定的舞蹈基础，而且需要有较好的体魄。正如担当舞龙总指挥的潘哲辉（时任厂工会主席后任上海航天卫星装备所党委书记）所说，舞龙就像我们搞航天一样，也是一个系统工程，讲究的是团队的相互配合和无缝链接。同时它还是一个力气活，不仅要有挥洒自如的"蛮劲"，还要有心有灵犀的"巧劲"。表演中，龙头需要的是昂首轩扬，龙身需要的是曼妙衔接，龙尾需要的是灵活摆动。其实，舞龙比车间工人干活还要累，往往几个回合舞下来，一身大汗，气喘吁吁。尽管这样，在指导老师的调教下，通过三个月的超强排练，他们终于达到了上台表演水准。同年10月15日，在闵行区老闵行街道成立十周年庆典上，149厂舞龙队闪亮登场，精彩的首场表演惊艳四座，赢到各方的肯定和赞扬。

这些年，149厂舞龙队可谓名声大振，闵行城市剧场会演、江川街道庆祝活动会演、闵行运动会、上海交大运动会、邮电俱乐部企业会演、南汇桃花节、莘庄民俗节、杨浦区首届非遗节，

上海市非物质文化遗产项目"鲤鱼跳龙门"

以及各类庆典或闹元宵活动，甚至江苏省兴化等地，都留下了149厂舞龙队的身影。149厂舞龙队在各个场合的精彩表演，不仅树立了良好的企业形象，也为留住老闵行优秀文化遗产作出了辛勤努力。

近年来，149厂舞龙队又加强与驻厂武警部队联手，让年轻的武警战士也成为舞龙文化的传承者。这一设想得到了武警部队领导的大力支持，认为是一个同创共建的良好抓手。年轻的武警战士们个个身强力壮，对舞龙活动也产生了极大兴趣。经过一段时间的刻苦训练，加上指导老师的专业指点和动作示范，战士们的舞龙技艺大有长进，并在有关场合多次出台亮相，受到好评。

这真是：军民携手共舞龙，鱼水情深谱新篇。

舞龙舞出新天地。通过两年多不断努力和争取，"鲤鱼跳龙门"项目进入上海市非物质文化遗产代表性项目名录。2011年，"鲤鱼跳龙门"被收录为闵行区非物质文化遗产项目；2013年申报第四批上海市非物质文化遗产项目获得成功。

情系澜沧，帮困助学

"我有一个梦想，插上翅膀，穿过万水千山。"

"我有一个梦想，张开双眸，望遍万丈霓虹。"

"我有一个梦想，敞开心扉，探索浩瀚宇宙。"

——摘自第12期"情系澜沧江"夏令营学生随记

"我有一个梦想……"这是来自边远贫困山区学子的心声。他们的梦想充满想象，充满好奇，甚至把梦想的触角伸向浩瀚的宇宙。也许，云南省临沧市云县头道水中心学校少年学子们的梦想对于现代城市的人来说，是一件举手之劳、轻而易举的事情。"世界那么大，我想去看看"，如今来一次说走就走的旅行，现代都市人只需网上点击几下，便在网络上办好了所有手续，随后拖起拉杆箱即能成行。但对于大山里的孩子来说，由于自然环境的闭塞、道路交通的不便，导致他们的梦想往往是无法实现的幻想。

而今天，他们在149厂爱心人士的帮助下，终于迈出了不再沉重的步伐，欢天喜地地走出了祖祖辈辈都未能走出的大山，伴随着一路的欢笑、一路的歌声和愉快的心情，到了热闹喧哗的县城，到了恍若天边的省会昆明，到了国际繁华的大都市上海。外面的世界实在太精彩了，令山里的孩子们眼花缭乱。如今，"我有一个梦想"已经不再是梦想，而是终于实现了的梦想。他们激动，他们兴奋，他们连睡梦里都发出甜丝丝的笑声。对于这一切似梦非梦，他们真的要衷心感激149厂的航天人。

1991年，著名摄影家解海龙在安徽大别山意外地拍摄到一张"我要读书"的大眼睛苏凤娟的照片，一经传播，那双具有强烈视觉冲击力的眼神，震撼人们的心灵，在海内外引起了强烈反响。于是，社会各界支持"希望工程"的浪潮在中国大地上掀起。于是，"我要读书"成为一个时代响遍各个角落的强音。正是那双深邃渴望的眼神，让贫困落后的农村学子们深深懂得，只有刻苦学习，拥有知识和学历，才能走出大山，走出贫困的农村，才能改变人生的命运，拥有美好的未来。

今天，"我要读书"和"我有一个梦想"并不是偶然的巧合，而是跨越了一个时代，进入新时期精准脱贫的殊途同归。但它的内涵没变，依然是贫困地区孩子们的心灵呐喊，也是他们追求梦想、实现理想的渴望。

于是，"情系澜沧江"，一个十分富有地域概念的夏令营活动横空出世。这是149厂于十多年前为响应国家倡导和开展"希望工程"的号召，主动作为，勇于承担社会责任，为帮助偏远地区的贫困家庭和失学青少年圆上学梦，架起爱心互助之桥，并助力脱贫攻坚、促进贫困地区教育发展而开展的一项社会性公益活动。

"情系澜沧江"夏令营活动的牵头人是原上海市国防科技工业办公室副主任张华芳。想当年，张华芳本人就是云南省临沧市云县山沟里一个贫困家庭的孩子，也是头道水中心学校的学生。

据他介绍，那里的山区离开县城有 25 公里路，因为全部是绕山而行的公路，山里人出一次门就像办一件天大的事情。因此，小时候他觉得能够逛一次县城就非常幸福了。而家乡人若想到省城昆明去一睹市容，那简直是连想都不敢想的奢望，因为从家乡的大山里出发，几乎 97% 的公路都是傍山而行的盘山之路，那数百公里的山路要走三天三夜，而且还需承担一不小心车子要翻到深山沟里的风险。再有，对于晕车的人来说，由于无法抗拒的身体原因，可能他永远也别想走出这大山。而他的母校头道水中心学校，可以说是整个云南最偏僻的学校。

记得 18 岁那年他上武汉大学，青少年时代的他第一次出远门，第一次到昆明，也是第一次到武汉，心情异常激动。而武汉对他来说，简直是个令他目不暇接、花花世界的大都市。张华芳，一个从大山里走出来的穷人的孩子，用他自身的勤奋和努

2019 年"情系澜沧江"爱心夏令营

力，大学毕业后进入西昌卫星发射中心，成为一个发射长征火箭的航天军人，转业后又来到上海国防科技工业管理部门，多年来一直与航天单位打交道，与航天人建立了深厚的感情。然而，走得再远，不忘来路。那生他养他的落后农村、贫瘠山区和信息封闭的家乡，是他永远割舍不下的牵挂。再加上他的母亲曾经当过头道水中心学校的老师，可谓两代人的"头道水"之情。母亲的教诲和叮咛一直是他积极参与"希望工程"和帮困助学的内在动力。因此对如何帮助目前同样处于大山里的孩子走出困境，他始终充满爱心，牵肠挂肚，总想为贫困的家乡做点好事善事。正是通过张华芳的牵线搭桥，多次陈述"情系澜沧"奉献大爱的意义，终于让149厂从心动到行动，从行动到坚守。

"希望工程"是爱心的纽带，社会责任是企业的担当。2007年，149厂决定，每年拿出专项经费16万余元，定向帮扶云南临沧云县头道水中心学校的少年学子。其中，他们与学校方商定，由企业出资，每年组织品学兼优的学生到上海参加为期一周的"情系澜沧江"夏令营活动。

开弓没有回头箭。这一活动从2007年至2019年，一年接续一年，149厂已经坚持举办了13年。

为做到公平公正，将企业出资的这件好事情做好，学校在这方面也做了大量工作，如对于安排去上海参加夏令营活动的师生，要求从初中各班级中期末考试成绩前两名的同学中选拔，带队的老师也必须是年度评比中获得优秀荣誉获得者。通过这样的竞争评选方式，利用夏令营活动作为抓手，可以更好地激励广大学生发奋读书，争取考出优异成绩。老师潜心教书，为培养出更多的优秀学子而尽心尽责。企校双方一拍即合，认为通过这一公平公正的方式，最终让师生获得赴上海参加"情系澜沧江"夏令营活动的机遇，不失为一种良性的激励机制。

时任 149 厂工会主席潘哲辉于 2007 年第一次踏上云南这块红土地，带领第一批临沧云县头道水中心学校的少年学子走出大山，来到上海。他深情地回忆起那次云南之行：13 年前，我们跨过千山万水，行进在漫漫无际的盘山公路上，只见处处岳麓相连，山崖耸天，山顶上飘着片片白云。这里是香格里拉的近邻，一片未开垦的神圣处女地。如果经过投资开发，或许这里能够成为人流云集的旅游胜地。然而，流经云南省云县的澜沧江，却像一根沉重的锁链，紧紧束缚着这座国家级贫困县。而在这大山里，有一大群怀揣着梦想的少年学子，他们渴望知识的浇灌，许多人却十分艰难地求学，或者因无钱读书而早早辍学。他们向往山外的另一个世界，却不知路在何方。这时，我仿佛觉得航天人犹如神仙下凡，千里迢迢来拯救他们，为他们指点迷津。是的，怀揣航天企业的社会责任，不仅只为了贫困山区的孩子能走出大山，开阔眼界。更为了激励他们努力学习文化知识，用知识改变命运，用奋斗赢得机遇，成为未来建设社会主义的栋梁。

记得 149 厂刚与云县头道水中学取得联系，并派专员前往那里进行了实地考察。考察人员回想起第一次抵达时，那一幕幕景象依稀留存：滴水的屋檐下课桌"吱吱"作响；教室外"噼里啪啦"的柴火声与读书声相伴；那一袋袋番薯和蔬菜叶便是学生一周的口粮……这些场景无不触动着在场的每一个人，更让他们坚定了开办"情系澜沧江"夏令营助学活动的想法。就这样，在那年，他们用满满的爱心带着大山里的 30 多个孩子坐上火车，开始了孩子们人生中第一次永远难忘的走出大山、踏上繁华大上海的"梦之旅"。

在为期一周的夏令营活动中，149 厂对各项活动都作了精心安排。通过参观航天总装厂房，让同学们亲眼看到中国运载火箭的制造过程，从中感受大国重器的视觉冲击，学习航天人的工匠精神；通过参观上海交通大学高等学府，让同学们树立读书报国的远大目标和人生志向；通过游览上海著名外滩、东方明珠等景点，让同学们感受改革开放前沿城市的日新月异发展；到奉贤海边沙滩上迈步，让孩子们的身心得到放松，感受大海的辽阔和深远。

2007年5月25日，"上海国防科技系统校园网络援建项目"揭牌仪式在头道水中学举行。在张华芳先生等上海国防科技系统有关单位和领导的关心、资助下，帮助修建了从祥临公路到中小学的沪云路，援建了头道水中小学食堂，建成了先进的校园网络及理化生实验室，并捐赠中小学生校服2216套。这一系列善举，使得学校面貌和教学设施空前改观。在张华芳的感召下，上海军工系统、上海航天和149厂等许多好心人纷纷向贫困学生伸出援助之手，现有近百名好心人资助着300多名各学段的学生。同时，在149厂的精心策划和组织下，每年组织头道水中学各班前2名学生和部分教师参加"情系澜沧江"爱心夏令营活动。从2007年以来的13届活动中，参加学生达297人。很多学生通过参加爱心夏令营活动，眼界得到拓展、知识不断增长，更加坚定了努力学习、追求理想的信心。现在已经有许多学生通过自己的刻苦读书完成了大学学业，踏上社会后成为各行业的有用之人和栋梁之材。

曾经受到149厂爱心人士捐助的头道水中学2008届毕业生李慧在感言中说："我出生在一个贫困的农村家庭，上学的时候，家里没有过多经济收入，仅靠爸爸妈妈辛勤劳动艰难维持一家人的生活。虽然我的父母很勤劳，但因为高寒山区地理环境的限制，难以发展经济产业，再加上父母文化水平低，即便他们早出晚归辛勤劳作，家里还是很贫穷。我和姐姐上初中之后，每年的学费、生活费让我们家庭入不敷出，上学读书成为父母沉重的包袱。为了减轻家里的负担，不再让父母为学费而发愁，我曾萌生了退学的想法。但父亲坚决不允许我退学，他说，哪怕砸锅卖铁也要供我和姐姐念书。而每次看到父亲给我们送完柴米之后离开学校的背影，我都会一阵阵心酸，禁不住泪流满面。

"初二那年，学校给我带来了一个振奋人心的消息。班主任告诉我，有上海航天的爱心人士愿意资助我读到大学毕业。听到这个消息，我的内心非常激动，简直不敢相信这是真的。直到见到上海航天人后，我才觉得梦想终于变成了现实，我再也不用为学费发愁了。正是依靠航天爱心人士的资助，通过读书改变了我的人生航向。以后，我顺利完成了初中、高中、大学和研究生学业。一直以来，我的成绩在班上都名列前茅，大学拿了四年奖学金，并获取了不少荣誉证书。毕业之后，我放弃了在城市工作的机会，满怀对家乡的热情，回到生我养我的土地，投身到脱贫攻坚中，用我学到的知识带领广大父老乡亲发展经济产业，帮助家乡人民脱贫致富。在以后的日子里，我将尽我所能帮助更多需要帮助的人。"

张华芳深情地说："149厂是孩子们心中的一座灯塔。"夏令营时间虽然不长，但对孩子们来说，上海之行将终生难忘。孩子们的家长在得知自己的孩子将要到大上海去开眼界，简直激动得无法自己。他们常常自言自语：娃要去大上海了，这是真的吗？莫非是梦吧？哪家的孩子去上海，全村的大人小孩都羡慕极了。于是大人们会反复叮嘱自己的孩子：一定要好好读书，考出好成绩，明年争取到上海去！

"上海的航天人真好！会主动拿出钱来让我们的娃娃到上海去。"别看孩子们尚小，但他们幼小的心灵也在感受着这份厚爱。当他们抵达上海见到航天人时，便会怯生生地问："小哥哥，你知道我们的好心人在哪里吗？他会不会来看我们？"孩子们问及的"好心人"不是别人，正是参与助学项目的149厂职工和慈善人士。而"好心人"已成为云南澜沧江孩子们心目中的偶像。

弹指一挥13年。对于149厂来说，"情系澜沧江"活动已不是一个简单的夏令营活动，他们将该活动作为企业履行社会责任的重要载体，同时积极联合社会慈善人士，共同帮助头道水中学的建设。以前，那里校室简陋，缺少伙食，孩子们只能自己背着一周的蔬菜、主食、柴火，徒步十几里山路来到学校，然后自己动手做饭。如今，通过众多"好心人"的捐助，那里通往学校的马路已经修好，新建的教学楼、宿舍楼和食堂已经启用。每天中午就餐，孩子们也有了各自的营养餐。希望工程带动帮困助学，航天人用无疆的大爱，让这里的一切都发生了悄悄的改变。

13年的坚守改变的不仅仅是学校的风貌，也让学子们对于知识改变命运和美好生活的向往发生了本质变化。据张华芳介绍，十多年来，通过"情系澜沧江"系列帮困助学活动的开展，对该校的教学工作是一个极大的推动。学生读书学习的动力大增，比学赶帮超的氛围越来越浓厚，并大大促进了升学率的年年提高。据统计，这些年来，头道水中学的学子们通过发奋学习、刻苦读书，已经拥有近百名大学生。他们大学毕业后，绝大多数在各个城市找到了理想的工作，正在各自的岗位上发挥作用。而他们一旦有了稳定的工作和稳定的收入，对于原先是贫困的家庭来说，等于家里飞出一只"金凤凰"，整个家庭的经济结构很快就发生了变化。正是从大山里走出的大学生，不仅改变了自身的命运，同时为自己家乡落后农村的脱贫作出了积极贡献。

澜沧江水，源远流长。日夜流淌的澜沧江，诉不尽149厂情系学子、帮困助学的感人故事。时光虽然荏苒，日月依然经天，但不变的是，149厂锲而不舍、持之以恒的爱心行动。

奏出旋律，唱出心声

上海航天乐队，一个十分响亮的名字。这是一支上海航天系统内正儿八经、像模像样、达到一定表演水准，并得到社会各界认可，乃至专业人士称道的管乐队。它就是149厂管乐队。

热爱是最好的老师。让我们走进149厂职工乐队的"艺术人生"，发觉其前世今生，经历不凡。

149厂作为一家科研生产任务非常繁忙的企业，能够组建一支拿得出手的乐队，并打出行业内知名、远近闻名的牌子，关键是该厂有着一大批文艺和音乐爱好者和一片孕育音乐细胞的良好土壤。据乐队资深成员董建光回忆："我们149厂对于文艺和音乐的爱好，是着良好传统的。在过去的年代里，那时候我们厂还叫新中华厂时，厂里的文艺积极分子可谓高手如林、人才济济，与当时的航天冰箱一样出名。拉琴的、弹奏的、吹打的、演唱的，门类齐全，样样都有。那时他们依托厂里的文艺小分队，每逢企业搞春节联欢活动或上级单位组织文艺汇演活动，只要组织者振臂一呼，纷纷登台，显示才艺。最辉煌的时候，新中华厂有三支文艺演出队伍，一支是舞蹈，一支是唱歌，一支是乐队。记得有一年巴西总统来我厂参观，我们新中华乐队穿上整齐的演出服，非常神气地在六车间门口摆开架势，一阵吹拉弹唱，把现

公司管乐队在《家和万事兴》联欢会上演出

场的气氛推向高潮。巴西总统一下车，就被异国他乡欢迎他的热烈氛围所打动，频频向欢迎人群和乐队招手，脸上露出满意的笑容。作为乐队成员，我当时感到蛮自豪的。过去新中华厂的女中音歌唱家曹菊珍、女高音歌唱家李美娟是我们厂的当红品牌，被誉为著名航天女歌星，不仅唱红了上海航天局，而且唱红了闵行地区、上海滩工业系统，甚至唱红了整个航天部系统。那个时候新中华厂的文艺气氛非常浓厚，大家对工作之余能够参加文艺演出感到很充实，能为企业争得荣誉，也很有成就感。但是在那个军转民、以民为主的特殊时期，由于军品任务不足，以及后来的民品经济滑坡，再加上军民分线，人心涣散，导致了文艺小分队的解散、文艺人才的流失。这是历史原因造成的，也是那个年代的无奈。那些职工喜闻乐见的文艺团体就这样散伙了。"

历史翻过了困苦的一页，航天的兴旺发达重新唤起了人们对于音乐世界和文化艺术的追求。到了149厂发展壮大年代，随着型号任务增多，经济效益逐步好转，人心凝聚，人气上升，企业也越来越重视文化建设这一软实力，打造具有企业特色的亮丽品牌。尤其当"做自豪幸福航天总厂人"的企业愿景提出后，作为企业自身需要量身定制的文化载体，同时为适应员工的多元需求，满足一部分音乐爱好者要求，成立一支乐队则变成自然而然、顺理成章的事情。企业党政领导也给予全力支持。董建光深有感触地说："2008年开始组建时，我们只有5个人，所以那时叫小乐队，或电声乐队，所有家当是2只电吉他，一只电倍司，一组架子鼓（爵士鼓），一架电子琴。"乐队虽小，但乐队成员心气不小。他们认真排练，刻苦学艺，决心弄出点名堂，不辜负厂领导和众多"粉丝"的期望。通过一段时间的排练和演出，他们用"小打小闹"取得不容小觑的成绩：给全厂职工进行汇报演出，参与企业和上海航天的迎春联欢会，还参加了上海市知识产权专利周开幕式等。更让他们感到兴奋的是，乐队在世博会期间还参与上海市国际艺术节南京路步行街世纪广场的展演。这可是上海滩上档次的舞台。

乐队的可喜成绩得到了企业和社会的认可，是非常不容易的。董建光说："我们乐队成员都有一个坚定信念，要么不做，要做就做最好的。技不练，必荒疏；技越练，方日臻。所以乐队制定了严格的训练制度，即每星期一晚上利用两个小时进行排练，雷打不动，风雨无阻，多年来一直坚持到今。过去我是弹电贝斯的，后来大乐队成立后，根据乐队组合的需要，我就改学了圆号。初学圆号，完全是一个陌生的乐器，一点也不懂。圆号作为西洋乐器，只有三个键。由于键少，相对来说学圆号就比较难。如何利用这三个键，吹出圆号的浑厚质感和丰富音域，除了指导老师的点拨，更多的需要自己在训练中不断琢磨，提高悟性。正是由于刻苦训练，忘情其中，再加上自己的喜欢和付出，我的圆号吹奏技艺达到了一定水准。其实做任何事情都需要用心和投入，否则就不可能达到登台演出水平。"

"我们乐队取得成绩打响品牌后，企业领导感觉不错，根据大家的建议和呼吁，决心扩大影响力，成立大乐队。所谓大乐队，也就是管乐队，即乐队拥有大号、长号、圆号、小号、黑管、长笛等西洋乐器，20余人的吹奏队伍，西装革履，台上一坐，阵容豪华，可与正规乐队一拼。"

细数大乐队的由来，当时的起步仍然是艰难的。毕竟是企业，乐队成员都是来自一线的员工，他们的积极性虽然很高，但平时只能作为一个音乐爱好者而已，企业很少有现成会吹、会弹乐器的人才，对于专业的乐理知识、乐器知识和吹奏技巧等几乎是一片空白。于是，在许多音乐爱好者积极报名或毛遂自荐的基础上，企业请来专门的管乐队教练，利用业余时间先进行入门教学、辅导，帮助队员们学习掌握基本知识和基本技巧。就这样，经过两年的排练打磨，成果显现，大乐队逐步成长成熟。其间，在厂领导的支持下，通过人事部门的挑选，企业又特地新招聘了几位具有音乐特长的大学生，充实到乐队中。就这样，一支由22名员工组成的准专业级铜管乐队的阵容终于形成。而没有想到的是，企业的领军人时任厂长孙建华和时任工会主席潘哲辉，也是不折不扣的管乐迷，他们在百忙之中忙里偷闲，时常加入乐队队伍，自得其乐地吹奏起萨克斯，给乐队成员以极大的鼓舞。

谈起如今的管乐队，乐队队长俞寄民感慨地说："厂管乐队一路走来，既需要一群热爱音乐的人积极参与、坚持不懈，更需要企业各方面的理解支持和财力保障。如企业数任主要领导对乐队都给予了政策和经费上的扶持，成员外出演出可以破例请假。所以，管乐队能够茁壮成长，离不开企业这块肥沃的土壤。"

让我们来瞧瞧乐队这一家子。22 人的管乐队，专业学音乐的凤毛麟角，大都是"半路出家"，或临阵学吹打出身。就拿队长俞寄民来说，他 1979 年入厂，源于年轻时就对音乐的热爱，坚持在工作之余学习高音萨克斯。他早在 1981 年就参加了新中华厂乐队，进入乐队后，才发现自己的水平属于"菜鸟"级，离专业乐队的演奏水平还差一大截。于是他便到上海芭蕾舞团报名学习专业高音萨克斯演奏技巧。那时，他一个月的工资才 28 元，而每周一次的学习费用竟高达 25 元，一个月的工资连支付上课的费用都不够。怎么办？他便利用业余时间到舞厅去演奏，一方面赚钱贴补学习费用，一方面又能提高自己的演奏技艺，真是一举两得。试想，如果没有坚强的毅力和不懈的恒心，以及企业对他的理解和支持，也许他早就半途而废了。

再说时任厂长孙建华，尽管日理万机，忙于厂务，但练习高音萨克斯他也蛮拼的。早年，他是一个音盲，什么民族乐器、西洋乐器，他一窍不通，一脸茫然。没有基础不怕，只要肯学，至少可以入门，用音乐来熏陶自己，提高自身的修养，应该是一个不错的选择。于是他就放下架子，到外面虚心地找老师求教。身为厂长白天工作繁忙，平时练习萨克斯都是在下班后见缝插针。而萨克斯的练习非常枯燥，声音单调且刺耳。为了不影响别人，他把练习场所转移到了"地下"，时常在地下车库一练就是几个小时。一天晚上，厂保安人员从监控录像中发现有人进了综合大楼的地下车库，过了很久也没出来。保安担心发生什么问题，于是便进入地下车库去查看究竟。结果发现原来是孙厂长，正大汗淋漓、无所顾忌地坐在密闭的车内练习萨克斯呢。那种忘情投入，连保安也为之感动。

乐队成员杨介强，是位车间一线的铆接工人。虽然喜欢音乐，但毕竟基础太差，曾被大家讥笑为这辈子都学不会萨克斯的"笨鸟"。虽然大家都不看好他，但俞寄民却不嫌弃他，经过不厌其烦、手把手地调教，加上他本人下班回家后刻苦努力地练习。功夫不负有心人，他终于成功了。据他描述，他在练习萨克斯的那段时间，邻居们怕吵嫌烦，连窗户都不敢开。甚至连他家的那只猫，一看到他拿出乐器，便吓得逃之夭夭。

天道酬勤。经过历练，149厂管乐队的羽毛终于丰满了。登上舞台，气场飞扬。一曲演罢，掌声如潮。《红旗颂》《我的祖国》《我和我的祖国》《我爱你中国》《长江之歌》《荒野七侠》《茉莉花》《音乐之声》，一首首耳熟能详的曲子，或大气磅礴，震慑心灵；或天籁之声，余音绕梁。伴随着管乐队的演奏，让广大观众久久沉浸在音乐的海洋。

公司乐队赴安徽广德慰问演出

乐队成员金菁描述了他们那年在安徽广德航天第一村演出的盛况。2018年4月份，第三个中国航天日期间，由上海航天局603基地建设指挥部安排，149厂管乐队及歌唱人员一行34人来到安徽广德，参加当地劳模先进表彰大会并进行公益演出，传播航天精神，展示航天人形象，共筑航天新时代。当地村民听说上海航天艺术团要了，消息一下子传遍了四面八方。那天开演前数小时，广场四周早已被远远近近赶来的村民占领了，晚到的人几无立足之地。于是，有的村民爬上墙头，有的村民爬到树上，有的村民甚至爬上屋顶。还有不少小孩子，则骑在家长的肩膀上。为了维持秩序，当地政府还派出了大批警察前来助阵。金菁说："像这样露天广场演出的盛景，我们演出队从来没有碰到过。广德观众的巨大热情，让我们心生感动。"

那天，我们艺术团成员以饱满的热情、精湛的演艺，为航天事业作出贡献的广德人民献上了多个曲目，既有管弦乐，又有器乐合奏；既有女声独唱《我爱你中国》，又有男声独唱《长江之歌》，以及男女声二重唱《航天之恋》等。精彩的节目、出色的演出，赢得了广德观众阵阵热烈的掌声。演出结束后，不少广德观众纷纷上台与演员们合影留念。上海航天总厂人，带给他们的不仅是艺术上的享受，还有航天人精神层面的良好风貌。

这几年，149厂的航天艺术团名声日盛，在一些重要节日和重大发射活动中，他们的足迹已经远涉海南岛文昌发射场和北京等地。

如今，由149厂2013年招聘入厂的女高音朱丹鄜加盟企业演出队伍后，让该厂的演出团队一下子火了起来。当年，朱丹鄜以全国考试第一名的成绩考入上海音乐学院，她学的专业是歌唱表演，特长是女高音花腔。朱丹鄜是要强的，她进入航天后，从一个对航天领域知识一窍不通的"门外汉"做起了档案管理员。于是她一门心思钻进去，虚心求教，刻苦学习，经过一番努力，终于考出了档案管理专业证书，并在短期内就被评上了中级职称。同时，她积极参与企业的各项业余文体活动，用她的艺术才华为航天歌唱。

2018年，经组织推荐，她参加了中国航天科技集团公司党组组织的"不忘初心、牢记使命"先进事迹巡讲活动，在北京、上海、西安、成都等航天各院基地的演讲中，她对原149厂战术武器领域项目副经理、事业二部主任周琼全心研制战术武器装备及为企业创造巨大效益的先进事迹进行宣讲，展示了149厂优秀共产党员的高尚形象，引起与会者的强烈共鸣。

朱丹酈的台风稳健大气，浑然天成。演唱音域高亢激昂，清亮穿透，同时融入西洋花腔，使得歌声里飞扬着甜美、清澈、温润、恬静的音符。目前，她已成为149厂演出团队的当家"花旦"。同时朱丹酈热情帮助团队成员提高演唱水平，如在该厂举办的第一届"总厂麦霸"总决赛中，音乐爱好者余爱武凭借一曲深情的《窗外》，赢得广大观众的喜欢。最后经大众评审和专业评委公开投票，余爱武勇夺第一名。赛后余爱武感慨地说："是朱丹酈老师运用专业的发声技巧对我进行科学辅导，使我的演唱水平得到迅速提高。我非常感激朱老师。"

企业文化是一个企业的灵魂和基石。多年来，149厂以"建设航天强国、建设世界一流军队"为己任，大力弘扬航天"三大精神"，围绕"铸一流航天制造企业，建自豪幸福总厂家园"的企业愿景，高度重视精神文明建设和企业文化建设，认真履行企业的社会责任，展示航天人的良好形象。公司已连续九届获评航天科技集团文明单位，连续十六届获评上海市文明单位，成功选树全国道德模范王曙群，2020年成功获评第六届全国文明单位称号，在创全的三年期间，每一位航天总厂人都为文明单位创建付诸了时间，为这一目标的实现倾注了心血，三年磨一剑，天道必酬勤，这是总厂人多年来的心血凝聚！这份荣誉属于全体航天总厂人！

证 书

上海航天设备制造总厂有限公司：

被评为第六届全国文明单位，特发此证予以表彰。

中央精神文明建设指导委员会
2020年11月

公司获第六届全国文明单位

企业愿景既是一幅美好景象，也是中国梦和航天梦的组成部分。航天事业壮丽辉煌，扬国威、振民心，是一个国家综合国力的体现。149厂作为中国航天麾下的重要一员，是当之无愧的航天骄子。当每一发火箭和每一艘飞船发射成功，当一个个航天英雄从太空安全返回，作为火箭和飞船的制造者，企业的每一个员工都感到无比自豪。

149厂依托"用文管企""以文兴企"、打造小型产业集团模式下的文化理念，围绕中心工作，大力开展精神文明建设，将社会主义核心价值观融入企业文化活动，鼓励员工践行"成功、效益、创新、和谐"的价值取向，提升企业文化建设效能，以人为本，以实现人的全面发展为目标，丰富完善文化理念，追求事业、企业和员工三位一体的成功。同时企业还注重对员工的培养关爱，以职业生涯导航、星级岗位成长、员工全面发展为导向，增强员工奉献航天的荣誉感、使命感和责任感，提高全员素质，增强企业凝聚力，为保证各项型号任务的完成，为实现企业更好的经济效益、更大的发展空间、更加欣欣向荣的美好前景而不懈奋斗。

图书在版编目(CIP)数据

追梦:奋进中的航天总厂/上海航天设备制造总厂
有限公司编. —上海:上海人民出版社,2021
ISBN 978-7-208-17098-8

Ⅰ.①追… Ⅱ.①上… Ⅲ.①航空航天工业-制造工
业-产业发展-概况-中国 Ⅳ.①F426.5

中国版本图书馆 CIP 数据核字(2021)第 087728 号

责任编辑 赵蔚华
装帧设计 谢定莹

追梦
——奋进中的航天总厂
上海航天设备制造总厂有限公司 编

出 版	上海人民出版社	
	(200001 上海福建中路 193 号)	
发 行	上海人民出版社发行中心	
印 刷	常熟市新骅印刷有限公司	
开 本	720×1000 1/16	
印 张	25.5	
插 页	6	
字 数	376,000	
版 次	2021 年 6 月第 1 版	
印 次	2021 年 6 月第 1 次印刷	
	ISBN 978-7-208-17098-8/V·3	
定 价	100.00 元	